100곳
대구 독립운동 유적 답사여행

"이 도서는 대구출판산업지원센터 2018년 지역 우수출판콘텐츠 제작 지원사업 선정작입니다."

2019년 대구시 선정 "올해의 책"

국토

의열義烈독립운동40년사
장편소설 3부작으로 탄생 !!!

"1910년대 최고의 무장 항일운동 단체 대한광복회"(6차 교육과정 고등학교 국사 교과서의 표현) 를 다룬 소설 대한광복회

"1920년대 의열 투쟁에서 가장 괄목할 만한 업적을 낸 단체는 의열단"(국가보훈처 [알기 쉬운 독립운동사]의 표현) 소설 의열단

"1930년대의 의열 투쟁은 김구와 한인 애국단이 대표했다." (국사편찬위원회 [신편 한국사]) 소설 한인애국단

작가 정만진 : 역사진흥원 초대 이사장, 대구시 교육위원, 대구외고 교사 역임, [전국 임진왜란 유적 답사여행 총서(전 10권)] 등을 펴냄 [대구 독립운동 유적 100곳 답사여행] 2019년 대구시 선정 '올해의 책'

책을 내면서

　　외지인들은 "대구는 독립운동의 성지"라고 말합니다. 망국의 충격으로 모두가 실의와 좌절에 빠져 있던 1910년대 초, 투철한 의지와 강인한 실천력을 바탕으로 담대한 국내 무장 투쟁을 선도함으로써 3·1운동과 의열단 등 국외 독립 전쟁의 노둣돌을 놓았던 광복회가 1915년 8월 25일, 다른 곳 아닌 대구(!) 달성에서 결성되었습니다.

　　대구 달성에서는 'ㄱ당'도 결성되었고, 손양윤 지사 등이 독립 투쟁을 기획하기도 했습니다. 하지만 국가 사적 62호 달성은 오늘날 공원 또는 동물원으로만 여겨질 뿐 광복회 등을 낳은 독립운동 유적지로는 전혀 인식되지 않고 있습니다. 말로는 '사람이 먼저'라고 하지만 달성은 동물들이 주인일 뿐입니다.

　　그뿐이 아닙니다. 구한말 최초로 의병을 일으킨 문석봉 지사의 생가터가 대구에 있지만 그의 이름과 유허를 아는 사람은 거의 없습니다. 의열단 부단장 이종암 지사가 대구 사람이라는 사실도 잊힌 지 오래되었습니다. 육사가 10년 이상 실제로 거주했던 집은 며칠 전에 파괴되었습니다.

　　지역 상황이 그런 탓인지, 대구에는 향토의 독립운동 유적을 일목요연하게 정리하여 시민들이 답사하기 쉽도록 안내하는 책도 찾아보기 어렵습니다. 그래서 만용을 부린 끝에 대구의 독립운동 유적 100곳을 글과 사진으로 담은 《대구 독립운동 유적 100곳 답사여행》을 썼습니다. 그 후 과분한 평가를 받아 '대구시 선정 2019 올해의 책'에 뽑히기도 했습니다. 아무쪼록 내용을 좀 더 다듬어 좀 더 나은 '대구 독립운동 유적 답사여행의 길잡이'로 가꾸어 가겠습니다.

2019년 5월 15일
저자

대구 독립운동 유적 100곳 답사여행

* 답사 순서 팔공산> 북구·동구·수성구> 중구> 남구> 달서구> 달성군
　　　　　　　2곳　　　5곳 9곳 3곳　　 54곳　　4곳　　11곳　　12곳

조선 후기~1945년 약사略史 · 311
독립운동사 연표年表 · 343

1. 일제 동굴 조선인을 강제 동원해서 판 10기의 군사 동굴 11
　동구 * 팔공로 274, 봉무동 1522 이시아폴리스 더샾 2차 아파트 뒤
2. 심검당 사명대사 유적지에 깃든 학승들의 독립정신 16
　* 팔공로 274 동화사 대웅전 옆
3. 팔공산 산남의진 이끌고 왜적과 싸운 '광복회' 우재룡 26
　* 팔공산 비로동, 동봉, 서봉, 동화사, 부인사, 파계사, 염불암 등
4. 여봉산 대구 유일의 마을 단위 독립만세 운동 장소 38
　* 미대동 입구 - 동구 팔공로 813, 미대동 747-15
5. 채충식 집터 사회주의자는 독립운동가로 인정 못한다? 49
　* 미대길 45-2, 미대동 225
6. 손양윤 생가터 18년을 감옥에서 보낸 독립지사의 생가터 53
　북구 * 망월길 23, 서변동 1132
7. 구찬회 생가터 최연소 신민회 회원의 애달픈 20세 순국 60
　* 서변로3길 47-12, 서변동 1111
8. 침산 대구읍성을 부순 '이등박문의 양자' 박중양 64
　* 동쪽 등산로 입구 : 성북로5길 51-5, 침산동 산15-3
　* 서쪽 등산로 입구 : 침산남로9길 113, 침산동 1168-1
　* 침산 폭포(남쪽 등산로 입구) : 침산남로9길 32, 침산동 1643-45
　* 북쪽 등산로 입구 : 침산남로9길 167, 침산동 810-32

9. 채기중 순국 기념비 69
북구 * 검단로 210-11에서
검단토성 오르는 산길로 약
200미터 지점

10. 장윤덕 기념비 이토 암살 계획 실패 후 의병 투쟁 중 순국 **70**
* 대학로80, 산격동 1370 정문 진입 후 150미터
11. 신암선열공원 우리나라 유일의 독립운동가 전용 국립묘지 **76**
동구 * 동북로71길 33, 신암동 136-21
12. 금전 고택 임시정부 경북 지역 군자금 모집 책임자 최종응 **100**
* 옻골로 195-2, 둔산동 382
13~14. 안동농림 학생 의거지, '위안부' 강제 수용소 추정지 106
* 동촌 비행장 내, 동부경찰서 동촌지구대 옆
15~16. 조양회관, 이경희 공적비 한적한 곳에 앉아 있네 **107**
* 효동로2길 94, 효목동 1214
17. 우강헌 미국에서 독립 운동을 한 광문회 회원 **118**
수성구 * 동원로1길 5, 범어동 222-8 대구 흥사단 회관
18. 서상돈 묘소 너무나 초라한 국채보상운동가의 무덤 **123**
* 범안로 120 천주교 묘지
19. 수기임태랑 묘소 '빼앗긴 들'에 남은 '개척 농민'의 무덤 **126**
* 용학로 68 뒤편 산비탈
20~24. 가창면 독립운동 유적 동맹휴학, 파리장서, 소작쟁의 **144**
달성군 * 가창면 우록리, 행정리, 삼산리 곳곳
25. 대구형무소 터 수많은 독립투사들이 순국한 핏빛 유허 **153**
중구 * 공평로 22, 삼덕동2가 149-3
26. 다혁당 투쟁지 대구사범학교 학생들의 독립투쟁 유적 **166**
* 달구벌대로 2178, 대봉동 60-18 경북대 사대부고
27. 대구공립고등보통학교 터 동맹휴학으로 일제에 맞서다 **178**
* 동덕로 33, 대봉동 111-1 청운맨션 안

28. 태극단 투쟁지 대구상업학교 학생들의 젊은 의열 180
중구 * 대봉로 260, 대봉동 60-10 경남센트로팰리스 아파트 안
29. 이상호 생가터 고문 후유증으로 타계한 태극단 단장 180
* 달구벌대로 2125-7, 봉산동 37-1
30. 김상길 생가터 태극단 주도자의 한 사람, 사라진 생가 180
* 명륜로6길 15, 남산2동 241
31. 서상교 생가터 태극단 활동으로 인천소년형무소 수감 180
* 명륜로 13-20, 남산2동 407-1
32. 이종암 집터 대구에 의열단 유적 있다는 말, 처음 듣네 187
* 문우관길 30-26, 남산2동 621-1
33. 이육사 집터 백마 타고 오는 초인을 기다린 민족 시인 194
* 중앙대로67길 19-12, 남산동 662-35
34. 남산교회 예배당 벽에 독립지사들의 얼굴을 새겨둔 교회 199
* 관덕정길 16, 남산2동 941-22

 남산교회 벽의 네 분 독립지사 부조

35. 보현사 동화사 청년 승려들이 태극기를 제작한 곳 205
* 문우관길 65, 남산동 932-35
36. 남문밖시장 서문시장에 이은 2차, 3차 만세운동지 206
* 달구벌대로 2018-22, 계산동2가 250 염매시장 앞
37. 김진만 집터 광복회 단원이 되어 무장 투쟁에 앞장서다 209
* 덕산동 668-17 지번 멸실, 달구벌대로 2095 삼성 빌딩 앞 도로
38. 최제우 유적 '사람이 곧 하늘'이라고 목청껏 외쳤지만 211
* 달구벌대로 2077, 계산동2가 200 현대백화점 앞, 동아쇼핑센터 서쪽 옆
39. 진골목 남일동 패물폐지부인회의 국채보상운동 활동지 212
* 진골목길 31, 남일동 132 일원
40. 교남YMCA 대구3·8만세운동 주도 인물들의 기독 단체 214
* 남성로 24

41. 서상한 생가터 영친왕 결혼식에 폭탄 투척 계획 220
중구 * 서성로2가 서성네거리(경상북도 대구부 서성정 15 주소 멸실)
42. 허무당 선언 터 암살 등 무력 투쟁을 독려하는 유인물 222
* 서성로 28, 계산동2가 1-1
43. 이상화 집터 '빼앗긴 들에도 봄은 오는가'의 민족시인 225
* 서성로 6-1, 계산동2가 84
44. 최해청 집터 우리나라 최초의 야간 대학을 설립한 교육자 227
* 서성로 6-1, 계산동2가 83 계산예가로 검색
45. 서상돈 집터 우리나라 최초의 민간 기부 운동 228
* 달구벌대로 2051, 계산동2가 100, 상화고택 맞은편
46. 이상정 고택 만주를 누빈 장군, 부인은 여류 비행사 229
* 약령길 25-1, 계산동2가 90, 현재 바보주막
47. 3·1운동길 90계단 만세운동 학생들이 이동한 독립의 길 231
* 동산동 260번지에서 '청라 언덕'으로 난 계단을 오름
48. 신명여고 3·1운동 기념탑 10대 여학생들의 "독립만세!" 231
* 국채보상로102길 48, 동산동 206
49. 블레어 선교사 주택 독립운동의 역사를 보여주는 박물관 231
* 달구벌대로 2029, 동산동 424 교육역사박물관
50. 계성학교 대구3·8만세운동의 중심 232
* 달성로 35, 대신동 277-1

1919년 3월 8일의 대구 독립 만세 운동을 준비하느라 계성학교 교사와 학생들은 아담스관 지하실에서 태극기를 만들고 독립선언서를 인쇄했다.

51. 3·8독립만세운동 시발지 서문시장은 본래 이곳에 있었다 237
* 동산동 15 일원
52. 이상화 생가터 민족 저항 시인의 초라한 생가 239
* 서성로13길 7-16, 서문로2가 11-1

대구 달성은 국가 사적 62호이다. 1915년 8월 25일 광복회가 이곳에서 결성되었다. 광복회는 1910년대 국내 무장 항일을 이끈 결사로, 의열단을 비롯해 중국 무장 투쟁의 노둣돌을 놓은 단체였다.

53~58. 달성 광복회와 그 당이 태어난 독립운동의 성지 241
중구 * 달성공원로 35, 달성동 294-1
54. 서동균 비 55. 상화 시비 56. 이상룡 비 57. 허위 비 58. 신사 터
59. 순종 동상 망국의 무기력한 왕을 동상 세워 기념 254
* 달성공원로8길 10, 달성동 5-2 달성빌딩 앞
60. 조양회관 터 8·15를 가장 먼저 맞이한 사람들 254
* 달성공원로8길 10, 달성동 5-2 달성빌딩
61. 광문사 터 국채보상운동 발원지 256
* 북성로 19-1, 서야동 1-1
62. 우현서루 터 민족교육기관 형태의 개인 도서관 258
* 서성로 81, 수창동 101-11
63. 북성로 이 길을 걷는 것이 '다크 투어'인가? 260
* 이등박문과 순종이 이 길을 나란히 간 것은 역사의 사실이지만
64. 이일우 고택 우현서루를 운영한 이상화의 큰아버지 264
* 서성로1가 44, 서성로 62-1
65. 이종암 모금지 대구은행 직원, 의열단 부단장이 되다 265
* 경상감영길 1, 서성로1가 109-1 삼정 사우나 건물
66. 대구 경찰서 터 일제의 본거지에 자리잡은 중부 경찰서 266
* 경상감영길 55, 서문로1가 1-4 중부경찰서
67. 종로 초등학교 교문 안 담장에 독립운동 이야기가 가득! 270
* 경상감영길 49, 서문로1가 1-5
68. 희움 박물관 강제 '위안부'의 역사가 증언하는 일제 271
* 경상감영길 50, 서문로1가 80-1

69. 김석형 집터 조선어학회 사건으로 함흥 형무소 투옥 274
  중구 * 종로 57-1, 종로1가 28-2
70. 이육사 문학관 내 고장 7월은 청포도가 익어가는 시절 279
  * 북성로1가 48-1
71. 북후정 터 국채보상운동의 첫 공식 출범지 279
  * 태평로 141 시민회관
72. 장진홍 의사 유적지 우리의 진면목을 세계에 떨친 의거 280
  * 중앙대로 433, 포정동 58-1
73. 동척 대구지점 터 우리나라 경제 침탈의 본거지 286
  * 경상감영길 221, 동문동 4-16 신용보증기금
74. 국채보상운동기념관, 국채보상공원 민중의 나라사랑 286
  * 공평로10길 25, 동인동 2가 42 국채보상운동기념공원 주차장
75. 일본 보병 80연대 본영 터 예나 지금이나 외국군 주둔지 286
  * 이천동 361-3 캠프핸리
76~78. 임용상 동상, 이시영 순국 기념탑, 송두환 흉상 287
  * 앞산순환로 574-112
79. 안일사 조선국권회복단이 결성된 앞산의 암자 290
  * 앞산순환로 440, 대명동 1480-1

조선국권회복단 결성지
안일사

80~83. 윤상태 집터, 우병기 비, 우하교 비, 파리장서비 292
  달서구 * 송현로7길 38, 상인동 883-1
84. 태극단 기념탑 학교는 옮겨졌지만 투쟁 정신은 영원하리 294
  * 월배로 241, 상인동 1

두류공원
인물동산의
이상화 좌상과
우재룡 흉상

85~90. 두류공원 인물동산 독립투사들을 기려 조성된 동산 295
달서구 * 두류동 585-12
91. 서상일 동상 조양회관을 건립한 대구의 인물 296
* 당산로30길 30, 성당동 670-30 원화여고
92. 김병욱 송덕비 걱정 없는 세상을 꿈꾼 사범학교 학생들 297
* 선원남로 5, 이곡동 1189 와룡공원
93. 이상화 이상정 묘소 두 형제가 나란히 누워있는 곳 298
* 명천로 43, 대곡동 154-12
94. 정학이 동상 21세에 일본에서 옥사한 독립지사 299
달성군 * 화원읍 비슬로 2580, 천내리 417 화원초등학교
95. 문영박 유적지 임시정부로부터 감사장을 받은 후원자 301
* 화원읍 인흥3길 16, 본리리 401-2 문씨세거지
96. 이현수 부자 생가터 임시정부에서 활동한 3부자의 이산 303
* 화원읍 명곡로22길 18, 명곡리 686
97. 문석봉 집터 명성황후 시해 사건 이후 최초의 의병장 305
* 현풍면 성하길 68-7, 성하리 313
98. 비슬산 조기홍 지사가 무기를 숨겨두고 기다린 곳 307
* 유가면 유가사길 161 유가사, 휴양림길 228 소재사
99. 삼가헌 순종 장례일을 맞아 기획한 6·10만세운동 308
* 하빈면 묘동4길 15, 묘리 800
100. 이윤재 묘터 조선어학회와 허무당 선언 사건 309
* 다사읍 이천리 산48

대구 봉무동 일제강점기 동굴진지
(大邱 鳳舞洞 日帝强占期 洞窟陣地)

대구광역시 동구 봉무동 일원에 위치한 단산의 단애(斷崖)면에 20기의 인공동굴(人工洞窟)이 조성되어있다. 일제강점기 인공적으로 구축(構築)한 동굴형태(洞窟形態)의 군사진지이다. 이 인공동굴은 한국의 근세사(近世史)연구에 귀중한 자료로 평가된다. 이러한 인공동굴의 대표적인 예는 제주도 송악산 해안 일제동굴진지가 있다.

1 ◐ 봉무동 1522 일제 동굴 진지
조선인을 강제 동원해서 판 10기의 ㄷ자형 군사 동굴

제주도 최남단 마라도와 가파도를 오가는 유람선 선착장 인근의 송악산 해안 절벽에 가면 일제 강점기 때 일본군 군사 시설로 만들어진 일(一)자형, ㄷ자형 등 다양한 인공 동굴 15기를 볼 수 있다. 등록문화재 313호인 이곳 '제주 송악산 일제 동굴 진지'의 주소는 제주도 서귀포시 대정읍 상모리 194-2번지이다. 1945년에 구축된 이 동굴 군사 진지는 소형 선박에 태운 인간 어뢰를 이용하여 방어 작전을 수행하려는 일본 해군의 특공대 시설로, 태평양전쟁 말기 수세에 몰린 일본이 제주도를 저항 기지로 삼았던 역사가 확인되는 유적이다.

'대구 봉무동 일제 동굴 진지' 10기 중 한 곳의 내부 모습

봉무동 일제 동굴들의 구조

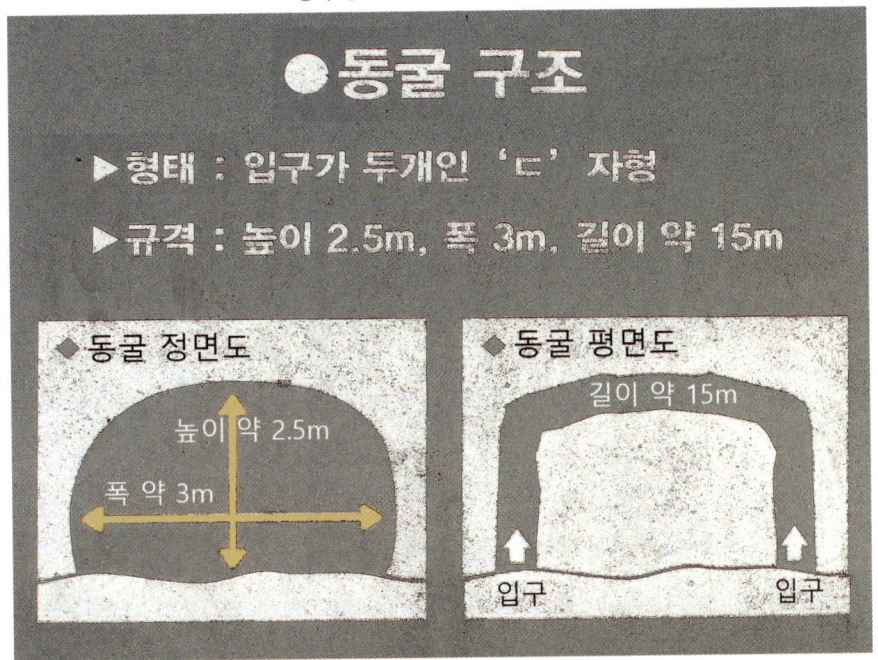

　대구에도 이와 비슷한 일제 군사 진지가 있다. '대구 봉무동 일제 동굴 진지' 역시 일제 강점기 때에 군사 목적으로 구축된 동굴 형태의 진지이다. 제주도의 사례와는 달리 일자형은 없고 모두 입구가 두 개인 'ㄷ'자형 진지로만 10개소가 있다. 조선인 주민들이 강제 동원되어 만든 것으로 전해지는 이 동굴 진지에 들어가 보면, 곡괭이나 쇠망치 등 원시적인 장비만 가지고 이 엄청난 석굴을 팠을 일제 강점기 우리 선대들의 고통이 저절로 느껴진다.
　동구청은 10기 동굴 중 일부를 답사객들이 언제든지 출입할 수 있도록 정비해 놓았다. 동굴 입구에 전등 켜는 장치가 있어 불을 밝히면 위험하지 않게 동굴을 답사할 수 있다. 독립운동과 직접 관련되지는 않지만 식민지 폭정의 억압을 생생하게 보여준다는 점에서 봉무동 동굴 진지는 아주 훌륭한 일제 강점기 역사 유적임에 틀림이 없다.

이곳 봉무동 동굴 진지는 팔공산을 향해 진입하는 도로의 오른쪽에 있다. 덕분에, 동화사 심검당에서 출발하는 '대구 독립운동 유적 100곳 답사 여행'의 첫 방문지로 삼기에 지리적으로 아주 적합하다. 유적의 성격도 일제의 잔혹상과 전쟁 광기를 말해주는 곳이어서 더욱 그렇다. 현지 안내판도 '일제 침략의 현장이 남아 있는 곳으로 다시는 되풀이 되어서는 안 될 우리의 아픈 역사 현장'이라고 해설하고 있다. 위치는 동구 팔공로 274(봉무동 1522) 이시아폴리스 더샵 2차 아파트 단지 뒤쪽의 봉무천 개울가 산비탈 일대이다.1) ☯

영남일보 2015년 9월 18일자는 〈일제의 전쟁물자·탄약 저장용 동굴진지…"청소년 역사체험장 활용 필요"〉라는 제목으로 봉무동 일제 동굴에 관해 보도했다. 이 기사에서 박진관 기자는 '단산 동굴진지 입구는 모두 서쪽을 향하고 있다. 동촌비행장에 착륙할지도 모르는 미군 전투기의 좌측 측면을 노리고 있기 때문이다. 인공동굴의 높이는 약 2.5m, 폭은 3m쯤 된다. 굴마다 길이가 다른데, 5~10m 사이다. 일정한 간격으로 떨어져 있는 게 특징이다. 대공포와 전쟁물자, 탄약을 비치할 수 있는 충분한 공간이다. 당시 동원됐던 사람은 모두 조선인이며 봉무동, 불로동 등지에서 약 3천명이 강제로 징발됐다고 알려진다. 이들은 인공동굴과 수로 등을 만들었다.'라고 말했다. 정만진 대구GEO자문위원은 "일본이 태평양 침략전쟁 역사를 반성하기는커녕 하시마端島(군함도)를 세계유산으로 등재하는 등 역사를 왜곡하고 있는 가운데 일제강점기 강제동원 피해기록을 유네스코 세계기록유산으로 등재하기 위한 노력이 일고 있다. 당시 전쟁유산도 잘 보존해 다크투어리즘을 활용한 평화교육의 장으로 조성하는 한편 그 증거로 제시함이 마땅하다."고 했다.

---

1) 현지에는 이 책 11쪽의 안내판이 아니라 새 안내판이 세워져 있다. 새 안내판은 이곳의 동굴 진지가 '10개소'라고 소개한다. 그런데 이전 것인 11쪽의 안내판은 '20기'로 소개했었다. 동굴들이 ㄷ자형이어서 입구가 둘씩인 것을 각각의 동굴로 보고 20기로 계산한 결과이다.

의열義烈독립운동40년사
장편소설 3부작으로 탄생!!!

"1910년대 최고의 무장 항일운동 단체 대한광복회"(6차 교육과정 고등학교 국사 교과서의 표현) 를 다룬 소설 대한광복회

"1920년대 의열 투쟁에서 가장 괄목할 만한 업적을 낸 단체는 의열단"(국가보훈처 [알기 쉬운 독립운동사]의 표현) 소설 의열단

"1930년대의 의열 투쟁은 김구와 한인 애국단이 대표했다." (국사편찬위원회 [신편 한국사]) 소설 한인애국단

작가 정만진 : 역사진흥원 초대 이사장, 대구시 교육위원, 대구외고 교사 역임, [전국 임진왜란 유적 답사여행 총서(전 10권)] 등을 펴냄 [대구 독립운동 유적 100곳 답사여행] 2019년 대구시 선정 '올해의 책'

독립운동정신 계승하여 민주화와 통일을 완성합시다! [소설 대한광복회] [소설 의열단] [소설 한인애국단] 독서가 곧 독립운동정신 계승 운동 동참입니다.

알리딘, 예스24, 네이버 책, 교보문고 등에서 구입할 수 있습니다.

천연기념물 1호인 도동 측백수림에도 일제는 군사용 동굴을 파놓았다.

스님 한 분이 동화사
심검당 앞을 지나가고 있다.

심검당은 1919년 3월 28일 젊은 스님들이 독립만세운동을 결의했던 곳이다.

눈 내린 날의 심검당

오늘도 스님 한 분이 심검당 앞을 지나가고 있다.

2 ☯ 팔공산 동화사 심검당
사명대사의 승병 본부에 깃든 젊은 승려들의 독립 기상

큰 절들은 흔히 심검당尋劍堂이라는 현판을 단 집을 대웅전 옆에 거느리고 있다. 심검尋劍은 지혜를 찾는尋 칼劍이다. 대웅전大雄殿이 석가모니大雄를 모시는 집殿이니 승려들이 그 바로 옆에 심검당을 지어놓고 밤낮으로 지혜를 간구하는 것은 당연한 일이다.

동화사 대웅전 옆에도 심검당이 있다. 동화사의 심검당도 승려들이 지혜를 찾기 위해 머무는 수도 공간이라는 점에서는 여느 절의 그것과 마찬가지이지만, 이곳에는 사뭇 다른 정체성도 깃들어 있다. 동화사 심검당은 독립운동 유적이다. 1919년 3월 28일 동화사 지방 학림學林의 학생들은 이곳에 모여 만세운동 동참을 결의했다.

1919년 3월 1일 우리 겨레는 3·1운동을 일으켰다. 불교계에서는 중앙학림2)의 강사였던 만해 한용운, 그리고 백용성 두 스님이 민족대표 33인으로 활약했다. 두 스님의 3·1운동 참여에 자극을 받은 중앙학림 학생들은 독립선언서를 전국 각지에 배포하고, 연고가 닿는 사찰을 찾아다니며 만세 시위를 촉구했다.

---

2) 학림은 승려 양성 기관으로 요즘은 보통 승가대학이라 부른다. 3·1운동 당시에는 서울에 있는 학림을 중앙학림이라 불렀고, 그 외 지역별로 존재했던 학림은 지방학림이라 했다. 중앙학림은 뒷날 동국대학교로 발전했다.

당시 동화사 주지는 김남파金南坡였다. 김남파는 1917년 '비슬산의 산세와 대견사가 일본의 기운을 꺾는다.'면서 조선총독부에 비슬산 대견사3) 폐사를 청원하는 등 친일에 앞장섰던 인물이다. 하지만 동

---

3) 대구시 달성군 유가면 비슬산 대마루능선의 대견사는 신라 흥덕왕(826~836) 때 창건된 고찰로 전해진다. 절 지을 곳을 물색하고 있던 당나라 문종(826~840)이 하루는 낯을 씻으려던 중 대야의 물에 매우 아름다운 경관이 뜬 것을 보았다. 문종은 그곳을 찾기 시작했다. 사신은 중국 전역을 배회했지만 찾지 못했고, 마침내 신라의 비슬산까지 왔다. 전설은 그런 과정을 거쳐 대견사가 창건되었다고 전한다.

따라서 대大국의 황제가 절경을 보고見 나서 지은 절寺을 의미하는 대견사大見寺라는 이름에는 사대주의적 가치관이 깃들어 있다. 그런가 하면, 대大국의 황제가 세수를 하려고 할 때 대야의 물에 절경이 나타나서見 절寺의 창건이 이루어졌으므로 본래 이름이 대현사大見寺였다는 견해도 있다. 국사편찬위원회의 《조선왕조실록》은 大見寺를 번역하면서 태종 조에는 '대견사', 세종 조에는 '대현사'로 음을 달고 있다. (다음 쪽에 계속)

대견사 터 2014년에 새 절집들을 지은 탓에 이제는 사진과 같은 풍경을 볼 수 없다.

화사 학림의 학생들은 주지의 친일 행각과 정반대로 항일에 앞장섰다. 학생들은 현직 주지가 아니라 임진왜란 당시 동화사에 머물면서 영남 승병들을 지휘했던 사명대사의 웅혼한 기상을 따랐던 것이다.4)

달성군 공산면 진인동 출신의 중앙학림 학생 윤학조尹學祚(25세)가 3월 23일 대구로 내려와 동화사 학림 학생들의 만세운동에 불을 지폈다. 윤학조는 후배인 권청학·김문옥 등 동화사 학림 학생들을 만나 서울에서 전개되고 있는 불교계의 만세운동을 알리는 한편 대구에서도 궐기할 것을 독려했다.

3월 28일 허선일許善一(23세), 권청학權淸學(21세), 김종만金鍾萬(21세),

대견사 터에는 신라 때 축조된 듯한 길이 30m, 높이 6m의 축대가 남아 있다. 무너져 있던 것을 1988년에 복원한 통일신라 시기의 3층석탑(대구 유형문화재 42호, 높이 3.67m)도 있다. 그 외 10여 명이 앉을 수 있는 동굴대좌洞窟臺座도 있다. 이 동굴은 참선 또는 염불도량으로 사용되었을 것으로 추정된다.

절은 임진왜란 때 폐사된 것으로 알려진다. 그 후 1611년(광해군 3) 중창되고, 1900년 들어 재차 중건되어 왕실의 사찰로 운영되기도 하지만 1917년 일제에 의해 다시 폐사되는 비운을 맞는다. 그로부터 100년 가까이 지난 2014년 대견사 터에는 새로 적멸보궁, 요사채, 산신각 등이 신축된다.

대견사에 있던 통일신라 장륙관음석상丈六觀音石像이 1416년(태종 16) 2월 29일과 1423년(세종 5) 11월 29일 땀을 흘렸다는 기록이 《태종실록》과 《세종실록》에 실려 있어 흥미를 끈다. 태종 조의 기록은 '경상도 현풍현 대견사의 관음觀音이 땀을 흘렸다.'이고, 세종 조의 기록은 '경상도 현풍현 비슬산 대현사의 석상石像 장륙관음丈六觀音에서 땀이 흘렀다.'이다.

실록의 장륙관음석상은 대구시 유형문화재 35호인 '달성 용봉동 석불 입상'으로 짐작되고 있다. 이 불상은 비슬산 자연휴양림에서 낙동강 강우관측소를 향해 올라가는 중 '빙하기 암괴류(천연기념물 435호) 전망대'가 설치되어 있는 금수암에 못 미쳐 서쪽으로 들어가는 좁은 길을 따라가면 만날 수 있다.

4) 봉서루 뒷벽에 영남嶺南 지역 치영 관아官牙(관청)의 문門을 가리키는 嶺南緇營牙門이라는 현판이 붙어 있다. 치영緇營은 승려의 옷을 치의緇衣라 부르는 데서 연유한 명칭으로 승군僧軍 본부이다. (30, 33쪽 참조)

이기윤李起胤(21세), 김문옥金文玉(20세), 김윤섭金潤燮(20세), 이보식李普湜(20세), 이성근李成根(19세), 박창호朴昌鎬(19세) 등 동화사 학림 학생들은 심검당에 모여 만세운동 동참을 결의했다.

처음에는 동화사로 들어가는 길목의 공산면 백안동 백안장터에서 궐기할 생각이었다. 하지만 논의 끝에 터가 더 크고 사람들도 더 많은 대구 덕산정시장(현 염매시장 앞)에서 만세운동을 펼치기로 바꿨다.

덕산정시장 장날인 30일을 하루 앞둔 29일 이들은 아미산(반월당 네거리 남서쪽 언덕)에 있는 동화사 포교당(현 보현사)에 모였다. 이들은 포교당에서 이튿날 만세운동에 쓸 태극기를 만들었다.

30일 오후 2시쯤 덕산정시장에는 독립을 외치는 만세 소리가 우렁차게 울려 퍼졌다. 학림 학생들은 물론 장날을 맞아 시장을 찾은 일반 민중들과 장사를 하는 상인들도 목청껏 "대한독립만세"를 부르짖었다. 태극기는 긴 장대 끝에 달려서도 펄럭이고, 사람들의 손에서도 힘차게 나부꼈다.

일본 경찰이 긴급 출동한 것은 자명한 일이었다. 일경은 총칼을 휘둘러 군중을 해산시키는 한편으로 주동자 10여 명을 체포했다. 체포된 윤학조, 허선일, 권청학, 김종만, 이기윤, 김문옥, 김윤섭, 이보식, 이성근, 박창호 등 10명은 모두 10개월의 실형을 언도받고 대구형무소에서 복역했다(156쪽 참조).

지금도 심검당 앞에는 '수행하는 공간'이라는 안내판이 서 있다.
그러나 1919년 3월 28일 이곳에서 독립운동 결의가 있었다는 언급은 없다.

동화사는 산남의진 우재룡 선봉장의 1908년
구한말 의병 투쟁 근거지이다.
(사진은 심검당 동쪽의 대웅전)

3 ☯ 팔공산과 구한말 의병항쟁
산남의진山南義陣 이끌고 왜적과 싸운 '광복회' 우재룡

1910년대 국내 무장 투쟁을 선도한 광복회光復會가 1915년 8월 25일(음력 7월 15일) 대구 달성공원에서 결성됐다.

이날 기존의 영주 풍기 광복단光復團과 대구 조선국권회복단朝鮮國權恢復團은 발전적 통합을 이루었다. 총사령 박상진朴尙鎭, 지휘장 우재룡禹在龍과 권영만權寧萬, 재무부장 최준崔浚, 사무 총괄 이복우李福雨로 지휘부를 구성한 광복회는 각 도별 지부까지 조직했다.

영주 풍기 '광복탑'

각 도의 지부장은 경기도 김선호金善浩, 황해도 이관구李觀求, 강원도 김동호金東浩, 평안도 조현균趙賢均, 함경도 최봉주崔鳳周, 경상도 채기중蔡基中, 충청도 김한종金漢鍾, 전라도 이병찬李秉燦이 맡았다. 광복회는 나아가 만주 지역 독립 투쟁을 책임질 부사령으로 이

안일사에서 독립운동 선열들을 위한 법회를 열고 있는 '조선국권회복단 선양회'의 회원들

석대李奭大를 임명했고, 이석대가 순국한 뒤에는 김좌진金佐鎭을 파견했다. 한국학중앙연구원의 《한국민족문화대백과》에 따르면 '경상도·충청도·황해도 지부가 가장 규모가 컸으며 활동도 활발했다.' (249쪽 참조)

광복회의 지휘장 우재룡은 1884년 1월 3일 경상남도 창녕군 지포면(현 대지면) 왕산리에서 아버지 우방희禹邦熙와 어머니 강부여姜富與의 5녀1남 중 막내로 태어났다. 우재룡은 나이 18세 되던 1902년 구한말 한국의 군대인 '대구 진위대'에 입대했다. 그는 대구진위대 3대대에서 근무하고 있던 1906년 7월 '대구 감옥'에 수감 중인 산남의진 창의장倡義將 정용기鄭鏞基를 운명적으로 만난다. 전국의 애국지사

경북 영천시 자양면 충효리 '영천호' 언덕에 세워져 있는 산남의진 기념비

들이 정용기를 출옥시키기 위해 뜨거운 석방 활동을 펼치는 것을 보고 감동한 우재룡은 독립운동에 투신하기로 결심한다.

1907년 일제가 한국 군대를 해산시킨다. 대구진위대에서 5년 동안 근무했던 대한제국의 군인 우재룡은 집으로 가지 않고 멀리 경북 청송으로 간다. 산남의진으로 찾아가 자원하여 의병이 되려는 걸음이었다. 당시 그의 나이 24세였다.

1907년 7월 12일 산남의진 연습장練習將(훈련 담당 장교) 우재룡은 처음으로 출병한다. '(우재룡 등) 군인들이 의병들의 훈련을 담당하면서 전투력이 크게 향상된(국가보훈처 《2009년 1월의 독립운동가 **우재룡 선생**》)' 산남의진군은 7월 17일 청하 전투, 8월 24일 영천 노항동 전투 등 초기에는 승리하지만 9월 1일 포항 죽장 입암에서 대패한다. 이 전투에서 대장 정용기, 중군장 이한구, 참모장 손영각, 좌영장 권규섭 등 핵심 장수들을 잃었고, 병사들도 19명이 전사했다.

임진왜란 때 사명대사는 동화사를 영남 지역 승병본부로 썼다. 지금도 동화사의 봉서루에는 '영남치영아문(영남 지역 승병 본부 정문의 뜻)' 현판이 걸려 있다. 1908년에도 동화사는 산남의진 우재룡 선봉장의 항일 투쟁 본부로 사용되었다. 사진은 영남치영아문 현판 아래 유리에 비친 초파일 연등과 대웅전을 보여준다.

우재룡은 흩어진 군사들을 모으는 한편 선봉장先鋒將의 어려운 직책을 자임하여 맡아 의병들의 사기를 높였다. 우재룡 등은 전사한 정용기(1862~1907)의 아버지 정환직鄭煥直(1847~1907)을 찾아 세상을 떠난 아들을 대신해 의병장을 맡아달라고 청하였다. 의병을 일으키라는 고종의 명을 받들어 영천 일대에서 창의한 후 아들 정용기를 의병장으로 내세웠던 정환직은 61세의 고령도 아랑곳하지 않고 대장 역할을 수락했다.

정환직은 영천과 청송 사이의 보현산 등 험지를 근거지로 삼아 유격전을 펼쳤다. 동해안의 청하, 흥해, 영덕 등지가 산남의진의 주된 활동 무대였다. 하지만 포항시 죽장면 상옥리, 지금의 경북 수목원 동편 계곡에서 일본군과 접전을 벌이던 정환직 의병장은 적에게 사로잡혀 1907년 12월 7일 순국하고 말았다.

우재룡 흉상(두류공원 인물동산)

산남의진은 1908년 3월 흥해 출신의 최세윤崔世允을 3대 의병장으로 추대하여 조직을 재정비했다. 그 이후 정환직 의병장 때 추진했던 관동 지역으로의 북진을 포기하는 대신 경상도 일원이라도 튼튼하게 확보하기로 결의했다. 이제 우재룡은 영천 서부 지역 책임을 맡게 되고, 동화사를 본부로 팔공산 일대에서 유격전을 펼치게 된다.

그러나 산남의진의 활동은 의병장 최세윤과 선봉장 우재룡이 일본군에 체포되는 1908년 여름 사실상 마감된다. '내란죄'로 종신형 처분을 받아 복역하던 우재룡은 1911년 '합방 특사'로 풀려나지만 다시 광복회 활동을 시작한다. (광복회에 대해서는 249, 335쪽 참조)

[보충자료] 우재룡 의병장이 왜적과 싸운 팔공산 전역을 둘러본다.
팔공산

팔공산八公山은 대구의 북쪽머리 산이다. 남쪽머리 산은 비슬산이다. 개교한 지 110년이 넘어 대구경북 지역 현대교육사의 증인 역할을 하는 계성고등학교의 교가도 이를 증명한다. '앞에 섰는 건 비슬산이요, 뒤에는 팔공산 둘렀다.'

팔공산은 앉은 면적이 122㎢, 능선의 길이가 20km나 된다. 그래서 둘레에 '여덟八' '고을公'이 있다는 데 착안, 산 이름이 '팔공'산으로 정해졌다고 알려지기도 했다. 하지만 그것은 사실이 아니다. 팔공산이라는 이름이 통용되기 시작한 것은 조선 초인데, 그 때까지만 해도 공산 둘레에는 해안解顔, 하양河陽(경산), 신녕新寧(영천), 팔거八居(칠곡), 부계缶溪(군위) 등 다섯 현縣만 있었기 때문이다.

본디 '공산'이던 이름이 동수대전5) 때 '여덟八' 장군이 전사했다고 하여 '팔공산'으로 바뀌었다는 견해도 있다. 그러나 신숭겸 등 여덟 장군을 기려 '팔공산'이라 부르기 시작했다는 이 견해도 설득력이 없다. 이 전투에서 여덟 장군이 순절했다는 증거가 없기 때문이다.

대구은행 사외보 《향토와 문화 제1권》에서 문경현 전 경북대학교 사학과 교수는 '팔'공산 이름은 '사대주의 모화慕華사상가들이 중국의 지명에서 따온 것으로 추정된다.'고 말한다. 383년 중국 안휘성 봉대현 동남쪽 팔공산에서 북조 전진왕 부견과 남조 동진왕 효무제 사이에 대전투가 벌어졌을 때 부견이 참패를 했는데, 왕건이 견훤에게 처참하게 진 것을 이에 비견하여 산 이름을 그렇게 바꿔 부르기 시작했다는 것이다.

공산은 신라 5악의 하나였다. 동악(토함산), 서악(계룡산), 남악(지리산), 북악(태백산), 중악(공산)이 바로 그것이다. 신라는 이 다섯 산의 산신에게 공식 제사를 지냈으니, 이 산山들을 신령靈스러운 영산靈山으로 믿었던 까닭이다. 그들은 공산公山을 국토의 중심에 있는 가장 신령스런 산으

---

5) 동수대전은 927년에 벌어진 왕건과 견훤의 공산 싸움을 말한다. 이 혈투를 동수대전이라 부르는 것은 싸움터가 동화사桐華寺 일대였기 때문으로, 동수桐藪(=桐寺)는 동화사의 신라 때 이름이다.

로 숭배하였으므로, 아버지처럼 여겨 부악父岳이라 부르기도 했다. 그리고 특히 대구사람들은 팔공산을 진산鎭山으로 여겼다. 옛날사람들은 자신들이 거주하는 곳에 있는 큰 산이 자신들을 진호鎭護해준다고 믿고 그 산을 신성시했는데, 대구에서는 팔공산이 바로 그 진산이었던 것이다.

공산을 오르는 대표 등산로는 동화사에서 염불암을 거쳐 동봉과 비로봉으로 가는 길이다. 영천 은해사에서 오르는 길, 갓바위를 거쳐 능선을 일주하며 동봉에 이르는 길, 부인사에서 서봉으로 오르는 길, 그리고 가산산성을 거쳐, 또 수태골을 타고, 케이블카 아래로 등등 숱한 길이 있지만, 역시 대표격 등산로는 동화사에서 염불암을 거치는 길이다. 왜냐하면 공산에 온 이상 동화사를 둘러보지 않고 하산할 수는 없기 때문이다.

동화사는 임진왜란 때 사명대사가 승병을 지휘했던 곳이다. 그래서 보물 제 1505호인 사명대사의 진영眞影(초상)도 보관되어 있다. 그 외에도 국가 지정 '보물'이 많다. 봉황문 앞 절벽의 마애불좌상, 금당암 뜰의 3층석탑, 당간지주와 부도, 비로암 3층석탑과 석조비로자나불좌상 등은 신라의 보물이고, 대웅전, 아미타회상도, 보조국사 지눌 진영 등은 조선이 남긴 보물이다. 예술성은 없지만 세계 최대의 불상이라는 '상품성'을 무기로 관광객 유치에 금메달 몫을 하는 통일대불도 동화사의 '물건'이다.

사명대사가 동화사를 영남 지역 승병 본부로 사용한 사실을 증언하는 현판 '영남 치영 아문'(위)과 통신탑이 있는 비로봉과 그 우측의 동봉이 보이는 팔공산 전경(아래)

염불암과 염불봉이 보이는 팔공산의 풍경

 팔공산에는 동화사 말고도 고찰이 많다. 그 중 가장 두드러지는 절이 파계사이다. 동화사에서 아주 가깝다. 이 절은 국가민속자료 제 220호인 영조대왕 도포가 발견된 곳으로 조선 후기 왕실王室의 소원願을 빌어주는 불당堂, 즉 원당願堂 사찰이었다. 1751년에 영조가 우의정 이의현을 파견하여 지은, 영永조를 위해 기祈도하는 기영각祈永閣(문화재자료 11호)이라는 부속건물이 있을 정도이다. 그 외에도 보물 제 992호인 목조관음보살좌상이 있고, 영원(현응)스님 부도를 지나 한참 가파른 등산로를 걸어 올라가야 닿을 수 있는 부속암자 성전암에는 영조가 11세 때 쓴 '慈應殿(자응전)'이란 편액6)도 있다.

동화사와 파계사 중간 지점에 있는 부인사도 가볼 만한 곳이다. 이 절은 대장경이 보관되어 있다가 1232년(고종 19) 몽고의 2차 침입 때 불에 타 없어져 버린 곳으로 유명하다. 또, 선덕여왕의 초상을 모시는 사당인 선덕묘善德廟가 지금도 남아 있고, 해마다 음력 3월 보름에 선덕여왕 제사를 지내는 곳으로 이름이 높다. 아마도 신라 당대에는 선덕여왕의 원당이 아니었을까 여겨지고 있다.

팔공산에서 가볼 만한 명소로는 송림사도 빼놓을 수 없다. 이 사찰에는 절 자체보다도 더 많이 알려진 보물 제 189호 5층 전탑塼塔7)이 있다. 또 대웅전에는 문화재적 가치는 별로 뛰어나지 못해도 국내에서 가장 큰 목조木造 불상인 삼존 불상이 모셔져 있고, 편액도 숙종의 어필御筆로 추정되어 호기심을 끌고 있다.

송림사의 맞은편 산길을 30분가량 오르면 도덕암에 닿는다. 도덕암 바로 뒤 도덕산 정상은 팔공산 자락의 전경을 한눈에 볼 수 있는 몇 안 되는 지점이다. 도덕암 경내의 모과나무도 이곳의 자랑거리이다. 수령 800년으로 추정되는 이 나무는 우리나라에서 가장 오래된 모과나무로 여겨지고 있다. 모과나무 뒤편에 있는 어정수御井水는 고려 광종(949~975)이 직접 찾아와 마신 후 병이 나은 약수로 이름이 높다.

가산산성도 팔공산의 뛰어난 명물이다. 사적 제 216호인 가산산성은 찾기 쉬운 지점에 (전문가들을 만족시키지는 못했지만) 그럴듯하게 복원되어 있어 사람들의 발길이 부쩍 잦아진 답사지로 떠오르고 있다. 진남문 안으로 들어가 약간만 오르막을 걸으면 금세 관리사무소가 나타나는데, 그 이후는 곱게 닦인 임도를 줄곧 따라 나아가면 팔공산 '가邊(변)'에 있

---

6) 종이, 나무 등에 글씨를 써서 건물 등에 건 것을 현판懸板, 현판 중에서 작은 것을 특히 편액扁額이라 한다.

7) 전탑은 벽돌을 쌓아 만든 탑으로 목탑과 석탑의 중간 시기에 건립되었지만, 무너지기가 쉽다는 단점 등으로 우리나라에는 크게 유행하지 않았다. 현재 전해지는 전탑은 5기뿐으로 안동 신세동 7층 전탑(국보 제 16호), 안동 동부동 5층 전탑(보물 제 56호), 안동 조탑동 5층 전탑(보물 제 57호), 송림사 5층 전탑(보물 제 189호)은 통일신라 때 작품이고, 경기도 여주 신륵사 다층 전탑(보물 제 226호)은 고려 시대 것이다.

는 산인 가산의 산성 전역을 밟게 된다.

임도를 오르면, 내성內城의 문 가운데 비교적 본래의 형태가 잘 살아 있는 동문이 먼저 나타난다. 그 외 중문, 서문, 북문은 크게 윤곽이 뚜렷하지 못하므로 애써 찾지 않아도 무방할 듯하다. 특히 눈이 쌓이면 북문은 찾을 길도 묘연하다.

다만 중문中門은 문 아래를 지나가야할 충분한 이유가 있다. 그 아래를 지나야 가산바위에 오를 수 있기 때문이다. 가산바위에 오르면 팔공산 능선과 대구 시내가 한눈에 들어오는 장관을 만끽할 수 있는데, 어찌 그 즐거움을 놓칠 것인가.

'갑이네 을이네' 해도 팔공산 관광의 최대 명소는 단연 '갓바위'이다. 머리에 갓을 쓴 형상 때문에 공식 이름 '관봉 석조여래좌상'보다도 흔히 '갓바위'로 불리는 이 부처는 전국적으로 이름이 높아 엄청난 사람들을 끌어들인다. 갓바위는 팔공산의 많은 봉우리들 중의 하나인 관봉 정상에 있다. 대표적인 답사로는 대구 쪽과 경산 쪽(선본사) 두 길이다.

이곳은 사시사철 기도 인파로 붐빈다. 특히 수능시험 직전에는 많은 학부모들이 기복祈福 신앙의 차원에서 이곳에 올라 간절히, 애절히 빈다. 이 모습은, 한국적 교육열의 의미와 종교관의 진의가 무엇인지 다시 한 번 생각하게 해준다.

팔공산 전역 답사 순서

○ **독립운동유적 2곳 + 일반 답사지 13곳**

미대동 여봉산독립운동유적 → 1. 갓바위/보물 431호 2. 북지장사 대웅전/보물 805호 3. 동화사 봉황문 마애여래좌상/보물 243호 4. 동화사 통일대불 → 성보박물관 사명대사 초상/보물 1505호, 보조국사 지눌 초상/보물 1639호, 아미타회상도/보물 1601호, 당간지주/보물 254호 → 부도/보물 601호 및 금당암(일반인 출입금지 구역) 동서 3층석탑/보물 248호 → 봉서루 영남치영아문嶺南緇營衙門 현판 → 대웅전/보물 1563호, 목조약사여래좌상/보물 1607호 → 심검당독립운동유적 → 극락전/유형문화재 11호 → 조사전 → 비로암 석조비로자나불좌상/보물 244호, 3층석탑/보물 247호 5. 염불암 청석탑/유형문화재 19호, 마애여래좌상 및 보살좌상/유형문화재 14호 6. 동봉 석조약사여래입상/유형문화재 20호 9. 부인사터/기념물 3호 → 선덕묘 → 일명암지석등/문화재자료 22호 → 석등/유형문화재 16호 → 서탑/유형문화재 17호 11. 파계사 진동루/문화재자료 10호, 원통전/유형문화재 7호, 목조관음보살좌상/보물 992호, 영산회상도/보물 1214호, 설선당/문화재자료 7호, 적묵당/문화재자료 9호, 신령각/문화재자료 8호, 기영각/문화재자료 11호, 영조대왕 도포/국가민속문화재 220호 12. 성전암(자응전慈應殿 편액) 14. 가산산성/사적 216호, 가산바위에서 팔공산 전경 감상 15. 기성동 3층석탑/보물 510호, 동명면 기성동 1028 16. 도덕산 정상에서 팔공산 전경 감상, 도덕암 모과나무와 어정수 17. 송림사 5층전탑/보물 189호, 대웅전 편액, 삼존불

○ **기타 4곳**

7. 비로봉 마애약사여래좌상/유형문화재 3호 8. 서봉 삼성암터 마애약사여래입상/유형문화재 21호 10. 신무동 마애불좌상/유형문화재 18호, 신무동 215-1 → 용수동 당산/민속문화재 4호 13. 송정동 석불입상/유형문화재 22호, 송정동 363

1919년 4월 26일과 28일 미대동 청년들은
마을 바로 동쪽 여봉산에 올라 "대한 독립 만세!"를 외쳤다.

팔공산 비로봉

미대동 청년들의 독립 만세 운동은 대구 유일의 마을 단위 궐기였다.

미대동 여봉산

눈 내린 여봉산

4 ☯ 동구 미대동 여봉산
대구 유일의 마을 단위 독립만세 운동

　1919년 4월 26일 밤 10시 팔공산 아래 미대동 청년들은 마을 바로 동쪽 옆 여봉산에 올랐다. 이틀 뒤인 28일 밤 10시에도 같은 봉우리에 올랐다. 26일에는 채갑원, 채봉식, 채학기, 채희각이 올랐고, 28일에는 네 사람 외에 채경식, 채명식, 채송대, 권재갑 등 많은 마을 사람들도 함께 올랐다. 이들은 모두 '치안 방해죄'로 구속되었는데, 26일과 28일에 걸쳐 이틀 연속 산에 오른 주동자 4명은 징역 8월, 28일만 참가한 2차 주동자 4명은 징역 6월을 선고받았다.

미대동 마을 복판 청운사 동북쪽 뒤편에서 본 여봉산

마을 옆산에 오른 것이 어째서 치안을 방해한 범죄인가? 당시는 일제 강점기로서, 일본이 우리나라를 강제로 점거하여 통치하고 있던 시절이었다. 그런 상황에 미대동의 여덟 청년은 "대한 독립 만세!"를 외쳤다. 식민지의 청년들이 독립을 부르짖는 단체 행동을 했으니 일제로서는 치안 유지에 방해가 되는 위험한 범죄였던 것이다.

미대동 청년들은 왜 사람들이 많이 오가는 거리나 시장에서 궐기하지 않고 산에 올랐을까? 이에 대해서는 경상북도 최초의 독립만세운동 발원지인 의성군 비안면의 사례를 돌이켜 볼만하다.

'기미 3·1독립운동 경상북도 시발지始發地 기념탑'(경북 의성 비안면 동부동)

비안면의 동부동과 서부동은 1919년 3·1운동 당시 경북 전역에서 가장 먼저 만세운동을 펼친 지역이다. 이 마을 뒷산 목단봉에는 '기미 3·1독립운동 경상북도 시발지始發地 기념탑'이 굳건히 세워져 있다. 또 '3·1 독립 운동 기념탑', '순의사 두곡 박공 유허비', '순국지사 현호 박석홍 기념비', '3·1 독립투사 기념비', '임란 의병장 백계 김희공 충의비' 등도 건립되어 있다.

현지 안내판은 '기미 3·1독립만세 비안 운동사'라는 제목 아래에 '1895년 8월 20일 황후皇后 시해弑害 / 1896년 1월 1일 단발령斷髮令 / 1905년 11월 을사늑약勒約 / 1910년 8월 29일 한일합방— 주권을 상실한 식민지로 전락'으로 '2천만 민중의 통분과 격노로 항일 투쟁에 봉기 항전하게 되었으며, 이에 우리 고장에서도 나라 사랑하는 수많은 학생들과 주민들이 앞장서 일어나게 되었다.'라고 설명한다.

3월 3일 비안 쌍계교회 조사 김원휘는 평양신학교에 입학하러 가는 길에 서울에서 3·1 독립 만세 운동을 목격하고 귀향한다. 김원휘는 3월 7일 쌍계리의 박영화, 박영달, 박영신, 배중엽, 배달근에게 3·1 독립만세 운동의 감격스러운 소식을 전하면서 의거를 일으킬 것을 권유한다.

비안 만세운동을 이끈 김원휘의 묘소(대구 신암선열공원)

3월 8일에는 대구 계성학교에 재학 중이던 박상동과 박우완 등이 대구 서문시장 의거에 참가한 뒤 독립선언서를 가지고 와서 역시 의거 소식을 전파한다. 3월 9일 비안 공립보통학교 상급 학생 중 급장 우희원, 정인성, 박만녕 등이 박기근의 집에 모여 3월 11일 비안 장날 거사를 계획한다.

3월 10일 밀회를 거듭한 이들은 3월 13일 쌍계교회 신도들을 주축으로 하여 만세운동을 일으키기로 하고, 박영화, 배중엽, 배달근, 박영달 등이 박영신의 집에서 태극기 200여 개를 제작한다. 3월 11일 오전 11시에는 비안 공립보통학교 전교생을 아카시 나무 밑에 모아 놓고 방과 후 비안 시장에서 일어날 만세운동에 참가하도록 알린다.

하지만 비안 주재소 경찰이 정보를 입수하고 시장에서 삼엄한 경계를 펴는 바람에 만세운동은 실패한다. 일본인 교장은 급장들에게 퇴학시킨다고 위협한다. 주동인 급장들은 내일 다시 만세운동을 일으키기로 하고 해산한다.

3월 12일 일찍 등교한 주동 학생들은 등교하는 학생들에게 수업이 시작되는 준비종이 울리면 뒷산에 모여 거사하자고 연락한다. 준비종이 울리자 전교생 150여 명은 책보자기를 들고 일제히 목단봉에 올라 "독립 만세"를 소리 높여 외친다.

정오에는 교회 신도들과 학생, 주민 등 200여 명이 태극기를 들고 마을을 누비며 독립만세를 부르며 시위하다가 다시 뒷산에 올라가 "독립만세"를 부른다. 일본인 경찰들과 교사들이 달려와 만세를 부르는 주민들과 학생들을 강제 해산시킨다. 급보를 받은 의성경찰서 경찰부장도 오후 4시 비안 주재소 경찰을 지휘하여 출동한다.

학생 시위의 주동자 우희원, 박기근, 정인성은 현장에서 검거되어 혹독한 고문을 당한 끝에 징역 8월~6월의 실형을 언도받아 투옥된다. 박만녕은 탈출했다가 뒤에 검거되어 3개월의 옥고를 치른다. 일반 주민들도 박영화 징역 2년, 김원휘 징역 1년 6월, 박영신, 배중엽, 박영달, 배달근 각 징역 1년, 이일만, 김명출, 배도근, 박인욱, 박세길, 배용석, 배용도 각 징역 6월, 서금이, 박충식, 최점문, 배용운 각 태형 90대 등 모두 18명이 처벌을 받는다.8)

인천 채씨 집성촌인 동구 미대동의 미대길 120(미대동 169)에는 대구시 유형문화재 제 9호인 성재盛才서당이 있다. 인조 때 선비 채명보(1574~1644)가 은퇴 후 성재정을 지어 강학 장소로 활용하였는데, 후손들이 다시 크게 지어 성재서당이라 불렀다.

---

8) 그 이후에도 비안 사람들의 항일 투쟁은 줄기차게 계속되었다. 3월 13일 밤 8시경 비안 시장에 50여 명의 농민들이 태극기를 나누어 가지고 동부동과 서부동을 오가며 선창에 따라 "대한 독립 만세"를 부르며 시위를 전개하니 군중들은 100여 명이 넘었고, 박홍섭 징역 11년, 박준도, 임재호, 김석근 각 징역 10년, 손동일, 김길도 각 징역 6년 등 24명이 처벌을 받았다.

비안 장날인 3월 16일 오후 3시경 김석근, 손동일, 임재호, 박후도, 박홍섭은 군중 50여명과 함께 태극기를 들고 "독립 만세"를 부르며 시위를 전개하다가 경찰의 출동으로 해산되었다. 이 일로 22명이 검거되어 옥고를 치렀다.

경북 의성 비안 동부동 동민과 학생들의 목단봉 항일 만세운동에 대해 비교적 소상히 소개한 것은 대구 동구 미대동 청년 유림들의 여봉산 시위와 견주어 볼만한 점이 있기 때문이다. 앞에서 소개했듯이, 두 곳 모두 마을 인근 얕은 산봉우리에서 만세 시위를 벌였다. 다시 한번 질문하지 않을 수 없다. 왜 마을 바로 옆 동산의 정상에서인가?

마을에서 가까운 산봉우리에 올라 목청껏 "대한독립만세!!"를 부르고 태극기를 휘두르면 동네사람들의 눈에 바로 띄고, 소리가 들린다. 신속히 만세운동의 시작을 알리고, 동참을 권유하기에 가장 적합한 장소가 바로 마을 바로 옆 혹은 뒤의 얕은 산봉우리인 것이다.

그런데 두 곳을 견줘보면 차이가 발견된다. 비안 목단봉은 독립운동 유적지로 깔끔하게 다듬어져 기념탑은 물론 여러 지사를 기리는 빗돌들도 건립되어 있다. 찾아오는 답사자를 위해 접근하는 길이 정비되어 있는 것은 물론이고, 언제나 길 양옆으로 태극기가 나부껴 멀리서도 그곳이 현창 시설이라는 사실을 단숨에 가늠할 수 있다.

미대동 여봉산은 마을 복판 청운사에서 산자락까지는 길이 있지만 정상에 오르는 산길은 찾기 어렵다. 안내 표식도 없다. 기념탑이나 비석은 물론 없다. 여봉산 궐기는 대구 유일의 마을 단위 독립만세운동이었지만 기억하는 이도 거의 없고, 기록에도 묻혀 있다.

미대동에는 여봉산 만세운동을 주도한 여덟 분에 대한 기념물도 없다. 이 마을 출신 채충식蔡忠植(1892~1980) 독립지사를 기리는 현충시설도 없다. 이곳 미대동에서 태어난 채충식은 1930년대 초 대구청년동맹 위원장 박명줄朴明茁 등과 함께 일제의 조선 지배가 부당하다는 사실을 대중들에게 전파하다가 일제 경찰에 체포되었고, 1944년 해방과 건국을 준비하기 위한 비밀 결사 조선건국동맹이 결성되자 경상북도 조직을 만들기 위해 노력하던 중 검거되어 감옥에서 해방을 맞이한 독립운동가이다(49쪽 참조).

의성 비안 목단봉처럼 대구 동화사 심검당, 미대동, 여봉산에도 독립운동을 기리는 정신적 상징물을 세워야겠다. ☯

항일 대왕산 죽창 의거 전적비 (94쪽 참조)

'항일 대왕산 죽창 의거 전적비'가 경북 경산시 남산면 대왕산 정상에 세워져 있다. 미대동 여봉산은 10분이면 오를 수 있는 동네 야산이지만 기념비가 없고, 대왕산은 가파른 오르막을 1시간 걸어야 정상에 닿는데다 돌이 많은 악산이지만 기념비가 있다.

대왕산 전적비 뒷면에는 참전 의사들의 성명이 새겨져 있다. 대왕산이 대구가 아니라 경북에 있는데도 이 책 《대구 독립운동 유적 100곳 답사여행》에 거론하는 것은 이곳 전투에 참전한 29인 중 세 분의 묘소가 대구 신암선열공원에 있기 때문이다.

[보충자료] "대한독립만세!" 부르는 것이 무슨 대단한 일이냐는 오해
일제 강점기 때 "대한독립만세!"를 주도하고, 외치는 용기

"대한독립만세!"를 주도하고, 또 뒤따라 외치는 것이 무슨 대단한 일이냐고 용기(?)있게 말하는 분도 있다. 그런 잘못된 생각을 가진 분은 이근호 저 《한국사를 움직인 100대 사건》의 일부 내용을 발췌 요약해서 보여주는 오마이뉴스 2018년 3월 20일자 이양호 기자의 〈3·1운동은 누가, 어떻게 일으켰을까〉를 읽어볼 필요가 있다.

당시 조선총독 하세가와 요시미치는 "추호의 가차도 없이 엄중 처단한다." 하며 시위대를 향해 발포 명령을 내렸고, 4월 들어서는 경고 없이 실탄 사격을 하도록 지침을 시달했다. 이로 인해 전국에서 살육과 고문, 방화 등 야만적인 탄압이 이뤄졌다. 조선에 주둔한 정규군 2개 사단 2만 3,000여 명에 더해 4월에는 일본에서 헌병과 보병부대까지 증파됐다.

3월 10일에는 평남 맹산읍 시위 군중 50여 명을 죽이고, 4월 15일에는 수원 제암리에서 마을 주민 30여 명을 교회에 가둔 채 불을 질러 타 죽게 했다. 화성군 송산면에서는 마을 전체를 불태우고 주민들을 학살했다. 천안 아우내竝川(병천)에서는 유관순柳寬順이 장터에서 태극기를 나눠 주다 체포돼 악랄한 고문 끝에 옥사했다.

5월 말까지 한국인은 7,500명이 피살되고, 4만 6,000명이 체포됐으며, 1만 6,000여 명이 부상당했다. 또 교회 47곳과 학교 2곳, 민가 715호가 불탔다. 당초 비폭력, 무저항을 표방한 만세 시위는 3월 말 이후 점차 폭력화 양상을 띠면서, 전차 공격, 헌병 주재소 습격, 관공서 방화 등이 일어났다.

이양호 기자는 '일제는 만세를 부르면 전부 죽이겠다는 생각이었다. 이미 그 전부터 자신들의 명령에 불복종하는 조선인에 대해 무자비한 탄압으로 일관했으니 이른바 무단통치다. 이런 감시와 억압을 뚫고 태극기를 만들고 나눠주며 시위를 주도한다는 것은 그야말로 목숨을 건 용기와 그에 맞는 조직이 필요한 일이다.'라고 평가한다.

동구 미대길 14는 구주소로 미대동 113-1이다. 113-1은 여봉산 만세운동(40쪽 참조) 주도자 중 한 사람인 채경식 지사의 출생지(미대동 113번지)에서 분할된 주소이다. 그런데 오늘날 미대동을 찾으면 미대동 113-1은 있지만 113은 없다. 사진은 미대동 113-1의 맞은편인 미대길 15의 푸른 양철집 지붕 위로 미대교회 첨탑이 보이는 풍경이다. 이곳에서 동네 안을 통과하여 거의 마을 끝 근처까지 가면 미대동이 낳은 독립운동가 채충식 지사의 집터가 있다. 채충식 지사의 집터는 어떤 모습일까? 궁금한 마음을 달래며 계속 앞으로 나아간다.

5 ◯ 동구 미대길 45-2 채충식 집터
사회주의자는 독립운동가로 인정 못한다?

1892년 11월 5일 달성군(현재 대구시 동구) 공산면 미대동 225번지에서 아버지 채성원蔡星源과 어머니 서남주徐南珠의 장남으로 출생했다. 대구농림학교(현재 대구자연과학고등학교)에서 수학했고, 1923년 왜관청년회가 설립한 여자 야학(夜學)의 교사로 활동하면서 조선일보 왜관 지국장으로 일했다. 그 이후 1925년 낙동강에 큰 홍수가 터졌을 때 '칠곡 기근 구제회' 결성을 주도했고, 1926년에는 왜관청년회가 운영하던 동창학원의 교사로서 민족의식을 널리 고취하는 데 힘썼다. 그해에 순종이 죽어 인산(임금의 장례) 때 흰 갓 1,800개를 구해 사람들에게 나눠주면서 독립정신을 불러일으키기 위해 노력했다.

1927년에는 신간회 칠곡지회 의장 겸 서무 간사로 일했다. 1928년에는 경북 기자대회에서 임시 집행부 의장, 집행위원장 겸 서무부장을 맡았다. 그 후 중외일보 기자가 되어 대구로 활동 근거지를 옮겼다. 1931년 3월에는 대구청년동맹 위원장 박명출과 함께 일제의 조선 지배가 부당하다는 사실을 대중에게 알리는 활동을 펼치다가 체포되어 투옥되기도 했다.

1944년 3월 여운형을 중심으로 사회주의자들이 건국동맹을 결성하자 1945년 1월 경북 조직을 만드는 데 앞장섰다. 그해 8월 건국동맹과 관련하여 투옥되었으나 이내 나라가 해방되면서 출옥했다. 해방 직후 여운형의 건국준비위원회에 참여하였고, 1947년에는 남로당 경북도당 결당 준비위원회 활동도 하였다. 그는 1980년에 향년 89세로 세상을 떠났다.

대구 유일의 '동네 단위' 만세 운동인 미대동 여봉산 의거(42쪽 참조)를 주도한 채갑원, 채봉식, 채송대, 채학기, 채희각은 1992년에, 채경식과 채명원은 1995년에 각각 나라의 독립에 이바지한 공로를 인정받아 대통령 표창을 받았다. 비록 기념탑 등 현창 시설은 없지만 국가가 주는 표창을 받았으니 조금이나마 위안이 된다고 하겠다. 그러나 채충식은 국가보훈처 공훈록에 기록되어 있지 않다. 건국 훈장이나 대통령 표창도 그에게는 주어지지 않았다. 좌파 독립운동가라는 것이 그 이유다.

그뿐이 아니다. 채충식의 아들 채병기 씨는 1946년에 행방불명되었다. 영남일보 박진관 기자는 2013년 10월 11일자의 "우리 할아버지·아버지는 빨갱이가 아닙니다"라는 기사를 통해 채충식, 채병기 부자의 사연을 소개했다.

채영희 씨는 대구시 동구 미대동 출신 독립운동가 채충식 선생(1892~1980)의 손녀다. 미대동 인천 채씨 문중은 3·1운동 당시 대구 유림 중 마을 단위로는 유일하게 만세운동에 참여한 곳이다. 채충식 선생은 천석꾼의 후손으로 장진홍 열사와 시인 이상화, 박정희 전 대통령의 형 박상희 등과 교류했으며, 독립운동과 관련해 숱한 옥고를 치렀다.

그는 여운형이 주도한 건국준비위원회에 참여했으며, 김구 선생과 함께 남북회의 협상차 평양에 다녀오기도 했다. 그의 아들이자 채영희 씨의 아버지인 채병기 씨는 46년 대구10월항쟁에 주도적으로 참여하다 강제로 국민보도연맹에 가입됐다. 그는 6·25전쟁 때 대구형무소에 수감됐다가 좌파 정치범으로 분류된 뒤 그해 7월 30일 가창골(현 가창댐)에서 처형됐다.

채충식 선생은 자신의 사상과 신념에 영향을 받은 아들을 먼저 보냈다. 그는 저서 《잡록》에 손자와 손녀들이 살아갈 지혜와 교훈을 적어 놨다. 해방둥이인 채영희 씨는 '빨갱이의 딸'에 대한 트라우마가 강하게 남아 있다. 어릴 적 아버지를 잃은 채씨는 어머니와 함께 간난고초를 겪었다.

채씨는 "무관심이나 외면으로 잘못된 역사를 방관하면 이 또한 역사 앞에서 죄를 짓는 것"이라며 "반드시 10월항쟁의 참뜻이 밝혀지리라 확신한다."고 했다.

대구시 동구 팔공산로 199길 29(용수동 55-20)의 '이조명가' 건물 3층에 채충식 선생의 유품과 저서 등이 보관·전시되어 있었다. 하지만 '대구 10월항쟁9) 유족회' 회장인 손녀 채영희 씨의 애틋한 정성이 빚어낸 그 공간은 이제 대구를 떠나 경상북도 칠곡군 왜관읍 공단로 209-15로 옮겨가버렸다.

채충식 지사 집터의 대문

9) 2010년, 정부는 대구경북 310만 주민 가운데 70만 명이 파업이나 시위에 참여하면서 일어난 1946년 10월의 한 사건을 '사건'으로 정리했다. 이전까지 흔히 '폭동'으로 불리던 사건이었다. 정부는 10월사건을 '식량난이 심각한 상태에서 미군정이 친일 관리를 고용하고 토지개혁을 지연하며 식량 공출 정책을 강압적으로 시행하자 불만을 가진 민간인과 일부 좌익 세력이 경찰과 행정당국에 맞서 발생한 사건'으로 규정했다.

1946년 10월 1일, 대구역 광장에 당시 대구 20만 인구 중 1만여 명이 운집했다. 이들은 '미군정은 물러가라', '쌀이 아니면 죽음을 달라'면서 행진을 벌였다. 이 과정에서 경찰의 공포탄을 맞아 사망자가 발생했다.

이튿날 대구의전(경북대 의대), 대구사범대, 대구농대(경북대 농대) 학생들이 사망자의 주검을 메고 시위를 벌였다. 시민들이 합세했다. 경찰이 해산에 나서자 시위대가 투석으로 맞섰다. 경찰 발포로 22명이 숨졌다. 군중들은 대구경찰서(현 중부경찰서)를 점령하여 경찰을 무장해제 시킨 뒤 남일동과 진골목 일대에 살던 친일 악질 관리 등의 저택을 습격했다. 무정부 상황이 벌어지자 미군정은 장갑차 4대를 투입해 경찰서를 탈환하고 시위대를 해산시킨 뒤 계엄령을 선포했다.

하지만 10월의 대구사건은 12월 중순까지 전국으로 번졌다. 그 결과 100만 명이 시위에 참여했고, 일반인 1천여 명과 경찰 200여 명이 사망했으며, 3만여 명이 체포됐다.

6 ☯ 북구 망월길 23 손양윤 의사 생가터
18년을 감옥에서 보낸 독립지사가 태어난 곳

'이름 : 손양윤孫亮尹, 당시 나이 : 50세, 주소 : 경상북도 달성군 성북면 사변동 1132번지(현재 대구시 북구 서변동 1132), 죄명 : 강도, 강도 상인傷人(사람을 다치게 함), 주문 : 징역 20년 (원심 미결 구류일수 중 250일을 본형 산입), 판결 날짜 : 1929년 12월 2일'은 국가기록원이 경성복심법원의 1929년 12월 2일 손양윤 독립운동가 관련 판결문을 번역해서 수록해둔 부분의 첫머리이다. 판결문의 <사건 개요>는 '부자를 습격하여 자금을 모아 신민부新民府10)와 연락하여 조선 독립 운동을 하기로 하고 이병묵 등을 참가시켜 민가를 습격, 협박하여 금원金員(돈)을 강취强取(강제로 빼앗음)하였다.'이다. 판결문을 대략 현대문으로 바꾸어가면서 더 읽어본다.

손양윤은 신현규申鉉圭와 함께 부자에게서 금품을 강탈하기로 공모했다. 1926년 봄 대구부(현재 대구시) 달성공원에서 두 사람은 만주에 본부를 둔 채 활동하고 있는 (김좌진의) 신민부에 독립운동 자금을 제공

---

10) 1924년 10월 18일, 남만주에서 활동하던 통의부, 길림주민회, 서로군정서 등이 통합하여 하나의 독립운동단체인 정의부를 결성한다. 김좌진의 대한독립군단 등 북만주에서 활동하던 단체들도 이에 큰 자극을 받아 1925년 3월 10일 신민부를 조직했다. (박환 《김좌진》, 선인, 2016 개정판, 167쪽 참조)

하기 위해 부자들에게서 금품을 빼앗기로 결의한 후 1927년 음력 12월까지 대구부 덕산정 277번지 신현규의 집과 기타 장소에서 이병묵李丙黙, 손허孫許, 윤창선尹昌善 등을 계획에 참가시켰다.

손양윤은 신현규와 공모하여 1926년 6월 13일 오후 10시 30분 각자 조선식 칼을 가지고 경상북도 칠곡군 북삼면 오평동 32번지 기전정일幾田精一의 집에 침입, 가져간 칼의 등으로 기전정일을 여러 차례 구타하여 서쪽 팔 상박부에 길이 5푼, 넓이 약 2푼, 깊이 약 6푼 및 길이 약 3푼, 넓이 약 5리, 깊이 약 3리의 전치 약 1주를 요하는 2개의 상해를 입히고, 또 동인을 허리띠 삼끈으로, 동인의 처 춘지春枝를 여자용 허리끈으로 결박하고 돈을 내놓으라고 강요하여 돈 105원, 엽총 2정, 명주실 약 100문, 호사사 약 30문, 신모사 소건 약 7척, 비스킷 약 100문 등을 강탈하였다.

1926년 음력 5월 7일 밤에도 신현규와 공모하여 식도와 권총 모양의 물건을 휴대하고 칠곡군 왜관면 매원리 348번지 이이창李以昌의 집에 침입, 가져간 흉기로 이이창의 앞가슴을 구타하면서 돈을 내놓으라고 협박하여 228원 23전과 안경 1개 등 여러 가지를 강탈하였다.

같은 해 8월 30일경 밤에 또 신현규, 이병묵과 공모하여 재차 이

손양윤 독립지사 생가터

이창의 집에 침입, 2명은 안뜰에서 망을 보고 1명은 이이창에게 흉기를 들이대며 돈을 인 내놓으면 살해하겠다고 위협하여 40원을 강탈하였다.

1928년 1월 19일에는 신현규, 이병묵, 손허와 공모하여 오후 10시 30분경 곤봉, 총기 모양의 물건을 가지고 왜관면 매원리 340번지 이상기李相琦의 집에 가서 2명은 집 밖에서 망을 보고, 다른 2명은 집 안으로 침입하여 권총 모양의 물건을 이상기의 앞가슴에 들이대며 돈을 내놓지 않으면 사살하겠다고 위협하면서 동인을 구타하여 그의 왼손 무지拇指(엄지손가락)와 차지差指(둘째손가락) 사이에 전치 2주를 요하는 길이 약 1촌, 넓이 약 2푼의 열상을 가하며 돈을 내놓으라고 협박하여 118원을 강탈했고, 이어서 동인의 아버지 이지연李志淵도 협박하여 30원 20전을 강탈하였다.

2월 29일 오후 9시경에는 신현규, 이병묵과 함께 식도, 곤봉 등을 가지고 왜관면 매원리 416번지 이수연李秀延의 집에 가서 2명은 대문 밖에서 망을 보고 1명은 집 안에 침입하여 이수연의 어머니 장장곡張長谷에게 위해를 가할 기세를 보이며 협박을 가하여 돈을 내놓으라고 강요하였으나 이수연이 돈이 없어서 강취의 목적을 이루지 못했다.

3월 25일 오후 11시경에는 신현규, 이병묵, 손허와 공모하여 식도와 총기 모양의 물건들을 가지고 칠곡군 약수면 관호동 69번지 장일환張日煥에게 살해하겠다고 협박하여 370원 20전을 강탈하였다.

4월 15일 오후 10시경에는 신현규, 이병묵, 손허와 함께 각자 흉기를 가지고 경산군 남산면 경동 650번지 김두남金斗南의 집에 가서 2명은 문밖에서 망을 보고 다른 2명은 집에 침입하여 끈으로 김두남을 결박한 후 마침 집에 있던 공기총으로 김두남을 구타하며 돈을 내놓으라고 협박하여 800원을 강탈했다.

손양윤(1878~1940)은 일제 경찰에 체포된 1929년 4월 당시 50세의 장년이었다. 그는 징역 20년을 언도받고 투옥되었다. 10년을 감옥에서 보내던 손양윤은 병이 심해져 잠깐 가석방되지만 밖으로 나온 지 불과 10여 일 만인 1940년 12월 12일 세상을 떠났다.

손양윤은 1918년 1월에도 대구법원에서 10년 실형을 언도받고 8년 동안 감옥 생활을 했다. 그는 1916년 이래 박상진朴尙鎭, 채기중蔡基中, 우재룡禹在龍, 노백린盧伯麟, 김좌진金佐鎭, 신두현申斗鉉 등이 주축을 이룬 독립운동단체 광복회11)에 가담하여 군자금 모금 활동을 하다가 1917년 일경에 체포되었다. 8년 감옥 생활을 마친 그는 만주로 망명하여 신민부의 일원으로 독립운동을 하다가 다시 군자금을 모금하기 위해 신현규, 이병묵 등과 함께 국내로 들어왔던 것이다.

달성 토성 경주 반월성, 서울 풍납토성과 함께 우리 나라 고대 토성土城 축성술을 증언해주는 대구 달성은 사적 제 62호이다. 손양윤은 1915년 8월 25일 이곳에서 창립된 무장 독립운동 단체 광복회의 단원이 되어 항일투쟁을 벌였다. 1917년 만주 독립군 군자금 모금 활동 중 일본 경찰에 체포되어 8년 동안 감옥 생활을 한 손양윤은 1926년에도 이곳에서 신현규와 더불어 활동 계획을 세웠다.

---

11) 1913년 이래 경북 영주에서 활동해온 광복단光復團과 1915년 대구 앞산 안일사에서 창립된 조선국권회복단朝鮮國權恢復團이 1915년 8월 25일 달성공원에서 통합되어 만들어졌다. 광복회는 1910년대 국내 무장 항일 운동을 선도한 대표적 독립운동 단체로, 3·1운동과 1920년 이후 의열 투쟁의 밑바탕을 놓은 것으로 평가받고 있다. (249쪽, 335쪽 참조) * 김창수의 논문 〈풍기 광복단의 조직과 활동〉(대한광복단기념사업회, 《대한광복단 학술회의》 1997년, 28p)은 조선국권회복단의 창립 시기를 1913년으로 보고 있다. (347쪽 참조)

손양윤 독립지사의 생가터는 북구 망월동 23에 남아 있다. 터가 남아 있다는 것은 집이 멸실되었다는 말이다. 생가터 인근에 '서변동 선사유적 전시관(호국로57길 6 유니버시아드 레포츠센터 1층)', 임진왜란 의병장 이주李輈(1556~1604)의 서계서원(호국로51길 45-17)과 구회신具懷愼(1564~1634)의 표절사(동변로24길 22-37)로 대표되는 역사유적이 있고, 대구 유일의 자연하천인 동화천桐華川도 서계서원과 표절사 사이를 흐르고 있지만, 손양윤 독립지사의 생가터 자체에는 아무 것도 남아 있지 않다. 생가는 물론 안내판이나 표지석도 없다.

　그렇다고 해서 손양윤 지사의 생가터를 찾는 일에 아무런 의미도 없고, 남다른 보람마저 없는 것은 아니다. 대구의 역사유적 가운데 그런 사례의 가장 단적인 곳은 부인사이다. 부인사는 현재 해인사에 남아 있는 세계문화유산 팔만대장경(재조 대장경)보다 200년 전에 제작된 6,000여 권의 초조初彫(처음 새긴) 대장경이 보관되어 있었던 곳이다. 하지만 1232년(고려 고종 19) 몽고군의 침입 때 불살라 없어져 버렸다.

　부인사를 찾으면 우리는 나라의 힘과 문화유산 보전의 중요성에 대해 저절로 되짚어보게 된다. 손양윤 독립지사 생가터에서도 우리는 역시 나라의 힘과 역사유적 보전의 중요성에 대해 새삼스레 생각해보게 된다. 타인이나 사물의 부정적인 모습에서도 교훈을 얻을 수 있다는 의미의 반면교사反面敎師라는 말에 담긴 참뜻도 진지하게 헤아려보게 된다. 물론 그보다는 손양윤 지사를 기리는 마음이 저절로 샘 솟아나게 해줄 수 있는 반듯한 조형물이나 표지가 세워져 있으면 좋겠다… 하는 바람이 훨씬 더 강렬하기는 하지만. ☯

1232년 몽고군의 침입 때 부인사는 잿더미로 변했다.
부인사에는 유형문화재 17호인 서탑, 16호인 석등, 문화재자료 22호인
또 다른 석등 하나만 남았다. 해인사의 세계문화유산 재조 대장경보다
200년 앞선 부인사의 초조 대장경은 거의 흔적도 없이 사라져버렸다.
부인사 터는 대구시 기념물 3호로 지정되었지만
대장경을 그렇게 잃어버렸다는 사실을 기억하는 이는 별로 없다.
손양윤 지사의 생가터 등 상당수 독립운동 유적지들도 안내판 하나 없이
방치되어 있다.

7 ☯ 북구 서변로3길 47-12
최연소 신민회 회원 구찬회의 애달픈 20세 순국

　1911년 일제 총독부는 민족해방운동을 탄압하려는 목적으로 데라우치 마사타케寺內正毅 총독 암살 미수 사건을 조작한다. 총독부는 신민회 회원 600여 명을 체포, 그 중 105인을 투옥한다. 흔히 '105인 사건'으로 불리는 이 사건으로 신민회는 해체되고, 신민회 회장 윤치호 등이 친일 경향으로 돌아서며, 국내의 독립운동 세력은 크게 약화된다. 하지만 많은 지사들이 해외로 망명하면서 105인 사건은 국외에서 항일운동이 활발하게 펼쳐지는 계기가 되기도 했다.

　왜 일본 총독부는 총독 암살 사건을 조작하여 신민회를 탄압했을까? 당시 신민회가 전국 최대의 항일 조직이었기 때문이다. 신민회는 1901년 양기탁, 안창호, 이동휘, 신채호, 김구, 이동녕, 박은식, 이희영, 이시영, 이상재, 윤치호 등 독립협회 청년 회원들이 중심이 되어 만든 비밀 결사단체이다.

　신민회는 입헌군주국을 지향한 독립협회와 달리 공화정 체제를 추구했다. 회원끼리도 서로 알 수 없게 점조직으로 꾸려졌음에도 1910년 들자 주요 애국계몽운동가의 거의 대부분이 가입했고, 군 단위까지 지부를 두었다. 평양 대성학교 등 국내에 많은 학교를 세웠고, 국외에 독립운동 거점을 마련하기 위해 신흥무관학교를 설립해서 독립군을 양성했다. 신흥新興무관학교의 신흥은 '신新민회가 나라를 부흥興시킨다'는 의미였다. 일제 총독부로서는 결코 좌시할 수 없는 막강한 항일 단체가 바로 신민회였던 것이다.

구찬회 생가터

    신민회의 최연소 회원은 대구 서변동 출신 구찬회具璨會(1890.1.27.~1910.5.13.)였다. 임진왜란 때 의병을 일으켜 울산 서생포 전투 등지에서 공을 세웠고, 류성룡의 군관으로도 활약했던 구회신具懷愼의 12대손인 구찬회는 (당시 주소로) 경상북도 달성군 성북면 서변동 1111번지(대구광역시 북구 서변로3길 47-12)에서 태어났다.

    어려서 한학을 배운 구찬회는 15세였던 1906년 3월 신학문을 학습하기 위해 배재학당에 입학했다가 다시 융희학교로 전학했다. 그는 16세 되던 1907년 신민회에 가입했다.

    1909년 신민회는 비밀간부회의를 통해 독립군 기지를 확보하기 위해 만주로 망명할 것을 결의한다. 이 방침에 따라 많은 사람들이 고향을 떠나 만주로 향했다. 안동의 이상룡(1858~1932)도 조상 대대로 살아온 임청각(보물 182호)을 팔아 마련한 독립운동 자금을 들고 1911년 1월 5일 안동을 떠난다. 당시 그의 나이는 이미 53세였다.

구찬회는 임진왜란 의병장 구회신의 12대손이다. 구찬회 생가터에서 동화천을 건너 동변동 235에 가면 구회신이 두문불출의 선조 구홍을 기려 세운 사당 표절사가 있다.

  이상룡 가족은 일 주일 동안 계속 걸은 끝에 1월 12일 추풍령에 닿고, 거기서 기차를 타고 서울로 간다. 이상룡은 "머리는 자를 수 있어도 무릎을 꿇고 종이 될 수는 없다."라고 다짐한다.
  안동을 떠나고 한 달 뒤인 2월 7일, 이상룡 가족은 먼저 만주로 망명한 처남 김대락의 거주지 횡도촌에 당도한다. 그 날 이후 이상룡은 1925년 임시정부의 국무령12)으로 활약하는 등 1932년 병사할 때까지 줄곧 항일 투쟁에 매진했다.

---

  12) 본래 상해의 대한민국임시정부는 대통령제였고, 초대 대통령이 이승만이었다. 그런데 이승만이 국제연맹의 조선 위임 통치를 미국에 청원하자 임시정부 의정원은 이승만을 탄핵했고, 2대 대통령으로 박은식이 취임했다. 그 후 임시정부의 대통령제는 국무령제로 바뀌었고, 이때 이상룡이 취임했다. 이 글에서 신민회 주요 인사 중 이상룡을 특별히 소개하는 것은 그를 기려 세워진 '이상룡 구국 기념비'가 대구 달성공원 안에 있기 때문이다.

이상룡은 만주 벌판에서 고령과 병으로 말미암아 고단했던 74세의 삶을 마감했지만, 구찬회는 불과 20세에 이승을 떠났다. 1909년 이래 만주로 간 그는 각종 독립운동 독려 문서들을 자필로 옮겨 국내 인사들에게 배포하던 중 1909년 12월 일제에 체포되었다. 그의 나이가 겨우 19세에 지나지 않았으므로 일제는 '배후 인물을 실토하라는 잔혹한 고문'을 가했다, 하지만 지사는 '굴하지 아니하고 악형을 받았다. (결국) 1910년 5월 13일 가혹한 고문의 후유증으로 감옥에서 순국하였다. (권대웅《달성의 독립운동가 열전》)'

정부는 지사에게 1977년 건국포장, 1990년 건국훈장 애족장을 추서했다. 조국과 겨레를 위해 외세에 맞서 싸우다 목숨을 잃은 스무 살 젊은 청춘, 지사의 생가터에서 답사자는 그저 애잔할 뿐이다. 무엇으로 그의 혼백을 위로할 수 있으랴! 땀을 쏟고 피를 흘리고 마침내 스무 살 새파란 생명까지 바쳐 얻은 독립인데, 오늘날 두 동강 난 유일한 나라로 지구상에 남아 있으니….

울창한 나무와 잡다한 건물들에 가려 지금은 보이지 않지만 그가 10대이던 무렵에는 생가에서 동화천까지가 그냥 물가였을 터, 임진왜란 의병장으로 활약했던 구회신이 두문불출로 이성계를 거부한 8세조 송은松隱 구홍具鴻을 기려 세운 표절사表節祠가 눈에 들어 왔으리라. 조상은 왕조를 뒤엎은 세력도 거부했는데, 어찌 바다를 건너온 일본 세력에게 무릎을 꿇을 것인가. 비록 이상룡이 "머리는 자를 수 있어도 무릎을 꿇고 종이 될 수는 없다."라고 다짐한 때는 자신이 세상을 떠난 지 여덟 달 뒤의 일이지만, 구찬회는 진작 그 말을 듣고 또 가슴에 새겼으리라.

구찬회 생가와 표절사 사이를 흐르는 동화천은 대구에 남은 유일한 자연 하천이다. 아래로 동화천을 굽어보며, 구찬회 지사와 같은 선열들의 뜨겁고 올곧은 정신이 이 땅에, 우리들의 마음에 굳건히, 영원히 남아 있기를 소망해 본다. ☯

8 🇰🇷 북구 침산남로9길 113 침산
대구읍성을 부순 '이등박문의 양자' 박중양

침산 아래의 강변, 금호강과 신천이 만나는 지점에는 희고 고운 모래밭이 넓게 펼쳐져 있었다. 사람들은 이곳을 백사벌白沙伐이라 불렀다. 흰白 모래沙 벌판伐이라는 뜻이다. 백사벌은 뒷날 발음하기 쉬운 '백사부리'로 바뀌었다.

침산 일원과 신천 건너 연암산 일원에서는 선사 시대 유물이 많이 발굴되었다. 이는 아득한 옛날부터 이곳에 사람들이 많이 거주했다는 역사를 짐작하게 해준다. 그들은 신천 물가로 와서 빨래를 했다. 빨래하기에 적합한 넓적한 빨랫돌이 많았기 때문이다. 침산砧山은 빨랫돌砧이 많은 산山이라는 뜻이다.

침산정
침산 정상의
2층 누각

침산은 해발 121m밖에 안 될 만큼 높이가 낮다. 산이라 할 것도 없지만 사방에 강과 들판이니 우뚝 솟은 것만은 사실이고, 그 탓에 봉峰이라 부를 수 없어서 저절로 산山이 되었다.

그런데도 언덕 같은 이 산에 등산로가 많다. 동쪽 등산로 입구는 북구 성북로5길 51-5(침산동 산15-3), 서쪽 등산로 입구는 북구 침산남로9길 113(침산동 1168-1), 남쪽 등산로 입구는 북구 침산남로9길 32(침산동 1643-45), 북쪽 등산로 입구는 북구 침산남로9길 167(침산동 810-32)의 주소를 가지고 있다. 그만큼 산에 굴곡이 많고 계곡도 여러 갈래라는 점을 가늠하게 해준다.

등산로 입구가 여럿인 산은 봉우리도 여럿인 법이다. 침산은 한때 오봉산五峰山이라는 이름으로 불렸다. 봉우리가 다섯 있는 산이라는 말이다. 1906~7년 대구읍성을 파괴한 친일파 박중양朴重陽(1874~1959)이 이 산을 개인 소유로 만들고는 그런 이름을 붙였다.

1906년 대구에 거주 중이던 일본인 상인들이 박중양에게 대구읍성을 철거해 달라고 요청했다. 당시 외국인은 대구읍성 내에서 장사를 하지 못하도록 금지되어 있었다. 그 탓에 일본인 상인들은 장사에 재미가 없었다. 성벽만 없으면 읍성 안과 밖의 구분이 없어지니 일본 상인들의 장사에 크게 도움이 될 터였다.

박중양은 1906년 10월 붕괴 위험이 있으므로 대구읍성을 부수겠노라는 허가 요청 공문을 조정에 제출했다. 공문을 보낸 박중양은 조정에서 회신이 오는 것을 기다리지도 않고 바로 읍성을 파괴하기 시작했다. 조정의 '불허' 공문이 도착한 11월 대구읍성은 이미 박중양에 의해 반쯤 파괴된 뒤였다.

대구읍성은 1888년 가을 프랑스의 유명한 지리학자 샤를 바라(1842~1893)가 조선을 여행한 후 귀국하여 《조선 기행》을 발표하면서 '북경성을 축소해 놓은 듯 아름답다.'라고 격찬했던 소중한 문화유산이었다. 바라는 '대구읍성의 성벽은 도시 전체를 감싸는 평행사변형이었고, 사방 성벽에는 웅장한 성문이 서 있었다. 성문의 정자에는 옛 역사를 나타내는 그림과 조각들이 가득했다. 성문의 정자에서 나는 가을 햇볕 아래 찬란한 색채를 빛내며 전원을 휘감아 흐르는 금호강의 낙조를 지켜보았다. 내 발 아래로 큰 도시의 길과 관사들이 펼쳐져 있었다. 서민이 사는 구역에는 초가지붕들이 이마를 맞대고 있었고, 양반들이 사는 중심부에는 우아한 지붕의 집들이 늘어서 있었다.'라고 감탄했다(《조선 여행》, 눈빛 번역 출간, 2001년).

조정의 불허에도 아랑곳하지 않고 대구읍성을 무참하게 부수었지만 박중양은 처벌을 받기는커녕 평안남도 관찰사로 승진했다가 이내 경상북도 관찰사가 되어 대구로 '금의환향'했다. '이등박문의 양자'로 소문이 나 있었을 만큼 일본의 비호를 받아온 자다운 출세가도였다.

영남제일관 박중양이 대구읍성을 무너뜨릴 때 성의 정문(남문) 영남제일관도 파괴되었다. 사진의 망우당공원 영남제일관은 1980년에 복원한 것이다. 1736년에 건립된 본래의 영남제일관은 중구 종로 17(남성로 92) 약전골목 안 네거리에 있었다.

박중양이 얼마나 대단한 친일파였던가 하는 것은 조선총독부가 조선 통치 25주년을 기념해 발간한 《조선 공로자 명감》도 극명하게 증언해준다. 《조선 공로자 명감》은 조선인이 오를 수 있는 최고위 관직인 총독부 중추원 부의장 자리에 앉은 박중양을 두고 '이등박문 이하 총독부 대관으로부터 역량과 수완이 탁월하다고 인식되고, 비상한 때에 진실로 믿을 수 있는 사람은 지사급에서는 박중양'이라고 기술했다. 1945년 4월 일본제국의회가 조선인 7명을 의원으로 임명할 때에도 박중양은 포함되었다. 조선인 중 일본제국회의 의원에 선임된 자는 1945년 4월 전에 선임된 3명을 포함해 모두 10명뿐이었다.

박중양은 1945년 8월 15일 이후에도 대구에 거주했다. 그는 대구 출생도 아니었지만 '오봉산'에 지어놓은 별장에서 유유자적 살았다. 친일파들을 지지 세력으로 끌어들인 이승만 정부의 비호 덕분이었다.

박중양은 1959년에 사망했지만 그가 자신의 공로를 자화자찬하여 세운 기념비 일소대日笑臺는 해방 후 50년이 지난 1996년까지 남아 있었다. 민족문제연구소 대구지부는 1996년 8월 15일 일소대 앞에 박중양의 친일 행적을 알리는 안내판을 세웠다. 결국 박중양의 후손들은 1996년 10월 11일 일소대를 철거했고, 2007년에는 침산 자체도 국가 재산으로 환수되었다.

서거정(1420, 세종 2~1488, 성종 19)은 대구 최고의 경치 10경[13])을 노래하면서 그 중 한 곳으로 '침산만조砧山晩照'를 꼽았다. 침산의 저

---

13) 제 1경 : 琴湖泛舟금호범주 (금호강의 뱃놀이)
　제 2경 : 笠巖釣魚입암조어 (입암의 낚시)
　제 3경 : 龜岫春雲귀수춘운 (거북산의 봄 구름)
　제 4경 : 鶴樓明月학루명월 (금학루의 밝은 달)
　제 5경 : 南沼荷花남소하화 (남소의 연꽃)
　제 6경 : 北壁香林북벽향림 (북벽의 향림)
　제 7경 : 桐華尋僧동화심승 (동화사의 중을 찾음)
　제 8경 : 櫓院送客노원송객 (노원의 송별)
　제 9경 : 公嶺積雪공영적설 (팔공산에 쌓인 눈)
　제10경 : 砧山晩照침산만조 (침산의 저녁노을)

녘놀은 대구를 대표할 만한 아름다운 풍경 중 한 곳이라는 것이다.

　　水自西流山盡頭 수자서유산진두
　　물은 서쪽에서 흘러와 산머리에 다다르고
　　砧巒蒼翠屬淸秋 침만창취속청추
　　침산 푸른 숲에는 가을빛이 어리었네
　　晩風何處舂聲急 만풍하처춘성급
　　해질녘 바람에 어디선가 방아소리 들리니
　　一任斜陽搗客愁 일임사양도객수
　　노을에 물든 나그네 마음 더욱 애잔하네

네이버에 검색을 하면 대구에서 오봉산 이름으로 떠오르는 것은 식당 한 곳, 골프 연습장 한 곳, 자동차 수리점 한 곳뿐이다. 오봉산이라는 박중양의 작명이 자취를 감추어가고 있다. 침산 전체에도 오봉산 대신 '침산 공원'이라는 이름이 붙어 있다.

다만 침산 남쪽 오거리가 여전히 '오봉 오거리'로 불린다는 점이 아쉽다. 네이버 지도에도 '오봉 오거리'가 선명하다. 1945년 8월 15일 후에도 박중양은 대구 시내를 큰소리치며 돌아다녔다. 왜 아무도 그를 엄중하게 단죄하지 않았을까? 그 탓에 지금도 침산 오거리에 '오봉 오거리'라는 이름이 남아 있는 것은 아닐까?

대구에 거주하는 이북 도민들이 1993년 10월에 세운 망배단望拜壇

침산 정상 침산정砧山亭에 올라 멀리 달서구 와룡산 방향을 바라본다. 서거정이 이곳에 올라 시를 읊었던 당시에는 대구부 중심부와 금호강 사이가 그저 광활한 들판이었다. 달성 앞을 지나쳐 유유히 흘러온 달서천은 금호강으로 접어들고, 저녁놀은 아찔하게 서산을 넘어가며 물길과 들길을 황홀하게 물들였으리라.

　그 아름다운 풍광을 친일파 박중양이 오봉산이라는 이름으로 더럽혔다. 깨어있는 많은 시민들이 빨랫돌砧 위에 오봉산이라는 못된 이름을 얹어놓고 오랫동안 두드린 끝에 침산砧이라는 이름을 이제 거의 되찾았다. 그래도 아직 친일 잔재 청산은 완성되지 않았다. '역사를 잊은 민족에게는 미래가 없다'라는 신채호 선생의 절규를 결코 잊어서는 안 된다. ☯

9 ☯ 채기중 순국 기념비

검단로 210-11에서 출발하여 검단토성을 향해 200m쯤 오르면 '의사 소몽 채기중 순국 기념비'가 있다. 채기중은 1913년 4월 중순(대한광복단기념사업회 발간 〈대한광복단 기념공원〉의 표현) 경북 영주 풍기의 '광복단' 결성을 주도한 독립지사로, 광복단은 1915년 8월 25일 대구 달성에서 조선국권회복단과 통합하여 1910년대 국내 무장 항일 투쟁을 선도하는 광복회로 발전한다. 249, 335쪽 참조.

10 ☯ 경북대 정문 안 150m, 장윤덕 의사 순국 기념비
이등박문 암살 계획 실패 후 의병 투쟁 중 순국

경북대학교 정문으로 진입하여 150m가량 들어서면 도로 오른쪽 넓은 잔디밭 한복판에 특이한 모습으로 서 있는 조형물 하나와 만나게 된다. '장윤덕張胤德(1872.7.6.~1907.9.16.) 의사 순국 기념비'이다. 장윤덕 의사는 순국 이후 60년이 지난 1968년에 건국훈장 독립장을 받은 애국지사이다. 경건한 마음으로 비 앞으로 다가서니 서쪽에 안내판이 서 있다.

장윤덕 의사 순국 기념비
국가보훈처 지정 현충 시설
소재지 : 대구시 북구 산격동 1370
건립 일자 : 1956년 1월 1일
규모 : 부지 10평, 높이 3m

장윤덕 의사는 경북 예천 출신으로 1907년 4월 서울에 상경하여 이토 히로부미伊藤博文를 비롯한 매국적신賣國賊臣들을 살해하려 하였으나 밀고로 실패하고 고향에 피신해 있던 중 같은 해 7월에 격문을 각지에 발송하고 300여 명의 의병을 일으켜 항일 투쟁을 전개하였으며, 1907년 9월에는 이강년李康年14) 의병장 휘하 의병장으로 풍기, 봉화, 문경 등지에서 큰 전과를 올렸다. 1907년 9월 16일 상주읍을 습격하여 일경과 교전하다 총상을 입고 체포되어 혹독한 고문을 당했지만 굴하지 않고 스스로 혀를 끊고 함구하며 항거하다가 그날 당일 상주 함창 구향리 뒷산에서 총살, 순국하였다.

'밀고로 실패했다'와 '스스로 혀를 끊고 함구했다'라는 부분이 특별히 가슴 아프게 느껴진다. 신돌석申乭石(1878.11.3~1908.11.18.) 의병장이 배신자들에 의해 유명을 달리한 비극이 저절로 연상되는 대목이다. 이광수는 "나는 민족을 위해 친일 했다."라고 강변했다. 어느 시대를 막론하고 배신자들은 자신의 행위를 합리화하기 위해 늘 궤변의 논리를 갖춘 채 당당하게 살아간다. 이익을 위해 나라와 민족을 배신하고, 지역 공동체를 배신하고, 벗을 배신하고, 속으로는 자신의 양심을 배신하는 저급한 인간들이 없는 세상은 언제 오려나!

---

14) 이강년은 1858년 12월 30일 경상북도 문경군 가은면 도태리에서 아버지 이기태와 어머니 의령 남씨의 아들로 태어났다. 1880년 무과에 급제하여 선전관으로 재직했는데 1884년 일본에 기댄 급진 개혁파의 갑신정변이 발발하자 낙향했다. 1894년 동학농민운동 때는 동학군에 가담하여 일본군 및 탐관오리들과 싸웠고, 1895년과 1907년에는 문경에서 의병을 일으켰다. 이강년은 민긍호 등과 합세하여 제천에서 적 500명을 죽이는 등 크게 활약했지만 1908년 청풍 까치산 전투에서 일본군에 체포되어 순국했다.

이강년 기념관 구한말에 크게 활약한 이강년 의병장을 기려 세워진 기념관으로, 경북 문경 가은읍 대야로 1683(완장리 96)에 있다. 외삼문을 들어서면 곧장 동상이 나타난다.

기념비에 새겨진 비문을 읽는다. 비문은 배학보(166쪽 참조)가 짓고 최원봉이 글씨를 썼다. 이런 빗돌의 글들이 흔히 그렇듯 장윤덕 의사 순국 기념비도 비문 해독이 거의 불가능하다. 그래서 조금 전에 읽은 안내판을 따로 세워둔 관리인의 정성이 그저 고맙다.

기념비의 비문을 사진으로 찍어 컴퓨터에 집어넣는다. 글자를 확대해서 읽어보려는 시도이다. 이렇게 정성을 기울이면 그냥 스쳐지나갈 비문의 내용도 잘 알게 된다. 특히 기념비 앞까지 찾아갔지만 비문은 읽어보지 못한 채 발길을 돌렸던 분들에게 선열의 사상과 업적을 소개하는 보람도 느낄 수 있다.

나는 임진왜란, 경술국치 등 어려운 시기에 목숨을 바쳐 나라와 겨레를 위해 싸웠던 선열들의 빗돌에 새겨져 있는 글을 일반 독자들이 알아볼 수 있도록 옮겨 적는 일을 많이 해왔다. 그렇게 하는 것이 선열들의 위대한 삶을 추념하는 최소한의 도리라고 믿었던 까닭이다. 장윤덕 의사는 "내 이미 죽음을 각오하고 의거하여 강도 너희 놈들을 몰아내지 못하고 붙잡혔으니 오직 죽음을 바랄 뿐이며, 너희 놈들과

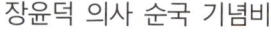

장윤덕 의사 순국 기념비

는 아무 말도 하기 싫다."15)라고 적을 꾸짖으며 스스로 혀를 깨물었다. 그렇게 말 못하는 신세가 됨으로써 일제의 취조를 거부할 수 있었고, 동지들을 지켰으며, 마침내 목숨을 잃는 순국의 길을 갔다. 그런데 어찌 내가 사소한 노고를 귀찮아하랴!

  배달의 슬기로운 기백이 타오르는 이 푸른 언덕에 겨레와 강토를 굽어보는 높고 큰 봉우리가 있으니 이가 곧 의병대장 장윤덕 의사이시다.
  서기 1872년 7월 예천읍에서 (장재안張載安의 장남으로) 탄생하니 자16)는 원숙元淑이요 호는 성암惺菴이다. 일찍이 한학을 닦아 예천군 수서기首書記의 관직에 있을 때 저 망국의 을사조약17)이 체결되자 검은 구름은 하늘을 뒤덮고 도적의 발길이 삼천리를 짓밟으며 가슴에 품은 의분의 칼은 갈수록 서슬이 푸르렀다.
  서기 1907년 4월 서울에 올라가 침략자의 우두머리와 매국역도의 주륙을 꾀하였으나 배신자의 밀고로 뜻을 이루지 못하였다. 그러나 원한의 칼날은 더욱 원수를 노려 늦춤이 없더니 7월에 격문을 사방에 뿌려 삼

---

  15) 경상북도 도청의 2012년 6월 '7월의 경상북도 독립운동가' 선정 발표문에 수록되어 있는 '장윤덕 의사 어록 중'에서 참조.
  16) 옛날에는 이름을 소중히 여겨 임금이나 스승, 직계 어른 외에는 함부로 부르지 않았다. 본명 대신 다른 이름을 지어서 불렀는데, 그 이름을 자字라 했다. 자는 집안 어른 등이 지어주는 것이 일반적이었고, 자가 생기면 성인으로 대우를 받았다. 자와 다른 호號도 있었는데, 호는 본명 대신 가볍게 부르는 이름으로 본인이 짓거나 벗들이 지어주었다.
  17) 1905년 일본이 우리나라의 외교권을 빼앗기 위해 강제로 맺은 조약이다. 이 조약이 맺어진 것은 박제순, 이지용, 이근택, 이완용, 권중현이 이등박문에게 크게 협조한 결과로, 그래서 이 다섯 사람을 '을사5적'이라 부른다(115쪽 참조). 1905년에 맺어진 이 조약은 국가 사이의 통상적인 조약이 아니라 일본에 의해 강제로勒 체결된 것이므로 을사늑약으로 바꿔 부르는 것이 옳다는 견해가 많다. 늑勒은 '강제로 무엇을 하게 하다'라는 뜻으로, 을사늑약이라는 이름에는 1905년의 조약이 애당초 원인 무효라는 생각이 담겨 있다.

백여 명의 의병을 일으켜 풍기 분파소를 쳐부수었으며 봉화의 소굴을 불태우고18) 문경, 용궁, 예천 등지로 피의 항쟁을 계속하던 중 특히 문경 땅 갈벌 싸움에서는 이강년, 민긍호 등의 의진義陣(의병 부대)과 합세하여 왜적의 수비대와 경찰대를 섬멸시켜 민족의 의기를 천추에 떨쳤다.19)

이어 의사는 대구 수비대를 무찌르고자 의진을 이끌고 쳐들어 가다가 (9월 16일) 상주에서 대구 수비대와 격돌, 격전 끝에 총상을 입고 마침내 왜적에게 잡힌 몸이 되어 갖은 악형을 당하였으나 끝내 굴하지 않고 앞니로 혀를 끊어 맵고 곧은 절개를 지켰으니20) 이것이 곧 배달의 기백이요 화랑의 일이다.

아, 아, 원통하여라. 왜적의 모진 손길은 드디어 의사를 총살형에 처하였으니 서기 1907년 9월 16일 35세의 젊은 별은 상주군 함창 땅에 떨어져 잠자던 겨레의 횃불이 되었도다.

---

18) 국가보훈처 누리집의 '독립유공자 공훈록'에는 좀 더 자세한 내용이 기록되어 있다. : 7월 9일에는 일본 경찰대와 교전하여 일日 보조원補助員 3명과 한인 순검 2명을 사살하였다. 그해 8월 27일 의병 300여 명을 인솔하고 풍기 일경 분파소를 습격하여 1명을 사살하고 31일에는 봉화 분파소를 습격하여 건물을 불태웠다.

19) 국가보훈처 누리집의 '독립유공자 공훈록' : 9월 3일 문경읍을 습격, 일본인 2명을 사살하고 일인의 가옥을 소각시켰으며, 10일에는 이강년, 민긍호 등의 의진과 합세하여 1,000여 명의 의병을 이끌고 문경면 갈평리에서 일경 영곡永谷 경시와 삼원三原 소위가 인솔한 경찰대 및 수비대와 격전하여 적 3명과 한인 순검 2명을 사살하고 적을 격퇴시켰다.

20) 국가보훈처 누리집의 '독립유공자 공훈록' : 9월 12일, 예천읍을 습격하고 이어 16일 300여 명의 의병을 이끌고 대구 수비대를 격파하고자 상주읍을 습격, 일경의 자위단自衛團과 교전하였다. 이 전투 중 대구 수비대에서 전중田中 대위가 1개 중대를 인솔하고 출동하여 격전이 벌어졌으나 중과부적으로 의병진은 무너지고 장윤덕은 총상을 입고 체포되었다. 체포된 후 이송되어 혹독한 고문을 당해도 굴하지 않고 스스로 혀를 끊고 함구하며 항거하다가 1907년 9월 16일 상주군 함창면 구향리 뒷산에서 총살, 순국하였다.

조국이 광복된 지 스무 해 되는 오늘 나라의 기둥 될 준재들이 모인 이곳 경북대학교 뜰에 드높이 돌을 세우고 의로운 사적을 새겨 이 땅의 젊은이 학도들에게 길이 전하니 후진들은 명심할지이다.

　기념비의 비문은 '이 땅의 젊은이들에게' 다시는 망국에 이르는 어리석음을 저질러서는 안 된다는 사실을 '명심'하라고 강조하고 있다. 선열들의 고귀한 정신을 배우고 받들어 나라의 당당한 주인 역할을 해달라고 당부하고 있다. 기념비 좌우의 잔디밭에는 젊은 대학생들이 '알겠습니다.'라고 대답하는 듯한 모습으로 옹기종기 모여 있다. 젊은이들이 오늘 저렇듯 화사하게 햇볕을 쬐고 있는 것은 모두 '젊은 별'들이 '땅에 떨어져' '겨레의 횃불이 되어준' 덕분이다.
　이제 기념비 앞에 허리 숙여 절을 올리면서 '언젠가는 경상북도 예천군 보문면 수계리 산147-1에 있는 장윤덕 의사의 묘소도 한번 찾아보리라.' 하고 다짐한다. 지도에서 검색을 해보니 의사의 묘소는 수계리 158 소재 보문사에서 500m가량 남쪽에 있다. ☯

장윤덕 의사 순국 기념비

우리나라 유일의 독립운동가 전용 국립묘지 신암선열공원

11 ☯ 동구 동북로71길 33 신암선열공원
우리나라 유일의 독립운동가 전용 국립묘지

    2018년 5월 1일 대구의 신암선열공원이 국내 유일의 독립운동가 전용 국립묘지로 다시 태어났다. 언론들은 신암선열공원이 국립묘지로 재탄생한 일을 두고 '신암선열공원이 일곱 번째 국립묘지로 승격되었다.'고 보도했다.

    '국립묘지의 설치 및 운영에 관한 법률'에 따르면 국립묘지에는 '1. 국립 서울 현충원 / 2. 국립 대전 현충원 / 3. 국립 4·19 민주묘지 / 4. 국립 3·15 민주묘지 / 5. 국립 5·18 민주묘지 / 6. 국립 호국원 / 7. 국립 신암 선열공원'이 있다. 경기 이천, 경북 영천, 경남 산청, 전북 임실에 있는 네 곳 호국원은 합해서 하나의 국립묘지로 본다.

    신암선열공원에 안장되어 있는 52분 독립지사들의 묘소는 본래 대명동 등지에 흩어져 있었다. 그 후 1955년 이래 이곳으로 이장되기 시작하여 1987년 신암선열공원이라는 이름으로 본격 조성되었다. 중심 건물은 사당인 단충사丹忠祠로 52위의 위패를 모시고 있다.

    신암선열공원 답사의 핵심은 단충사 참배 이후 묘소들을 둘러보는 일이다. 묘역은 다섯 구역으로 나뉘어서 조성되어 있는데, 입구 안내판은 각 묘소에 번호를 매긴 지도를 게시해두어 참배자들의 편의를 도와준다.

    저자는 2018년 5월 10일에 발간된 책 《신암선열공원》에 신암선열공원에 모셔진 52분의 생애와 업적을 소개한 바 있다. 같은 내용을 신간에 그대로 재수록할 수는 없으므로 지금은 《신암선열공원》을 참고하시라고 말씀드릴 수밖에 없다.

연 혁

■ 산남의진　■ 3.1운동　● 경산 대왕산 죽창 의거　● 국내 독립운동
■ 광복군　● 다혁당　● 무정부주의　● 일본에서 독립운동

- 1955년 남구 대명동 시립공동묘지 일대에 산재해있던 독립운동가의 묘소를 현 위치에 이장하여 집단묘역 조성
- 1987년 묘역성역화사업으로 선열공원 조성 (준공 1987. 3. 1)
- 2018년 국립묘지 승격 (2018. 5. 1) _{당일 기념행사 국가보훈처 자료에 저자가 독립운동 분야를 표시했음}

성 명	훈 격	성 명	훈 격
임용상 지사 ■	독립장	박재헌 지사 ■	
김명천 지사 ■		서달수 지사 ●	
김세용 지사 ■		신길우 지사 ■	
박만선 지사 ●		우해룡 지사 ●	
박영진 지사 ■		이동하 지사 대종교	
방한상 지사 ●	애국장	이봉로 지사 파리장서 사건	
배학보 지사 ●		이승주 지사 ■	
백영촌 지사 ■		이헌일 지사 ■	
송두환 지사 ●		이혜경 지사 여성 독립운동가-김성국	
신재모 지사 ●		장성표 지사 ■	애족장
안윤재 지사 105인 사건		장언조 지사 ■	
김용해 지사 ■ (김태련 지사 子)		정동석 지사 ●	
김태련 지사 ■ (김용해 지사 父)	김용규, 백기만	정명준 지사 ●	
강명호 지사 ■		정상득 지사 ■	
김교훈 지사 ●		조기홍 지사 ●	
김두희 지사 ●		최 고 지사 ●	
김석용 지사 ●		최동식 지사 ■	
김세영 지사 ■		최태만 지사 ●	
김원휘 지사 ■	애족장	최태석 지사 ●	
김점학 지사 ●		현영만 지사 무후원	
김충한 지사 ■		김삼도 지사 ■	
김헌술 지사 ●		박태현 지사 ■	대통령표창
김홍준 지사 ●		방봉순 지사 ■	
박낙현 지사 ■		송서룡 지사 ■	허발

김성국, 김용규, 백기만, 허발 지사는 서훈을 받지 못해 도표에서 생략되었음.

다만 신암선열공원을 답사할 때 묘소 앞의 비석이나 표지석에 새겨져 있는 글을 쉽게 이해하기 위해 배경지식으로 갖추고 있어야 함직한 용어들에 대한 해설만 지금 언급하고자 한다.

훈격勳格은 나라의 발전에 뚜렷한 공로를 세운 사람에게 정부가 주는 상勳의 등급格을 말한다. 건국 또는 나라의 기반을 세우는 데 뚜렷한 공로가 있는 사람에게 주는 건국훈장은 1949년부터 수여되었는데, 현재는 건국훈장 대한민국장, 건국훈장 대통령장, 건국훈장 독립장, 건국훈장 애국장, 건국훈장 애족장의 5등급이 있다. 건국포장과 대통령 표창은 그 아래 등급이다.

강제징용强制徵用은 지금도 세계인들의 주목을 받고 있는 사안으로, 특히 우리나라와 일본 두 나라 사이에는 여전히 심각한 현안으로 남아 있다. 일제 강점기 때 일본은 노동력 보충을 위해 조선인을 유인하거나 속여서 일본의 토목 공사장이나 광산 등지로 끌고徵 가 혹사했고, 멀리 동아시아까지 잡아 가 철도 공사 등에 강제로 투입하여 부려먹었다用.

뿐만 아니라 1937년의 중·일전쟁 뒤에는 '국가 총동원법'을 공포한 후 '국민 징용령'을 실시, 마구잡이로 조선인을 끌고 갔다. 1939년부터 1945년까지 일본으로 끌려간 조선인은 (징병, '위안부', 여자 근로정신대를 제외하고도) 150만 명이나 되는 것으로 조사되어 있다(국사편찬위원회《신편 한국사》). 심지어 일제는 '근로 동원'이라는 명목 하에 국민학생(현재 초등학생)까지 군사 시설 공사장으로 내몰았고, 1944년에는 '여자 정신대 근무령'을 발표, 12세~40세 여성 수십 만 명을 끌고 가 군수 공장 등에서 강제노동을 시키거나 군대의 '위안부'로 보내는 만행을 저질렀다(여성가족부 누리집 "'위안부'는 3만~40만 명이었다."). (271쪽 희움 일본군 '위안부' 역사관 참조)

강제 징용된 조선인은 집단 학살을 당하기도 했다. 집단 학살의 대표 사례는 평양 미림 비행장 노동자 800여 명과 (일본 영토 중 가장 북쪽 땅인 홋카이도北海道의 동북쪽에 흩어져 있는) 지시마千島 열도列島 노동자 5,000여 명이 떼죽음을 당한 일이다. 일제는 강제 징용한 조선인들을 군사 시설 공사에 투입하고는 일이 끝나자 기밀 보호를 이유로 참혹하게 학살했다.

일본군은 2차 대전이 끝나 동남아에서 철수할 때에도 '증거 인멸'을 목적으로 '위안부' 등 조선인들을 섬의 동굴에 집어넣어 한꺼번에 몰살하기도 했다. 더 이상 야만적일 수 없는 비인간적 강제 징용의 참사…. 독립지사 묘소 앞에 서서, 아직도 자신들의 잘못에 대한 인정과 보상을 거부하고 있는 일본의 낯 뜨거운 철면피를 생각한다.

'대한민국임시정부'와 '광복군'이 묘소 표지석에 많이 새겨져 있다.

국사편찬위원회의 《한국사》는 '3·1운동의 궁극적인 목표는 일제 패반霸絆(강력한 힘으로 남을 억누름)에서 독립한 정부 수립에 있었으므로 3·1운동이 전국적으로 파급되어 전민족 운동으로 발전하던 1919년 4월에는 민족 지도자들에 의해서 임시정부 수립을 보게 되었다.'면서 '임시정부의 수립은 국내·외 곳곳에서 계획되었는데 그것은 3·1운동의 정리 작업이면서 새 국면에 대처하는 민족운동으로서 독립운동의 발전이었다. 전국적으로 확대되어 가는 3·1운동을 주시하면서 임시정부를 수립하고 공표한다는 것은 일제에 대하여 민족의지의 결정적 표현으로서 그들의 퇴각을 촉구하는 의미로 중요했고, 또 일제가 퇴각할 경우의 과도적 총치 체제로도 생각해 볼만한 일이었다. 그리고 일제의 통치가 계속 강화될 경우에는 전민족 운동으로 나타난 3·1운동을 조직적인 독립운동으로 발전시키는 의미에서 더욱 중요했다.'라고 설명한다.

3·1운동의 목표는 독립에 있었고, 독립국가에는 필연적으로 정부가 존재하므로 1919년 당시 우리 선조들은 3·1운동 이후 민족의 의지를

모아 임시정부를 수립했다는 요지이다. 다만 임시정부가 여러 곳에 생겨났다는 대목이 의아스럽다. 《한국사》는 독자의 그러한 궁금증을 미리 짐작이라도 한 듯 '임시정부의 수립을 여러 곳에서 발표했다고 해서 민족의 분열에 의한 정부의 난립으로 볼 것이 아니라 3·1운동의 확대 과정에서 전 민족이 임시정부 수립을 요망했기 때문에 나타난 애국심의 발로 현상으로 보아야 할 일이다. 즉 정부 수립을 요망하는 민족의 의사를 식민치하에서 통일하여 정리할 수 없었으므로 각처各處(여러 곳)에서 추진 공표할 수밖에 없었던 것이다. 그것은 얼마 후에 대한민국임시정부로 통합 일원화된 것을 보아도 알 수 있다.'라고 보충 설명을 해준다.

한국학중앙연구원의 《한국민족문화대백과》를 더 읽어본다.

'3·1운동을 전후로 국내·외 7개의 임시정부가 수립되었으나, 상해를 거점으로 1919년 9월 개헌 형식으로 통합되어 대한민국임시정부大韓民國臨時政府가 되었다. 상해에 있던 시기(1919~1932)에는 국내·외 동포사회에 통할 조직을 확대하면서 외교 활동이나 독립전쟁 등을 지도·통할하는 데 주력하였다.'

3·1운동 이후 독립을 열망하는 민족의 의지가 분출되어 무려 일곱 개나 되는 임시정부가 생겨났는데, 이내 상해의 대한민국임시정부로 통합되었고, 상해의 대한민국임시정부는 나라를 대표하여 외교 활동과 독립전쟁을 종합적으로 수행하였다는 뜻이다.

대한민국임시정부[21]가 수행한 독립전쟁 임무 중 하나가 광복군의

---

[21] 국가보훈처와 독립기념관이 공동으로 마련한 〈'대한민국임시정부' 수립 기념일, 언제인가?〉 학술회의가 2018년 3월 26일 국회 의원회관에서 열렸다. 그 동안 대한민국 정부는 1987년 제9차 헌법을 개정하면서 전문에 '대한민국은 임시정부의 법통을 계승'했다고 명문화했고, 1989년 12월 '대한민국 임시정부 수립 기념일'을 4월 13일로 제정하여 1990년부터 '대한민국임시정부 수립 기념식'을 거행해 왔다. 하지만 학계 일부는 '대한민국임시정부 수립일'이 1919년 4월 11일이라는 의견을 제시해왔다. 이 날 학술회의가 열린 것은 그 때문이다.

창설이다. 대한민국임시정부는 1940년 9월 17일 중국 충칭重慶에서 총사령관에 지청천, 참모장에 이범석을 선출한 항일 군대를 창설하고 이름을 광복군이라 했다. 1941년 태평양전쟁이 일어나자 광복군은 대일본 선전포고를 했다. 광복군은 1945년 8월 20일 국내 수복 작전을 세워 놓고 훈련을 실시하던 중 8·15 해방을 맞았다.

무정부주의, 진우연맹, 대구노동친목회 등을 살펴본다. 방한상方漢相, 신재모申宰模, 우해룡禹海龍, 정명준鄭命俊 등 신암선열공원에 함께 안장되어 있는 지사들은 1925년 9월 대구에서 서동성徐東星·서학이徐學伊·마명馬鳴·정해룡鄭海龍·안달득安達得·하종진河鐘璡·김동석金東碩 등과 더불어 무정부주의 비밀결사 진우연맹眞友聯盟을 조직한다. 진우연맹은 당시 1,100여 명이나 되는 회원을 가진 대구노동친목회大邱勞動親睦會를 그 세력권 하에 두고 있었다.

그들은 일본의 무정부주의 단체인 흑색청년연맹黑色靑年聯盟과도 연락을 하면서 연계 투쟁의 길을 모색한다. 진우연맹은 항일의 구체적 방법으로 향후 2년 내에 대구의 도청·경찰서·우편국·법원을 비롯하여 일본인 점포를 파괴하는 한편 지사·경찰부장 등 관청의 수뇌부 암살을 계획한다. 파괴와 암살 계획을 실행하기 위해 파괴단破壞團을 조직하고 상해 민중사民衆社의 유림柳林을 통해 폭탄 입수를 도모한다.

1925년 11월에는 일본 동경 자아인사自我人社의 구리하라栗原一男, 흑화사黑化社의 랴쿠모토掠本運雄 등 일본 무정부주의자 및 흑우회黑友會의 김정근金正根, 그리고 흑선풍黑旋風, 해방전선解放戰線, 자유노동自由勞動, 관동關東노동조합연합회 등과 연합해 흑색청년연맹黑色靑年聯盟을 결성하고 본부를 동경에 두었다.

그들은 시곡市谷 형무소로 박열朴烈[22]과 그의 부인 가네코金子文子를

[참고] 국가보훈처가 1995년에 발간한 《알기 쉬운 독립운동사(박성수 저)》는 '4월 11일 (대한민국임시정부의) 임시 의정원이 구성되고, 13일 내외에 대한민국임시정부의 수립을 선포하였다.'라고 기술하고 있다.

면회하고 돌아와 의연금을 모아 송금하기도 했다. 1926년 4월 구리

---

22) 흑우회 최초 조직자인 박열에 관한 국가보훈처 공훈록의 기록 - 생몰년도 : 1902.2.3.~1974.1.17. / 출신지 : 경북 문경 / 운동 계열 : 의열 투쟁 / 훈격(연도) : 대통령장 (1989) / 공적 내용 : 1919년 경성고등보통학교에 재학할 당시 3·1독립운동에 가담한 혐의로 퇴학당하고 그해 10월경 일본으로 건너가 동경의 정칙正則영어학교에서 수학하였다. 1921년 5월 동경에서 김약수金若水·조봉암曺奉岩·김종범金鍾範 등과 흑도회黑濤會를 조직하였으나 김약수·조봉암 등의 공산주의와 사상적으로 대립되어 해산하고 장상중張祥重·홍진유洪鎭裕 등과 흑우회黑友會를 조직하여 활동하였다. 1922년 4월 정태성鄭泰成 등 동지 16명과 일본 제국주의 타도 및 악질적인 친일파를 응징하기 위하여 무정부주의를 표방하면서 적극적인 활동을 전개했다. 1923년 9월 일본 황태자의 결혼식에 참석하는 천황을 비롯하여 황족과 내각총리대신, 조선총독 등을 폭살하려는 계획을 세우고 이의 실현을 위해 폭탄을 구하기 위하여 중국 상해로 동지 김중한金重漢을 파송하다가 피체되었다. 1926년 3월 일본 대심원에서 사형을 언도받았으나 1926년 4월 5일 무기징역으로 감형되어 20여 년간 옥고를 치르다가 1945년 10월 17일 출옥했다. 정부에서는 고인의 공훈을 기리어 1989년 건국훈장 대통령장을 추서하였다.

박열 생가, 기념관
경북 문경 마성면
오천리 95번지

하라·후세布施辰治 등이 대구로 오자 진우연맹과 흑색청년연맹의 협력을 다짐하는 등 무정부주의운동에 대해 협의하였다.

　진우연맹 회원들은 여러 차례 회합 끝에 아나키즘anarchism(무정부주의)23) 사회를 실현하기 위해 일본의 흑색청년연맹과 제휴할 것, 부호로부터 자금을 조달해 대구 일대에서 파괴·암살을 실행할 것 등을 결의하였다.

　우선 경상북도 도청(현 경상감영공원) 및 경찰서(현 중부경찰서)·재판소(현 삼덕동)·정거장(현 대구역 맞은편 대우빌딩 일대)을 한꺼번에 파괴하고, 도지사 이하 중요 관리들을 암살한 이후에 일본인들의 시가지인 원정元町 일대를 파괴하고, 나아가 전조선에 무정부주의 사상을 선전하기로 하였다.

　그리하여 상해의 김관선金官善과 연락해 폭탄의 밀반입을 추진하던 중 안달득이 절도 혐의로 잡힘에 따라 거사 계획이 드러나, 8월에 모두 체포되었다. 지사들은 오랜 예심 끝에 재판에 회부되어 1927년 7월 이래 방한상 징역 5년, 신재모 5년, 우해룡 3년, 정명준 2년의 옥고를 치렀다.

　이동하 지사의 독립운동 분야인 대종교도 알아보아야 한다. 대종교大倧敎는 나라를 재건하기 위해서는 민족혼의 각성과 민족의식 고취가 급선무라고 판단한 나철羅喆이 1909년 단군교라는 이름으로 일으킨 우리나라 고유의 민족종교이다. 1년 뒤 단군교는 대종교로 개칭되었고, 신도가 2만여 명으로 증가했다. 대종교가 1914년 포교 영역을 만주까지 크게 확대하자 위협을 느낀 일본은 1915년 '종교 통제안'을

---

　23) 아나키즘은 모든 정치조직·권력을 부정하는 사상 및 운동이다. 흔히 아나키즘을 무정부주의라 부르지만, 아나키즘은 국가권력만이 아니라 자본, 종교 등 인간 사회의 모든 영역에 걸쳐 있는 지배를 부정한다. 따라서 아나키즘을 좌익 운동의 일파로 제한하여 인식하는 것은 옳지 않다. 아나키즘 사상이 명확한 사상 계보로 의식되기 시작한 것은 19세기에 들어서부터이다.

만들어 대종교를 혹독하게 탄압했다. 교단의 존폐 위기에 봉착한 나철은 1916년 8월 15일 구월산 삼성사三聖祠에서 일본의 폭정을 통탄하는 유서를 남기고 자결했다.

2세 교주 김교헌金敎獻은 비밀결사단체 중광단重光團을 조직하여 그 후 무장독립운동단체 북로군정서北路軍政署24)로 발전시켰고, 1920년 청산리靑山里전투25)에서 큰 전과를 올렸다. 일제는 보복으로 이듬해에 대토벌 작전을 전개하여 수많은 교도들을 무차별 학살했다. 김교헌은 분함을 이기지 못해 병으로 죽었다. 그 후 대종교는 1942년 11월 3세 교주 윤세복 외 20명의 간부가 일본 경찰에 검거되어 고문으로 사망하거나 옥사하는 비운을 맞는다.

이혜경李惠卿 지사는 신암선열공원에 모셔진 선열들 중 단 한 분의 여성 독립운동가이다. 그런 까닭에 《신암선열공원》에 소개했던 내용 중 일부를 이 책에 다시 수록한다.

이혜경 지사의 묘소 동쪽에 김성국金成國 지사의 묘소가 있다. 두

---

24) 1919년 10월, 단군을 섬기는 대종교 계열의 북간도 민족주의자들과 김좌진 등 신민회 계열의 민족주의자들이 합쳐서 대한군정부大韓軍政府를 조직한다. 대한군정부는 그해 12월 임시정부의 지시로 대한군정서大韓軍政署로 이름을 바꾸어 활약한다. 신민회의 신흥무관학교 출신 등이 편성한 독립군 부대의 이름이 서로군정서西路軍政署였기 때문에 대한군정서는 흔히 북로군정서라는 별칭으로 불려졌다.

25) 김좌진의 북로군정서와 홍범도의 대한독립군은 1920년 10월 백두산 동북쪽의 두만강 상류 청산리에서 일본군을 상대로 사상 최대의 승리를 거두었다. 그해 6월에는 홍범도의 대한독립군과 안무의 국민회군이 두만강 하류 봉오동에서 일본군을 대파하여 독립군 최초의 승리를 거두었다. 연이어 독립군에게 대패한 일본은 만주 거주 조선인을 무차별 학살한 '만주 참변'을 일으켰다. 민간인의 피해를 우려한 독립군은 주둔지를 러시아 영토 내로 옮겼는데, 처음에는 우호적이던 러시아 군대가 일본의 압력을 받은 이후에는 독립군의 무장해제를 요구하면서 총격을 가해 많은 독립군이 죽는 '자유시 참변'이 1921년에 일어났다.

분은 부부이다. 나란히 마련되어 있는 두 분의 묘소 동쪽 앞 비석에는 '義士 金成國·義婦 李惠卿之墓'라는 한자가 새겨져 있다.

비문은 이혜경李惠卿 앞에 의사義士 아닌 의부義婦를 새김으로써 두 지사가 부부 사이라는 사실을 명확히 밝혔다. 다만 의부와 의사가 동의어라는 사실을 짚고 넘어가야겠다. 여기서 士는 남자를, 婦는 여자를 의미할 뿐 결코 성차별적 의미가 아니다.

두 분 부부 지사를 기려 세워진 비석의 비문은 꼭 읽어야 한다. 다른 지사들의 비문은 한 분을 기려 쓰이고 새겨졌지만, 이 비문은 두 분을 한꺼번에 추념하는 글이다. 특별한 만큼 더욱 공을 들여 비문을 살펴보려는 마음가짐이 요구된다. 다만 아주 생경한 한자어는 우리말로 옮겨 읽거나 풀이를 덧붙임으로써 독자의 이해를 도울까 한다.

우리 의사 김성국, 의부 이혜경 두 분이 여기 누우셨다.

여기는 우리 겨레에게 바치신 의열의 체백體魄(몸과 영혼)들을 받드는 대구시 신암동 산의 묘지이다. 의사(김성국)의 선대先代(부모)는 경주인으로서(경주 김씨라는 뜻) 양산 상북면 상삼리에 살아 1891년 3월 5일 의사를 낳았으며, 고考(돌아가신 아버지)의 휘諱(돌아가신 분의 이름) 량희亮喜라.

1910년 일본의 침략으로 합병合倂(나라가 합쳐짐)이라는 민족적 비극이 일어났다. 그는 경신학교 재학 중 비분을 이기지 못하여 애국지사 및 학생들과 우국밀모憂國密謀(나라를 걱정하여 비밀리에 계획을 세움)를 하다가 1913년 적옥敵獄(일제의 감옥)에 1년 동안 유인幽囚(투옥)되었다. 1919년 민족독립선언이 일어났을 때에는 세브란스 의전(현 연세대 의대) 재학 중 미리 원산 및 부산의 애국자들에게 연락 책임을 띠고 밀방密訪(비밀리에 방문)하여 함께 일어나도록 정약定約(약속을 정함)한 뒤 3월 1일 세브란스 학생을 참가시키고, 다시 제2차 전략을 은신隱身(몸을 숨김) 획책하다가 또 3년간 유인되었다.

1921년 3월 세브란스를 졸업하여 1923년까지 세브란스 의원(현 연세대 병원) 의사로 있다가 1945년 대구로 옮겨 개업하나, 이때가 왜인이 항복하고 국가 재조再造(다시 만듦)의 시기였으므로 지방인(대구 사람들)은 그를 기다려 모든 일을 맡겼다. 진주進駐(와서 머묾) 연합군 환영 준비위원장, (이하 경력 생략) 그 다음해에는 한미협회 경북지부장, (이하 경력 생략) 그리고 1948년에는 한국민주당 대구시 집행위원, 대한독립촉성국민회 경북 연락부장, (이하 경력 생략) 그 다음해 또 경북 국방협회 이사 등이 그 직책들이다.

그러나 시국이 차차 안정되고 나이가 늙었으므로 이듬해에는 드디어 모든 공직을 사퇴하고 1963년 의업醫業(병원)도 그만두고 여령餘齡(남은 생애)을 조용히 지내다가 1968년 7월 3일 고종考終(세상을 떠남)하니 향년 78세였다.

이李부인(이혜경)은 한산 이씨로, 1890년 1월 18일 서울에서 태어났으며(국가보훈처 공훈록에는 원산 출생) 고考의 휘諱는 창식昌植이다. 1908년 정신여중을 나와 1911년 일본 동경여자학원 영문과에서 전일녀全日女(모든 일본 여학생)들을 누르고 최우最優(1등)로 졸업하여 정신학교 교사로, 성진 보신여중 교사로 1918년까지 재직했다. 그는 다시 1920년 원산 마르다윌스 성경학원을 졸업하자 대한애국부인회 부회장으로서 민족의식을 고취하고 독립운동 자금을 권유勸募(권하여 모금)한 까닭에 3년간 유인되었다. 그 후 1924년 부산 성경학교에, 1926년 대구 성경학교에 재직하였고, 1945년 복국復國(나라를 되찾음)되자 대한부인회장, 대한적십자사 중앙이사 겸 조직위원, 익년(이듬해) 대구 제일교회 집사 겸 권사, 1951년 대구 수석 교회 장로로 각각 피선되었다. 1963년 국가에서 건국 공로상(건국훈장 애족장)으로 표창하였으며, 1968년 1월 4일 귀천歸天(타계)하니 향년 79세였다.

두 분은 (같은 목소리를 내고 같은 뜻을 가진) 동성동지同聲同志로 1923년 성혼成婚(결혼)하였으며, 이곳 오향午向(남쪽)에 쌍분(나란히 조성된 두 무덤)되었다. (중략) 동포여, 지키자! 여기 이 겨레를 위하여 그 넋과 몸을 바쳐 오던 대한의 아들 딸, 하나님의 아들 딸, 그 넋 하나님의 품안에 그 몸 여기 간직하였네.

비문은 류석우柳奭佑가 짓고 이영달李英達이 썼다. 비문 끝의 '중략' 부분은 두 분의 자녀에 관한 내용이다. 두 분은 3남 1녀를 두었는데, 목사였던 장남 석구錫九는 해방 이후 의주에서 일어난 폭발 사고 때 자녀와 함께 세상을 떠났고, 2남 준구俊九는 1950년에 납북되었으며, 3남 명구明九는 조천早天(어린 나이에 죽음)했다.

'중략' 부분을 읽는데 너무나 가슴이 아프다. 나라와 겨레를 위해 평생을 바친 두 분 독립지사 부부에게 왜 이렇게도 하늘은 차갑단 말인가? 두 분은 특히 독실한 기독교 신자였는데, 그것마저도 하늘은 무심히 여겼단 말인가!

안윤재 지사의 활동 부문인 105인 사건에 대해 알아본다.

(60쪽에서 언급했던) 105인 사건은 1911년 일본 총독부가 민족해방 운동을 탄압하려는 목적으로 데라우치 마사타케寺內正毅 초대 총독 암살 미수 사건을 조작하여 신민회 회원 600여 명을 체포, 그 중 105인을 투옥한 사건이다. 이 사건으로 신민회는 해체되고, 신민회 회장 윤치호尹致昊 등이 친일 경향으로 돌아섰으며, 국내의 독립운동 세력은 크게 약화되었다. 하지만 수많은 지사들이 해외로 망명하면서 국외에서 항일운동이 활발하게 펼쳐지는 계기가 되기도 했다.

신민회는 1901년 양기탁, 안창호, 이동휘, 신채호, 김구, 이동녕, 박은식, 이희영, 이시영, 이상재, 윤치호 등 독립협회 청년 회원들이 중심이 되어 만든 비밀 결사단체이다. 신민회는 입헌군주국을 지향한 독립협회와 달리 공화정 체제를 추구했다.

신민회는 회원끼리도 서로 알 수 없게 점조직으로 꾸려졌다. 그럼에도 불구하고 1910년에는 주요 애국계몽 운동가의 거의 대부분이 신민회에 가입했고, 군 단위까지 지부가 설치되었다. 평양 대성학교 등 국내에 많은 학교를 세웠고, 국외에 독립운동 거점을 마련하기 위해 신흥무관학교를 설립해서 독립군을 양성했다. 신흥新興무관학교의 신흥은 '신新민회가 나라를 부흥興시킨다'는 의미였다.

조기홍 지사는 비슬산에 폭탄을 숨겨둔 채 때를 기다렸다. 사진은 비슬산 대견사 터의 토르(바위산, 빙하기 암괴류의 일종)이다. 지금은 이곳을 찾아도 이 사진과 같은 풍경은 볼 수 없다. 2014년에 빈 절터에 새 절집을 지었기 때문이다.

조기홍趙氣虹 지사는 독립운동을 독려하는 인쇄물을 만들어 대구 시내 각 사립학교와 상점에 배포하다가 일본 경찰에 피체되어 징역 1년형을 언도받고 대구형무소에서 옥고를 치렀다.

그는 출옥 이후인 1920년 6월 하순에도 양한위梁漢緯·권태일權泰鎰 등과 대구 남문시장에서 여러 차례 모임을 갖고 독립운동 방안에 관하여 협의했다. 그들은 조국의 독립을 촉진하기 위해서는 일제에 협력하는 한국인 관리를 처단하는 것이 필요하다는 데 뜻을 모았다.

그러나 폭탄을 제조해서 대구 남방 비파산琵琶山(비슬산)에 숨겨둔 채 기회를 기다리던 중 일경에 체포됨으로써 계획은 좌절되었다. 이 일로 대구지방법원에서 징역 3년 6월형을 언도받아 옥고를 치렀다.

출옥한 후 그는 항일 독립 운동을 계속하다가 1943년 다시 일경에 피체되어 가혹한 고문을 받았다. 결국 지사는 고문 후유증으로 1945년 8월 2일 순국하였다.

8월 2일이면 나라가 독립을 쟁취하기 불과 며칠 전이다! 그가 이 빛나는 날을 끝내 보지 못하고 세상을 떠난 일을 생각하면 묘소에 참배 온 후대 사람의 마음은 저절로 애잔해진다. 정부는 고인의 공훈을 기리어 1990년에 건국훈장 애족장(1968년 대통령 표창)을 추서하였다.

비슬산에 수십 차례 올랐지만 조기홍 지사의 독립운동지라는 사실은 미처 알지 못했다. 짐작하건대, 비슬산을 숱하게 등산했던 다른 분들도 아마 마찬가지일 것이다. 비슬산 정상부의 사진을 송구한 마음을 담아 정성껏 찍은 다음 이 책에 싣는다.

신암선열공원에는 백기만白基萬 지사의 묘소도 있다. 그런데 국가보훈처 누리집의 '국가유공자 공훈록'에서 백기만을 찾으면 '등록된 공훈록이 없습니다.'라는 내용만 나온다.

윤장근의 《대구문단인물사》(대구서부도서관, 2010)에 따르면, 백기만은 1902년 음력 5월 2일 대구 중구 남산동 284번지에서 태어났다.

1919년 3·1운동 당시 대구고등보통학교(경북고등학교 전신) 3학년이던 백기만은 학생 만세시위를 주동한 혐의로 체포되어 징역 1년을 언도 받았다가 복심법원에서 3년 집행유예 처분을 받고 풀려난다.

1920년 일본 와세다早稲田대학 영문과에 유학을 가고, 1923년 3월 《개벽》지에 시 3편을 발표하면서 문단에 등단한다. 같은 해 11월에는 양주동 등과 함께 《금성》 동인지를 발간한다. 이때 그는 학비가 없어서 대학을 중퇴한 상태였다. 이듬해인 1924년 5월 백기만은 《금성》에 새로운 동인으로 이장희李章熙(1900~1929)를 추천했는데, 이때 이장희는 유명한 〈봄은 고양이로다〉 등을 발표했다.

독립 이후 백기만은 1949년 1월 5일부터 본격적으로 활동을 개시한 반민족행위 특별조사위원회(약칭 반민특위) 조사위원 역할 수행, 이상화와 이장희의 유고를 모아 《상화와 고월》을 1951년에 발간함으로써 두 시인이 남긴 작품들의 멸실을 막고 후세인들의 연구와 감상을 가능하게 한 일, 언론인 및 사회단체 활동 등으로 세상에 기여했다. 하지만 1961년 5·16쿠데타를 일으킨 군사정권은 백기만을 혁신계라는 이유로 검거했고, 그 와중에 뇌졸중을 일으켜 8년이란 긴 세월 동안 병고에 시달리다가 1969년 8월 7일 남산동 719번지 자택에서 향년 68세로 타계하고 말았다. 다음은 백기만 작사, 유재덕 작곡 '대구 시민의 노래' 가사 전문이다.

    팔공산 줄기마다 힘이 맺히고
    낙동강 굽이돌아 보담아주는
    질편한 백리벌은 이름난 복지
    그 복판 터를 열어 이룩한 도읍
    우리는 명예로운 대구의 시민
    들어라 드높게 희망의 불꽃

    지세도 아름답고 역사도 길어

인심이 순후하고 물화도 많다
끝없이 뻗어나간 양양한 모습
삼남의 제일 웅도 나라의 심장
우리는 명예로운 대구의 시민
돌려라 우렁차게 건설의 바퀴

세계에 자랑하던 신라의 문화
온전히 이어받은 우리의 향토
그 문화 새로 한 번 빛이 날 때에
정녕코 온 누리가 찬란하리라
우리는 명예로운 대구의 시민
솟아라 치솟아라 이상의 날개

백기만

대왕산 죽창 항일 의거에 대해서도 알아보아야 한다. 이 항거와 관련하여 투옥되고 고문을 당했던 최동식, 최태만, 김홍준 지사의 묘소가 신암선열공원에 있기 때문이다. 세 분 모두 1986년에 대통령 표창을 받았고, 1990년에 건국훈장 애족장을 받았다.

대왕산 죽창 항일 의거 유적은 경산시 남산면 사월리 15-1(하남로 275) 도로변의 〈항일 대왕산 죽창 의거 공적비〉와 대왕산 정상의 〈항일 대왕산 죽창 의거 전적지〉 비석이 있다(47쪽 참조). 사월리 공적비에는 '대왕산 죽창 의거 항일 운동'이라는 제목이 붙어 있다.

일제가 우리 고유 문화와 정신을 말살하고 최후의 발악적인 식민지 정책을 자행하던 1944년 6월 (남산면 청년들은) 민족 차별과 일제 압정을 성토하고 징병·징용을 거부하며 조국 독립을 위해 일제에 항거하기로 결의했다.

본 항일 운동은 남산면 거주 안창률 등 29명의 청년들이 대왕산에서 1944년 7월 25일부터 8월 13일까지 20여 일 이상 죽창으로 일제의 총칼 및 비행기에 대항하면서 대왕산 산정에 돌로 성을 쌓고 막사를 지어 진지를 구축하고 3개 소대와 특공대, 정보연락대 등 결심대決心隊를 편성하여 세 차례에 걸친 격전을 치르던 중 식량 조달차 하산하였다가 전원이 체포되어 경산경찰서에서 50여 일의 고문과 회유에도 굴하지 않았으며, 대구형무소로 수감되어 보안법, 육해공 형법, 폭력행위법, 치안유지법 등의 위반 죄명으로 옥고를 치르다가 8·15광복으로 자유의 몸이 되었으나 안창률, 김경화 지사는 애석하게 옥사했다.

지사들의 높은 기개와 숭고한 애국정신을 높이 찬양하며 후대에 길이 전하고자 경산시와 대구지방보훈청, 광복회 대구경북지부, 대구문화방송 등과 남산면민의 정성을 모아 1995년 5월 31일 제막식을 가졌다.

안내문 아래에는 대왕산에 올라 일제에 저항했던 '대장 안창률, 부대장 김명돌, 1소대장 성상룡, 2소대장 송수답, 3소대장 김위도, 특공대장 최기정, 정보 김인봉, 정보연락 박재천, 박재달, 대원 최만갑, 채찬원, 김경화, 김임방, 최동식, 최태만, 김홍준, 최순한, 배상연, 박혜광, 박영식, 김경룡, 안십팔, 이일수, 조태식, 최외문, 이종태, 채원준, 최덕조, 김특술' 청년 지사들의 명단이 적혀 있다.

이봉로 지사의 활동 부문인 파리장서巴里長書 사건에 대해 알아본다. 파리 강화(평화) 회의는 1차 세계대전 승리국들이 모여 전쟁 책임 문제, 영토 조정, 평화 구축 방안 등을 논의하기 위해 열었다. 이 회의는 1920년 1월 16일 국제연맹을 발족하는 것으로 끝을 맺는다.

1919년 곽종석, 송준필, 장석영, 김창숙 등 유림들은 성주 백세각에 모여 3·1독립선언에 유림이 불참한 것을 만회하기 위해 한국 독립의 당위성을 주장하는 서한(파리장서)을 파리강화회의에 보내기로 결의한다. 백세각에는 전국에서 내로라하는 선비 137명이 모였다. 그 중 60여 명이 경북 유림이었다.

김창숙이 서한을 품고 국경을 넘는다. 김창숙은 상해에 도착하여 영문과 한글로 번역한 수 천 통의 서한을 만들어 파리강화회의와 각국 외교기관에 우송한다. 국내 향교 등에도 보냈다. 이 일로 수많은 선비들이 투옥된다.

경북 성주 백세각

1924년 김창숙, 김화식, 송영호, 손후익, 이봉로 등의 유림들이 총기와 탄약을 국내에 반입하는 한편 군자금 모금 운동을 벌이다가 일제에 체포되었다. 파리장서에 이어 '경북 제2 유림단 사건'이라 불리는 이 일로 중국에서 활동하던 유림들이 대구로 호송되었다. 신암선열공원에 안장되어 있는 이봉로 지사는 그 이후 미결수로 2년간 고생하다가 1927년 3월 29일 이래 징역 2년의 옥고를 치렀다. 지사는 고문 후유증으로 1940년 별세했다.

을사늑약乙巳勒約(1905년) 이후 전국적으로 의병이 봉기했다. 경기도와 강원도의 원용팔·정운경·박장호 등의 군대, 경상도의 김도현·유시연·신돌석 등의 군대와 정환직·정용기 부자의 산남의진, 충청도의 홍주 의병, 전라도의 최익현·백낙구·고광순 등의 군대, 양서 지역의 우동선·전덕원의 군대 등이 그 무렵 나라 전체의 대표적 의병 부대였다. 그 중 산남의진은 고종황제로부터 의병을 일으키라는 밀지를 받은 정환직鄭煥直이 아들 정용기鄭鏞基와 함께 1906년 3월 경북 영천을 중심으로 거병한, 영남 지역의 대표적인 의병 부대였다.

영천·경주·포항 청하·청송 등지에서 활동한 산남의진은 신돌석申乭石 등 인근 의병들과 연합 작전을 펼치기도 하고, 독자적으로 여러 차례 일본군과 교전을 벌이기도 했다. 그러나 1907년 9월 포항 죽장 입암 전투에서 대장 정용기 이하 참모진이 다수 전사하고, 그해 12월에는 정환직도 순국한다. 산남의진은 1908년 3월 이후 최세윤崔世允을 중심으로 활동하지만 그해 여름 최세윤과 선봉장 우재룡이 체포되면서 사실상 해체된다. 도총장(참모장)으로 활약하던 임용상이 1910년 봄 조직을 재정비하여 일본군과 싸우지만 7월 25일 체포되어 징역 10년 형을 언도받는다(30쪽, 287쪽 참조, 331쪽 '의병 전쟁의 의의' 참조).

신간회는 1926년 6월 10일 순종의 인산일因山日(장례일)을 계기로 일어난 6·10만세운동에 자극을 받아 민족주의 진영과 사회공산주의 진영이 타협을 통해 민족 유일당 운동을 펼친 결과로 조직되었다. '정치적·경제적 각성을 촉진한다, 단결을 공고히 한다, 기회주의를 일체 부인한다' 등을 행동강령으로 내세웠던 신간회는 일제 강점기의 가장 큰 합법 결사체로서 늘 일제의 주목을 받았다.

신간회는 1928년 말 국내·외에 143개 지회와 3만 회원을 확보할 만큼 성장했다. 일제는 마침내 신간회를 탄압하기 시작했다. 일제는 신간회의 총회를 한 번도 승인해주지 않았다.

신간회는 1929년 11월에 시작된 광주학생항일운동의 진상을 규명하기 위한 조사단을 파견하면서 일제의 학생운동 탄압에 대해 엄중하게 항의했다. 일제는 냉담한 반응을 보였다. 신간회는 '광주 실정 보고 민중대회'를 서울에서 대규모로 열어 일제를 규탄하기로 했다.

대회일은 12월 13일로 잡혔다. 일제 경찰은 민중대회 중지를 요청했다가 신간회가 받아들이지 않자 44명의 간부를 체포했다. 결국 신간회는 1931년 5월 16일 해산되었다. ☯

신암선열공원에 모셔져 있는 52분 독립지사의 운동별 분류

산남의진 32정상득 39백영촌(백남신) 49임용상(임중호) 105인 사건 22안윤재 3·1운동 10박태현 18백기만 21김언휘 25김삼도 31박재헌 38김충한 41김세영 43박낙현 45김용해 46김태련 파리장서 40이봉로 대종교 13이동하 광복군 1송서룡 2신길우 3김명천 4박영진 7장언조 8성표 11방봉순 17이승주 30이헌일 42김세용 47강명호 다혁당 12배학보 14최태석 무우원 51현영만 대왕산 죽창 의거 44최태만 48김홍준 50최동식 일본 5김두희 16서달수 20김석용 26김헌술 국내 6박만선 15정동석 17김교훈 23최고 24조기홍 27김성국 29송두환 34김용규 52김점학(김선기) 여성 28이혜경 만주 33허발 무정부주의 9우해룡 35정명준 36신재모 37방한상 (79쪽 참조)

　신암선열공원의 송두환 지사 흉상이 앞산공원에 있다. 송두환 지사 흉상은 이시영 선생 순국 기념탑과 임용상 지사 동상을 지나면 이내 나타난다. 1892년 11월 9일 '경상북도 달성군 수성면' 신암동 1215번지에서 출생한 지사는 1910년 8월 29일 경술국치 이후 서울 보성학교에 다녔는데, 1914년 고향에서 정운해, 최윤동, 최혁, 엄주동 등과 항일 비밀 결사 신배달회信倍達會를 조직해 활동했다. 1919년에는 독립운동 비밀 연락장소로 사용하기 위해 사재를 들여 대구와 신의주에 집 두 채를 매입했고, 그 해에 상해 임시정부에 가입했다.

　임시정부로부터 국내 군자금 모금 임무를 부여받고 활동하던 지사는 신의주에서 일제에 체포되어 1921년 4월 23일 평양지방법원에서 징역 2년형을 언도받았다. 출옥 후 정동석(신암선열공원 안장) 지사에게 권총을 맡겨둔 채 또 다시 독립운동에 매진하던 송 지사는 3년 전 자신의 지시를 받아 경남 의령에서 일본인 순사 카이甲斐를 사살한 김종철과 노기용 등이 체포되는 바람에 실체가 밝혀져 1924년 11월 6일 대구지방법원에서 징역 10월형을 언도받았다. 그 후 1930년 11월 9일 신간회 중앙집행위원회에서 중앙집행위원으로 선출되었다. 정부는 그의 공을 기려 1990년 건국훈장 애국장을 추서했다.

[참고] 신암선열공원 입구 안내판의 묘소 번호 안내

제1 묘역: (1)송서룡, (2)신길우, (3)김명천, (4)박영진, (5)김두희, (6)박만선, (7)장언조, (8)장성표, (51)현영만

제2 묘역: (9)우해룡, (10)박태현, (11)방봉순, (12)배학보, (13)이동하, (14)최태석

제3 묘역: (15)정동석, (16)서달수, (17)김교훈, (18)백기만, (19)이승주, (20)김석용, (21)김원휘, (22)안윤재, (23)최고, (24)조기홍, (25)김삼도, (26)김헌술, (27)김성국, (28)이혜경

제4 묘역: (29)송두환, (30)이헌일, (31)박재헌, (32)정상득, (33)허발, (34)김용규, (35)정명준, (36)신재모, (37)방한상, (38)김충한, (39)백남신(백영촌), (40)이봉로, (41)김세영, (52)김점학(김선기)

제5 묘역: (42)김세용, (43)박낙현, (44)최태만, (45)김용해, (46)김태련, (47)강명호, (48)김홍준, (49)임중호(임용상), (50)최동식

2 묘역	3 묘역	5 묘역
1 묘역	단충사	4 묘역

최종응 독립지사의 생가터 금전고택

12 ☯ 동구 둔산동 382 금전琴田고택
대한민국임시정부의 경북 일원 군자금을 모은 최종응

    동촌K2비행장 뒤편에 있는 산골 마을은 고려 태조 왕건의 군대가 산山 아래에 주둔屯한 이래 둔산동屯山洞이라는 이름을 얻었다. 본래는 옻이 많이 나는 곳이라 하여 옻골마을로 불렸다. 그래서 최종응崔鍾應 (1871.8.21.~1944.1.24.) 독립지사의 생가터도 '둔산동 382번지'라는 구주소에서 '옻골로 195-2'라는 도로명 주소로 바뀌었다.

    옻골마을에서 가장 유명한 집은 1694년(숙종 20)에 본채가, 1905년 (고종 4)에 사랑채가 지어진 국가 민속자료 261호 백불고택百弗古宅이다. 백불은 주자의 어록 중 '百弗知백불지 百弗能백불능'에서 따온 말로, '모든 것을 알지 못하고, 아무 것에도 능하지 못하다.'라는 뜻이다. 좀 더 줄이면 '항상 겸손하라' 정도로 축약할 수 있겠다.

    조선 후기의 대선비 최흥원崔興遠(1705, 숙종 31~1786, 정조 10)의 호가 백불암百弗庵이다. 즉 백불고택이라는 당호堂號(집이름)는 최흥원의 호에서 왔다. 최흥원은 저술된 지 70년이 넘도록 아무에게도 알려지지 못한 채 묻혀 있던 류형원의 《반계수록》을 세상의 명저로 빛을 볼 수 있도록 한 대업적을 남겼다. 그는 《반계수록》을 처음에는 백불고택 사랑채의 동쪽 보본당報本堂에서, 뒤에는 동화사에서 옮겨 썼다. 보본당은 옻골마을에서 두 번째로 유명한 집이다.

'금전 고택'이 재건축되어 있는 최종응 독립지사 생가터

　세 번째로 유명한 집, 아니 유명해져야 할 집터는 최종응 생가터이다. 최종응 생가터는 현재 빈 터만 남아 있는 상태가 아니라 훤칠한 얼굴을 뽐내는 한옥을 한 채 품고 있다.

　집 가운데 대청마루에는 '琴田古宅금전고택'이라는 현판도 붙어 있다. 갓 신축된 집을 고택으로 규정하기는 어렵지만 독립운동가의 역사가 서려 있으니 그 이름으로 복원을 해도 무리는 아니다. 건축된 지 몇 년 안 된 비슬산의 '대견사'보다 신라 고찰이 있었던 자리인 '대견사 터'가 더 유명한 것과 마찬가지이다.

금전고택이 당장 백불고택과 보본당처럼 유명세를 떨쳐야 한다고 주장하기는 어렵다. 대구에서 가장 오랜 역사를 지닌 민간 주택과 아직 목재에 먼지도 제대로 묻지 않은 새집을 그냥 견줄 수는 없다. 다만 이 집이 독립운동가 금전琴田 최종응의 고택을 되살린 역사의 현장이라는 사실만은 모두가 알아야겠다.

1871년 8월 21일 이 집에서 최종응이 태어났다. 1920년 최종응은 대한민국임시정부 후원금을 모으고 있던 윤철尹喆의 권유를 받고 독립자금 모금 활동을 시작했다. 대한민국임시정부는 그를 경상북도 선정사宣政使로 임명했다. 임시정부는 당시 국내에 지방행정기관을 조직할 계획을 세우고 있었다(81쪽, 337쪽 참조).

최종응은 도내 부호들에게 독립운동 자금을 납부하라는 '군자금 납부 명령서軍資金納入命令書'를 발송했다. 영천군 금호면 오계리의 조석환曹奭煥, 영천군 청통면 상리동의 손계창孫啓昌, 칠곡군 지천면 금호동의 윤병돈尹炳敦 등이 호응하였다. 최종응은 모급된 돈을 임시정부로 보냈다. (모금에 협조한 이들의 명단을 이곳에 기록하는 것은 그들 역시 독립운동에 크게 한몫을 한 것으로 인정되어야 하고, 역사에 이름이 남아야 한다고 생각하기 때문이다.)

최종응의 활동이 일제에 노출되지 않을 리 없다. 1922년 3월 30일 최종응은 소위 '공갈 및 제령 제 7호' 위반 혐의로 대구지방법원에서 징역 3년형을 언도받아 옥고를 치렀다. 정부는 그에게 1977년 대통령 표창, 1990년 건국훈장 애족장을 추서했다. 참고로 국가보훈처 누리집 '독립운동가 공훈록'의 최종응 부분을 읽어본다.

생몰년도 : 1871.8.21~1944.1.24
출신지 : 대구 달성
운동 계열 : 군자금 모집
훈격(연도) : 애족장(1990)
공적 내용 : 대구 사람이다. 그는 1920년 임시정부 경북 선정사

로 임명되어 동지 고정일高政一·윤철·이태훈李泰勳 등과 함께 독립운동 자금 조달 기반을 조성하였으며 동년 9월 경상·충청·전라도 등지를 순방하며 자산가들의 자산 명부를 작성하여 군자금 조달을 위해 노력하였다.

1920년 11월에는 조석환 등에게 독립운동 자금을 제공할 것을 요구하여 그들에게 800원을 받아 임정 파견원 고일치高一致에게 전달하였다. 이후 계속해서 군자금 모집을 위해 1921년 2월 경북 칠곡군에 사는 윤병돈 등 경북에 거주하는 부호 수 명에게 2,000원 내지 5,000원을 요구하는 군자금 납입 명령서를 송부하고 윤병돈으로부터 300원을 받아 이태훈에게 전달하였다.

이 일로 인하여 일경에 피체되어 1922년 3월 30일 소위 공갈 및 제령 제7호 위반으로 대구지방법원에서 징역 3년형을 언도받아 옥고를 치렀다. 정부에서는 고인의 공훈을 기리어 1990년에 건국훈장 애족장(1977년 대통령 표창)을 추서하였다.

백불고택의 사랑채

옻골마을에 왔으니 백불고택, 보본당, 두 집 사이에 설립되어 있는 가묘家廟(집 안에 있는 사당), 최흥원이 제자들을 가르쳤던 수구당數咎堂, 최흥원의 아들 최주진崔周鎭을 기려 1910년에 세워진 동계정東溪亭 등을 두루 둘러본다.

수구당과 동계정도 문화재자료 41호와 45호로 등재된 문화유산이다. 마을 안 골목길을 양옆에서 꾸며주고 있는 집집마다의 담장들도 등록문화재 266호로 지정되어 있는 문화재이다. 36세이던 1740년에 부인과 사별한 뒤 세상을 떠나는 1786년까지 무려 46년 동안 재혼도 하지 않고 첩도 두지 않았던 대

최흥원이 《반계수록》 간행을 준비했던 보본당

선비 최흥원의 인생만큼이나 고운 담장이 사뭇 눈길을 사로잡는다.

돌아나오는 길에 '최흥원 정려'를 본다. 마을 안으로 들어설 때는 무심히 지나쳤던 정려다. 선비나 충신으로서가 아니라 '효자' 최흥원을 기려 1789년(정조 13)에 조정에서 세웠다. 독립운동가 최종응도 어릴 때 이 정려를 보며 자랐을 것이다. ☯

13~14 ☯ **안동농림 학생 의거지, '위안부' 수용소 추정지** 대구 비행장은 일제 말기이던 1944년 일본군 전투비행단 주둔지였다. 1943년 8월 서정인徐正寅 등 안동농림학교 학생들은 방학 중인데도 강제로 비행장 확장 공사에 동원됐다. 학생들은 공사장에서 항일 비밀결사 대한독립회복연구단을 결성했다. 공사장에서 일하던 일반 노동자들도 가세했다. 이들은 안동 시내의 일본 기관 및 요인들을 소위 '일본 육군 기념일'인 1945년 3월 10일에 습격하기로 결의하고 준비에 들어갔다. 하지만 사전에 탄로나 모두 투옥되었다. 이들은 1945년 8월 16일 출옥했다. (비행장은 일반인이 출입할 수 없으므로 답사는 불가능하다.) 일제는 비행단 인근에 조선 여인들을 가두어 놓고 '위안부'로 유린했다. 동부경찰서 동촌지구대 옆 건물이 강제 수용소였다고 당시 노인들은 증언한다. 다만 아직 공인된 상태가 아닐뿐더러 개인 건물이므로 임의로 출입할 수는 없다. (강제'위안부'에 대해서는 272쪽 참조.)

15~16 ☯ 동구 효동로2길 94 조양회관, 이경희 공적비
달성 앞에서 옮겨져 한적한 곳에 없는 듯 앉아 있네

    임진왜란 당시 하늘天이 내려준降 장군이라 하여 '천강天降장군'이라 불렸고, 늘 붉은紅 옷衣을 입고 다녀 '홍의紅衣장군'이라는 별명도 얻었던 의병장 곽재우의 호는 망우당忘憂堂이다. 경북 영천에서 발원하여 경산 하양을 거쳐 대구 동구 반야월 일원으로 흘러들어왔다가 다시 팔달교 아래를 지나 강창에서 낙동강과 만나는 금호강 물가의 효목동 1234-2번지 언덕 위에 '망우당 공원'이 조성되어 있다. 당연히 이곳에는 곽재우 장군의 동상, 임진왜란 당시 영남 지역 의병들의 활동과 7년 전쟁사를 여러 게시물을 통해 일목요연하게 설명해주는 '임란 의병관', 영남 지역 임진왜란 호국 영령 315분의 위패가 모셔진 '임란 호국 영남 충의단' 등이 있다.
    임진왜란이 일어난 때는 1592년이다. 7년 동안이나 이어진 이 국제 전쟁은 우리나라를 온통 쑥대밭으로 만들었다. 임란의병관은 게시물 〈피해와 반성〉을 통해 '임진왜란은 조선과 일본, 명에 커다란 변화를 초래했고, 급격한 동아시아의 정세 변화를 가져왔다. 가장 큰 피해는 조선에 있었다. 조선은 계속되는 전란으로 농지 면적의 2/3 이상이 황폐화되어 농민의 생활이 어려워지고 국가 재정도 고갈되었다. 많은 사상자로 인구가 줄고 가옥과 재산의 손실도 막대하였다. 민심도 흉흉해져 이몽학의 난과 같은 반란도 일어났다.'라고 규정하고 있다.

그러나 '반성'은 없었다. 임진왜란이 끝난 1598년 이후 312년 뒤인 1910년 우리나라는 일본의 식민지가 되었다. 임진왜란은 2차 전쟁인 정유재란까지 합해서 7년이었지만 이번에는 35년 동안이나 굴욕과 수탈의 삶을 살아야했다. 반만 년 유구한 우리 국사에서 가장 치욕스러운 시간이었고, 더 이상 모욕적일 수 없는 민족의 수치였다.

1922년 달성 앞에 세워졌던 조양회관이 1982년 임진왜란의 역사를 기억하고 반성하는 공간인 망우당공원 안으로 옮겨졌다. 1910년의 망국을 되새김하게 이끌어주는 조양회관을 이건할 장소로는 역시 임진왜란의 학습 장소인 망우당공원이 가장 적당했던 것인가! 조양朝陽회관 네 글자가 본래 조朝선의 빛陽을 보겠다는 독립 염원을 담은 이름이었고, 그 이름답게 조양회관은 대구 청년들이 함께 민족의식을 키워가는 만남과 교육의 장이었기에 하는 말이다.

조양회관은 이곳으로 옮겨진 뒤 주로 '광복회관'으로 알려져 있다. 광복회가 사용하는 건물로 인식되고 있는 셈이다. 대구 유일의 이전·복원 건물이라는 의의를 지닌 등록문화재 4호 문화유산이고, 독립문을 연상하도록 설계된 정문 입구에 걸린 현판도 여전히 '朝陽會館'이지만, 그래도 조양회관은 본래 자리도 잃고 이름도 사실상 잃어버렸다. 그런 점에서 문득 김광섭의 '성북동 비둘기'가 떠오른다.

　성북동 산에 번지가 새로 생기면서
　본래 살던 성북동 비둘기만이 번지가
　없어졌다
　새벽부터 돌 깨는 산울림에 떨다가
　가슴에 금이 갔다
　그래도 성북동 비둘기는 하느님의
　광장 같은
　새파란 아침 하늘에 성북동 주민에게
　축복의 메시지나 전하듯
　성북동 하늘을 한 바퀴 휘 돈다.

성북동 메마른 골짜기에는
조용히 앉아 콩알 하나 찍어 먹을
널찍한 마당은커녕 가는 데마다
채석장 포성이 메아리쳐서
피난하듯 지붕에 올라앉아
아침 구공탄 굴뚝 연기에서 향수를
느끼다가
산 1번지 채석장에 도로 가서
금방 따낸 돌 온기에 닦는다

예전에는 사람을 성자처럼 보고
사람 가까이
사람과 같이 사랑하고
사람과 같이 평화를 즐기던
이제 산도 잃고 사람도 잃고
사랑과 평화의 사상까지
낳지 못하는 쫓기는 새가 되었다.

조양회관이 본래 자리에, 본래 모습으로 고이 남아 있으면 얼마나 좋을까! 건물 앞에 좌상으로 앉아계시는 동암東庵 서상일徐相日(1887~1961) 지사께서 마치 한탄처럼 속삭이는 듯하다.

서상일은 대구의 대표적인 독립지사 중 한 사람이다. 1887년 7월 9일 태어난 동암은 22세이던 1909년 안희제, 김동삼, 윤병호 등과 함께 무장 항일 투쟁 단체인 대동청년단을 결성하여 독립운동을 시작한다. 1910년 보성전문학교(현 고려대) 법과를 졸업할 때에는 한일합방에 항의하여 9인 결사대를 조직, 서울 주재 9개국 공사관에 독립선언문을 배포한다. 1917년 만주 등지에서 독립운동을 하던 동암은 귀국하여 3·1운동에 참여했다가 '내란죄'로 서대문형무소에 투옥된다.

감옥에서 출소 후 동암은 인재 양성과 국민의식 진작이 민족의 진

광복회관 앞 서상일 좌상

정한 독립을 회복하는 길이라고 인식, 고향인 대구로 내려온다. '의식분자들의 결집이 절대로 필요함을 생각하고 있던' 동암은 '조양회관을 건립하여 주로 의식분자들의 결집과 계몽 사업에 전력을 기울였다(1957년 8월 발표 <험난 할망정 영광스런 먼 길>의 표현).'

많은 인사들이 조양회관 건립에 동참하기로 되어 있었지만26) 일제의 방해로 실천에까지 이어지지 못했다. 독립지사 백남채白南埰만이 벽돌을 제공했다. 서상일은 거의 혼자 재정을 부담하여 (달성공원 앞 옛 원화여고 자리에) 대지 500평, 건평 138평의 2층 건물 '조양朝陽회관'을 지었다. 압록강에서 가져온 낙엽송 통나무를 사용하여 목조 부분을 지었고, 바닥도 그 나무로 깔았다.

외관은 붉은 벽돌로 장식했는데 한국인 건축가 윤학기가 설계, 백남채가 공사 감독을 맡았고, 중국인 기술자를 초빙해서 일을 시켰다. 창문의 둘레는 화강암으로 정착시켰다. 웅장한 천장에 통나무 대들보가 걸쳐져 있고 기둥이 없는 점은 조양회관의 특징 중 한 가지였다. 서상일은 이 목조 건물에 '아침朝에 해陽가 가장 먼저 비치는 집'이라는 뜻의 이름을 붙였다. 은근히 민족의식을 드러내었던 것이다.

---

26) 1928년에 제작된 <대구 조양회관 개요>의 '연혁'에 '서력(서기) 1921년 봄에 몇 명의 동지가 서로 만나 대구구락부 기성회를 조직하고 부관部館(조양회관) 건축의 회의를 진행할 때 당시 이에 상응하는 동지는 만강滿腔의(가득한) 성의를 다하여 각자 부관이 이루어지기를 기약하면서 의연금을 변출辨出하고(나누어 내고) 회會(대구구락부 기성회)의 진행을 위하여 사신捨身(몸을 던져) 노력함에 있어 회의 기운은 자못 왕성하다.'라는 표현이 실려 있다.

동암은 조양회관을 대구 청년들의 정신적 구심지로 만든다. 1,000명을 수용할 수 있는 대강당만이 아니라 회의실, 사무실, 인쇄공장, 사진부에 오락실까지 갖춘 조양회관에서는 시국, 국산품 애용, 상공업 진흥 등에 관한 강연회가 줄을 이었고, 밤에는 청소년들을 대상으로 야학을 실시했다. 《농촌》이라는 잡지도 발간했다.

　일제는 조양회관을 모질게 탄압했다. 결국 조양회관은 1930년대 후반 들어 대구 부립(시립) 도서관으로 사용되었고, 심지어 태평양전쟁 막바지에는 일본 보급 부대가 주둔했다. 해방 직후 서상일이 정치 활동을 하자 한민당 사무실로도 쓰였고, 6·25전쟁 때는 군대의 병영이 되기도 했다.

'朝陽會館' 현판과 서상일 좌상이 보이는 광복회관 앞면 조양회관이 다시 조양회관으로 제 면모를 찾게 되는 때는 1954년이다. 하지만 그것도 얼마 가지 못했다. 이듬해인 1955년에 원화여자고등학교가 설립되면서 학교 교무실로 변했다. 그 후 1980년 학교 부지가 건설회사에 넘어감으로써 조양회관은 끝내 헐리는 운명을 맞았다. 해체되었던 건물은 1982년 지금 자리에 복건되었다.

3·1운동 때 투옥되었던 서상일은 1929년 10월 18일 장진홍 의사의 조선은행 폭파 사건 가담 혐의로 재차 구속된다. 해방 후에도 서상일의 생애는 순탄하지 않았다. 1948년 5월 10일 실시된 제헌 국회의원 선거에서 당선되지만 이승만 독재에 항의하다 또 구속되었다. 일제 강점기 때에도 해방 이후에도 구속되기는 마찬가지였다. 그뿐이 아니다. 1961년 5·16 직후에도 군사정부에 의해 기소되었다. 마침내 서상일은 재판이 계류된 상태에서 1962년 4월 18일 세상을 떠났다.

1920년대의 조양회관(왼쪽)과 지금의 조양회관(광복회관 전시 사진)

광복회관 앞에는 서상일 지사의 좌상 외에 또 하나의 조각 작품이 있다. 신간회 초대 대구 지회장 이경희(1880.6.1.~1949.12.4.) 지사를 기려 세워진 '愛國志士애국지사 池吾지오 李慶熙이경희 功績碑공적비'가 바로 그것이다. 서상일 흉상은 광복회관 앞뜰에 있고, 이경희 공적비는 망우당공원 관리사무소 앞 주차장에서 광복회관으로 들어가는 진입로 중간쯤에 있다.

이경희 지사는 1880년 6월 1일 '경북 달성군 공산면 무태리(현재 대구광역시 북구 서변동)'에서 출생했다. 그는 임진왜란 당시 대구 전역의 합동 의병 부대인 공산의진군公山義陣軍 3대 의병대장 이주李輈(1556~1604)의 11대손이다. 이 말을 하는 것은 인천 이씨 집안이 사회 지도층으로서 그 책무를 다해왔다는 사실을 상찬하기 위해서다. 외적이 침입해 왔을 때는 사재를 털어 의병을 일으키고, 나라가 망했을 때는 목숨을 걸고 독립투사로 활약을 했으니 그만하면 누군들 준거인물로 숭앙하지 않겠는가!

교남교육회, 달성친목회 등 계몽운동 단체에 가입하여 활동하고, 광문사가 국채보상운동을 일으키기 직전인 1906년에 설립한 사립 협성학교 교사를 지내던 이경희는 1910년 경술국치 이후 신민회의 서간도 독립운동 기지 건설에 참여함으로써 본격적으로 독립운동에 뛰어든다. (신민회에 대해서는 60~63쪽 참조)

신민회의 신흥무관학교 설립, 펑톈奉天(현재 심양瀋陽) 달신학교 교사 등으로 활동하던 이경희는 1919년 3·1운동 이후 서울로 돌아와 조선노동공제회, 단연동맹회 등에 가입한다. 특히 그는 1923년 의열단의 제 2차 암살 파괴 계획(일명 황옥黃鈺 사건)에 참여한다(의열단 가입은 1922년). 최수봉崔壽鳳(24세)이 경찰서장을 암살할 목적으로 밀양경찰서에 폭탄을 투척한 1920년 12월 27일 사건 관련 혐의로 징역 1년을 치르고 나온 김시현金始顯은 의열단 단장 김원봉金元鳳, 고문 장건상張建相 등과 협의하여 대규모 암살 파괴 계획을 세운다. 1922년 7월 서울로 잠입한 김시현은 경기도 경찰부 고등과 경부이면서 고려공산당 비밀당원(사실 여부는 논란이 있음)인 황옥과 만나 거사를 준비한다. 하지만 정보가 누설되어 관련자 25명 중 18명이 체포된다.

이때 이경희도 1923년 8월 21일 경성지방법원에서 징역 1년을 선고받고 서대문형무소에서 옥고를 치른다. 1924년 5월 25일 만기 출옥한 이경희는 1927년 9월 3일 신간회(97쪽 참조) 대구지회 창립대회에서 회장으로 선출된다. 창립 준비 모임은 교남YMCA회관에서, 창립대회는 조양회관에서 진행되었다. 신암선열공원에 안장되어 있는 송두환 지사도 이 창립대회에서 서무부 총무간사로 선출되었다(98쪽).

일제의 창씨개명 강요를 끝까지 거부했던 이경희는 해방 직후 미군정 하에서 경상북도 부지사, 초대 대구 부윤(시장) 등을 역임했다. 1949년 7월에는 남선경제신문(현 매일신문의 전신) 사장으로 취임하기도 했다. 하지만 그해 12월 4일 70세의 나이로 타계했다.

지사는 대구시 북구 동변로24길 138-2 인천 이씨 재실 영사재에서 산 방향으로 300m가량 길을 따라 올라간 기슭에 안장되었다. 빗돌에는 '義士의사 池吾지오 先生선생 仁川인천 李公이공之墓지묘'라는 글자가 새겨져 있다. 지사의 호 '지오'는 '나라를 잃어버린 나는 어리석은 놈'이라는 의미를 담고 있다고 한다. 그만큼 그는 뼛속까지 철저한 독립운동가였다.

애국지사 지오 이경희 공적비

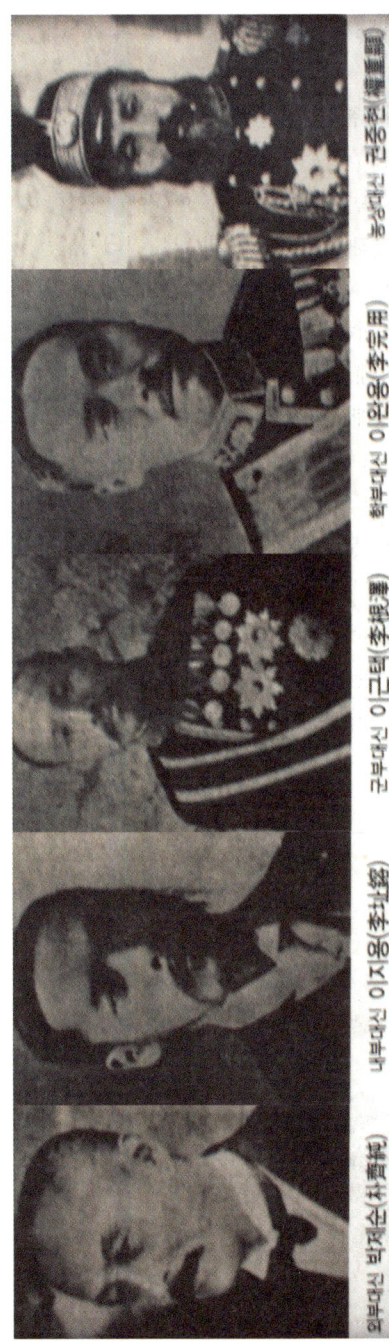

(이완용) 매국노 (이지용) 을사5적 (이근택) 을사5적 (이하영) 을사5적 (권중현) 을사5적

[광복회관 내부 관람] 문화재청은 광복회관의 등록문화유산 표지판에 '효목동 조양회관'이라 밝혀두었다. 본래 달성 앞에 있던 조양회관을 허물어서 이곳에 복원해 놓았으니 '달성 조양회관'이라 부를 수는 없는 까닭이다.

건물 내부는 광복회 대구지부가 관리하는 곳다운 면모를 보여준다. 다양한 볼거리들이 전시되어 있어 꼼꼼한 관람자라면 상당한 시간을 들여 살펴보아야 한다. 물론 독립운동 관련 내용들이므로 누구나 성심을 가지고 자료들을 보아야 마땅하다. 다만 필자가 그 자료들을 모두 이 책에 실을 수는 없으므로, 게시되어 있는 수많은 자료들 중 일부의 제목을 선보임으로써 독자들의 마음에 "한번 가봐야지!" 싶은 생각이 일어나도록 하려 한다. (왼쪽 사진은 을사오적으로, 나라를 팔아 자신의 이익을 챙긴 대표적 반민족 행위자들이다. 누추한 이름을 영원히 역사에 남겨야 하리라.)

* 차마 눈 뜨고 볼 수 없는 처참한 현장. 작두로 목을 자르고 있다.
* 일제는 처형 뒤 사진을 공개, 시민 궐기에 제동을 거는 심리전을 폈다.
* 서울 동대문 밖 만세 시위 처형자의 유기 장소에 유족들이 시체를 찾기 위해 몰려들고 있다.

* 전국 곳곳에서 자행된 애국지사들의 순국 현장
* 1905년 1월 1일 경부선 철도가 개통된 지 이틀 후인 1월 3일, 일본군은 한국인 3명을 철도 파괴 음모의 누명을 씌워 공개 처형했다.
* 순국 5분 전 한복 차림의 안중근 의사
* 3월 24일 순국 이틀 전에 두 아우를 만나 "국권이 회복되거든 내 뼈를 조국에 묻어다오. 나는 천국에 가서도 국권 회복을 위해 힘쓸 것이다." 하고 당부하는 안중근 의사
* 일경은 전국 각지에서 기병한 의병들을 무참히 살육하는 만행을 저질렀는데 재판도 없이 현지에서 체포 즉시 이렇게 목을 매어 죽였다.
* 마지막까지 독립만세를 외치며 죽어간 애국지사들
* 우리나라에서 가장 오래된 태극기, 1890년 고종이 외교 고문 데니Denny에게 하사한 것
* 파고다 공원에서 독립선언이 있었다는 소식은 서울 시민들을 흥분의 도가니로 만들었다.
* 백주에 종로 경찰서에 폭탄을 던진 김상옥 의사
* 64세의 고령으로 사토 총독에게 폭탄을 던진 강우규 의사
* 이완용을 저격한 이재명 의사와 두 동지 김병헌 의사와 김이걸 의사
* 2·8 독립선언이 있었던 동경 조선기독교청년회 현관
* 친일 외교관 스티븐스를 총살한 장인환, 전명은 의사
* 1916년, 태극기를 가슴에 안고 조국의 광복을 기원하는 재 하와이 여성 교포들의 애틋한 모습
* 해방 후 일본 병고현 대구보 형무소에서 뒤늦게 출옥한 한국인의 참상
* 민족 대표 독립선언 — 중년 시절의 손병희 선생, 만해 한용운 선생
* 미주 한인 항일 군사훈련의 선구자 박용만 선생
* 옥중의 유관순
* 경복궁 광화문 앞 훈련원에서 사격 훈련 중인 병사들
* 3·1운동 이후 태극기를 들고 가두 행진을 하는 미주 교포들
* 1914년 6월 10일 하와이의 한국독립 국민군단
* 국민군단의 군사훈련 광경 * 국민군단의 열병식
* 미국 워싱턴 D.C.에 있는 한국 공사관

등등.

[광복회관 바깥 관람]

서상일 동상
이경희 공적비
항일 독립운동 기념탑 2006년 6월 15일 건립
* 건립 목적
1895년~1945년 광복될 때까지 향토 출신 구국 지사들이 신명을 바친 독립운동의 여정을 헤아리면서 선열들의 높은 뜻을 추모하고 그 유지를 계승 발전시켜 나아갈 상징으로 기념탑을 우뚝 세움으로써 다시는 이 땅에 외세의 침범을 불허하고 선진 조국 건설의 원동력이 되는 민족정기를 자라나는 후세대의 의식 속에 심어주어 민족의 자주 독립 정신을 함양하는 데 그 목적이 있다.
* 탑신의 상징과 의미
1. 방향 : 일본을 향해 준엄한 경고
2. 다이아몬드 형상 강인한 정신, 불굴의 독립정신, 어둠 속에서의 광채
3. 요철 십자형상 – 독립정신을 사해에 고하고, 세계 정세를 파악 대비함
4. 원형 기단 – 지구의 중심에 민족정기가 서려 있음
5. 명각대 – 지역의 독립유공 서훈자 2천여 명 음각
6. 조명등 – 사방에서 독립정신을 우러러보는 형상
7. 낙락장송 – 모진 고난 속에서도 꿋꿋이 이겨낸 독립운동 상징
이상, 소형 홍보물〈광복회 대구광역시지부〉게재 내용

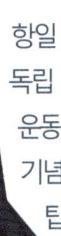

항일 독립 운동 기념 탑

17 ◯ 수성구 동원로1길 94 우강헌友江軒
광문회 회원으로 출발, 미국에서 독립운동

대구 수성구 범어동 222-8 흥사단 회관 앞에 송종익宋鍾翊 흉상이 세워져 있다. 특히 이 건물 2층에는 '우강헌友江軒'이라는 이름의 송종익 전시 공간도 별도로 마련되어 있다. 이는 송종익이 1913년 안창호가 미국 샌프란시스코에서 창립한 민족운동체 흥사단의 주요 활동가이거나 대구 출신의 역사적 인물이라는 사실을 상기하게 해준다.

흥사단 창립시 경상도 지부장을 역임한 우강友江 송종익은 1886년 대구에서 태어나 1956년 미국 로스엔젤레스에서 세상을 떠났다. 대구에 머물 때는 1907년에 결성된 대동 광문회大東廣文會27)에 가입하여 활동했고, 그 후로는 주로 미국에서 독립 운동에 매진했다.

송종익의 초기 활동 중에는 일제 통감부의 외교 고문으로서 자기 나라인 미국으로 돌아간 뒤에도 '일본이 한국을 지배하는 것은 한국에도 매우 이롭다' 등의 망언을 일삼아 우리나라 사람들의 공분을 샀던 스티븐스를 1908년 전명운, 장인환 두 지사가 샌프란시스코까지 찾아가 사살했을 때 재판 후원 재무로 선임되어 활동한 일이 손가락에 꼽힌다.

---

27) 광문회에는 1910년 최남선 등이 고문헌의 보존과 간행 등을 목표로 설립한 '조선 광문회光文會'와 1907년 대구에서 창립된 애국 계몽 단체 '대동 광문회廣文會'가 유명하다. 흔히 '대구 광문회'라 부르는 대동광문회는 금연으로 국채를 갚자는 '국채 보상 운동'을 선도한 단체로 널리 알려져 있다.

스티븐스를 총살한 장인환, 전명운 의사

그 이후에도 송종익은 '1945년 광복 때까지 미주 지역에서 한인 사회의 안녕과 권익 보호를 위해 활약하였고, 다사다난했던 시절에 흥사단, 대한인국민회, 재미 한족 연합 위원회에서 주로 재정을 담당하면서 살림을 도맡아 하였다. 또한 대한인국민회 재무를 맡아 임시정부에 송금하는 역할을 하였다. 해방 후 로스엔젤레스에 거주하면서 한인 사회를 위해 일하다가 1956년 1월 7일 신병으로 별세했다. 1995년 8월 건국훈장 독립장을 추서 받았으며, 1996년 10월 대전 국립묘지 애국지사 묘역에 안장되었다(〈국채보상운동〉 111주년 기념 전시회〉 안내 책자의 표현).' 좀 더 자세한 공적을 알아보기 위해 국가보훈처 공훈록을 읽어본다.

공적 내용 : 대구 사람이다. 1906년 4월 유학을 목적으로 도미하여 샌프란시스코를 중심으로 결성된 민족운동단체인 공립협회共立協會에 가입하여 민족운동에 진력하였다.

그러던 중 1908년 3월 대한제국 외교 고문인 스티븐스가 샌프란시스코에 와서 일제의 한국침략을 정당화하는 발언을 신문지상을 통해 발표하고 대동보국회와 공립협회의 회원인 장인환·전명운 의사가 스티븐스를 처단하자, 양 의사의 재판후원회를 결성하고 재무로 임명되어 양 의사의 재판 후원 및 후원경비 조달, 변호사 교섭 등을 담당하면서 공판 과정을 '독립 재판獨立裁判'으로 전개하는 등 재판 과정을 통해 한국인의 독립의지를 구미 각국에 널리 인식시켰다.

1913년 5월 샌프란시스코에서 민족 장래에 동량이 될 인재 양성을 위해 홍언 등 8명의 창립발기위원과 함께 흥사단興士團을 창립하는 한편, 후일 흥사단 이사부장을 역임하였다. 1917년 1월 안창호와 함께 북미실업주식회사北美實業株式會社를 조직하고 주금株金 9만 5천 달러를 모집하여 쌀농사를 지어 군자금을 마련하고자 하였으나 실패를 거듭한 끝에 1927년 문을 닫고 말았다. 또한 1932년 1월 재차 흥업회사興業會社를 조직하여 재원 확보에 노력하였으나 이 또한 실패하고 말았다.

1919년 3월 대한인국민회大韓人國民會 재무로 활동하면서 대한민국임시정부 설립에 필요한 자금을 모집·송금하는 한편, 1936년 5월 분열된 북미지역 한인민족 운동단체의 부흥을 위해 소집된 각 지방 대표자회의에 참석한 그는 각 단체를 통합해 북미 대한인국민회를 재조직하는 한편, 미주 한인 사회의 부흥과 항일운동, 임시정부의 재정 후원을 도모하였다. 또한 회의 면모를 일신하기 위해 추진된 대한인국민회 총회관 건축위원으로 선정되어 1938년 4월 총회관을 낙성하는 데 헌신하였다.

1939년 중국의 한인 독립운동 단체인 광복진선光復陣線과 민족전선民族戰線이 하나로 통합되고 중·일中日 간의 전쟁이 고조되자, 그를 비롯한 북미 대한인국민회 임원들은 1940년 9월 미주와 하와이 각 단체 대표자들에게 연석회의를 개최하

→ 대구 흥사단 입구의 송종익 흉상

여 시국 대책을 강구할 것을 제의하였다. 이에 따라 1941년 4월 20일 하와이 호놀룰루에서 미국 내 각 한인단체 대표들이 모여 해외한족대회海外韓族大會를 개최했다.

한시대 등과 함께 북미 대한인국민회 대표로 참석한 그는 동 대회의 선언문과 해외한족대회 결의안을 작성하여 독립전선 통일문제, 대한민국임시정부의 봉대奉戴(받들어 모심) 문제, 대미 외교기관의 설치 문제, 군사운동에 관한 문제, 미국 국방공작 후원문제, 연합기관 설치 문제 등을 결의하였다.

이 결의에 따라 동년 8월 미주 내 모든 단체들을 통합한 재미한족연합위원회在美韓族聯合委員會가 조직되고 미주 로스앤젤레스에 재미한족연합위원회 집행부가 설치되자, 집행부 위원으로 선임된 그는 대한민국임시정부의 후원과 외교 및 선전사업을 추진하였다. 또한 1941년에는 대한인국민회 부의장, 1943년 재미한족연합위원회 집행부 위원 겸 재무로 선임되어 활동하기도 하였다.

1943년 9월 이승만 계열의 동지회가 재미한족연합위원회를 탈퇴한 후 1944년 6월 독자적으로 외교위원부를 설치하여 활동하자 재미한족연합위원회도 별도의 외교사무소를 개설하고 외교사무를 전개하였다. 이와 같은 사태에 대해 대한민국임시정부에서 동년 8월 외교위원부를 새롭게 개조할 것을 명령하자, 그 해 10월 로스앤젤레스에서 미국과 하와이의 17개 단체 중 동지회 계열의 4개 단체를 제외한 13개 한인단체가 대표회를 개최하였다.

이 대회에 대표원으로 참석한 그는 개조된 주미 외교위원부의 외교위원으로 선출되어 조국의 독립을 위한 외교활동을 전개하였다. 1945년 조국이 광복되자, 그 해 10월 조국의 재건을 후원할 목적으로 구성된 재미 한족 국내파견 대표단在美韓族國內派遣代表團의 재무로 선임되어 고국을 떠나온 지 40여년 만에 조국의 땅을 밟았으나, 당시 해방 정국의 혼란으로 인해 별다른 활동을 보이지 못하고 8개월 만에 미국으로 돌아갔다. 정부에서는 고인의 공훈을 기리어 1995년에 건국훈장 독립장을 추서하였다.

송종익 지사의 흉상 뒤로 대구 흥사단 건물이 보이는 풍경

　흥사단 건물 내 우강헌을 둘러보고 나와 다시 송종익 지사의 흉상 앞에 선다. '고국을 떠나온 지 40여년 만에 조국의 땅을 밟았으나, 당시 해방 정국의 혼란으로 인해 별다른 활동을 보이지 못하고 8개월 만에 미국으로 돌아갔다.'라는 국가보훈처 공훈록의 내용이 재삼 가슴 아프게 느껴진다. 40여 년 만에 귀국했건만 왜 해방 정국은 그토록 혼란해서 생애를 바친 독립지사를 나라 안에 받아들이지 못했던 것일까!

　흉상 앞에서 서서, 미국으로 돌아가는 시각에 그의 마음을 지배했을 허망함을 되새겨본다. 독립지사의 후대 사람들인 우리는 앞으로 통일을 이루고, 터무니없는 지역감정을 해소하여 선열들이 그렸던 나라를 세워야 할 것이다. 그때면 송종익 지사는 영혼으로나마 이 땅을 다시 찾으리라.

18 ◉ 수성구 범안로 120 서상돈 묘소
너무나 초라한 서상돈의 무덤, 마음이 뭉클해지네

　1904~5년 러일전쟁의 승리와 1905년 을사늑약 등으로 한반도에서의 정치적·군사적 지배권을 장악한 일본은 한국을 경제적 식민지로 만들기 위해 차관을 강요했다. 결코 한국의 경제 발전을 위한 차관이 아니었다. 일본은 한반도에 식민지를 건설하는 데 소요되는 경비를 모두 한국 정부에 부담시켰고, 차관은 그 수단이었다.

　1907년 2월 21일 대구 광문사의 사장 김광제金光濟(1866.7.1.~1920.7.24.)와 부사장 서상돈徐相敦(1850.10.17.~1913.6.30.) 등이 앞장서서 국채보상운동을 본격화했다(255쪽 참조). 이 무렵 우리나라가 일본에 진 빚은 1,300만 원이었다. 그것이 1910년에는 4,400만 원을 훌쩍 넘어섰다. 1907년의 1,300만 원은 당시 우리나라의 1년 예산에 해당되는 금액이었다. 국가의 1년 예산과 견줘보는 것은 1,300만 원과 4,400만 원이 어느 정도 규모의 부채인지를 쉽게 가늠할 수 있는 좋은 잣대가 되기 때문이다.

　금연을 해서 모은 돈으로 나라빚을 갚자는 국채보상운동이 시작되자 호응이 뜨거웠다. 일제는 언론 중 가장 적극적으로 이 운동을 이끌어간 대한매일신보의 양기탁을 모금한 돈을 횡령했다고 누명을 씌워 1908년 7월 21일 구속했다. 양기탁은 9월 29일 무죄로 석방되지만 그 사이 국채보상운동은 활기를 잃고 시들어버렸다. 일제의 간교한 술책이 마침내 성공을 거두었던 것이다.

　서상돈의 묘소는 수성구 범안로 120(범물동 산227-1)의 천주교 모역 안에 있다. 본래 달성군에 있었는데 1974년 이곳으로 이장되었다. 서상돈 가문이 대구에서 손가락에 꼽힌 부호 집안이라는 사실을 감안할 때 이곳의 서상돈 유택은 간소하다 못해 초라하게 느껴진다. 그 탓에, 바라보노라면 저절로 마음이 뭉클해진다. 홍의장군 곽재우가 '나라가 이 모양인데 무슨 낯으로 묘를 크게 쓴단 말이냐? 봉분도 하지 말라.'는 뜻의 유언을 남겨 그의 묘소가 지금도 납작한 모습으로 남아 있다는 이야기가 문득 떠오른다.

국채보상운동에 대해 알아보려면 중구 공평로10길 25의 '국채보상운동 기념관'을 찾아야 한다. 그 외 국채보상운동기념관을 품에 안고 있는 국채보상공원 내의 여러 조형물들, 국채보상운동 최초 논의 장소인 북성로 19-1의 광문사 터, 달구벌대로 2051 서상돈 고택, 국채보상운동 첫 모금 장소인 태평로 141 북후정 터(대구시민회관)의 기념비, 부인들의 패물 모집 장소인 남원동 진골목 등 국채보상운동과 관련해서는 둘러볼 곳도 많다. 국채보상운동 기록물이 유네스코 세계기록유산으로 등재되었을 정도이니 당연한 일이다. ☯

서상돈 부부 합장 묘소

아버지와 아들

일제 강점기 때에 조선인이 오를 수 있는 가장 높은 관직은 중추원 부의장(현재의 국회 부의장 정도)이었다. 중추원은 조선총독부의 자문기관으로, 일제에 충성스러운 종으로 활동한 친일파들에게는 그곳의 참의(현재의 국회의원 정도)로 임명되는 것이 최고의 명예였다. 중앙정부의 불허 방침에도 아랑곳없이 1906~7년 일본인 상인들의 이익을 위해 대구읍성을 마구 부숴버린 박중양은 중추원 부의장 자리를 차지했다. 대구 출신 중에는 서병조, 권중식, 김낙헌, 김재환, 서병주, 서상훈, 신현구, 이병학, 이창우, 장직상, 정교원, 정재학, 정해붕, 진희규 등 자산가와 고위 관료 출신들이 중추원 참의에 임명되었다(민족문제연구소 대구지부《대구 경북 친일 행적》과 대구경북역사연구회《역사 속의 대구, 대구 사람들》참조).

이들 중 서병조는 서상돈의 차남이다. 아버지 서상돈은 민족문제연구소의《친일인명사전》에 오르지 않았지만 아들 서병조는 당당히(?) 이름을 올렸다. 그는 '아버지가 죽은 후 물려받은 재산으로 경상농공은행, 대동무역주식회사, 조양무진주식회사, 대구제사주식회사, 경북무진주식회사 등을 설립하거나 중역을 역임했던 대표적인 자본가'로서 '일본인과 조선인 자본가로 구성된 대구상업회의소와 대구상공회의소의 특별회원이었으며, 일제의 지방행정기관의 자문기구였던 대구부 협의회 회원과 경북도회 의원을 역임하기도 했다. 또한 일제의 관변단체인 명치신궁봉찬회 조선지부 경북위원, 제국 재향군인회 부회장 등을 역임하였다(《역사 속의 대구, 대구 사람들》).'

김광제(왼쪽)와 서상돈

19 ☯ 수성못, 수성구 용학로 68 뒤편 수기임태랑 묘
'빼앗긴 들'에 남은 일본인 '개척 농민'의 무덤

흔히 평야 지대인 전라도 일원이 아닐까 여기지만, 국내에서 호수가 가장 많은 곳은 경북이다. 전국 1만7,505개 호수의 32%인 5,547개가 경북에 있다. 물론 공룡발자국도 현재까지 발견된 전국 약 100여 곳 중 절반이 경북에 있다. 이는 공룡이 많이 살았던 1억4500만~6500만 년 전 대구·경북이 땅이 아니라 거대 호수였기 때문이다.

대구에 있던 큰 호수 중 북구 배자못, 남구 영선못, 달서구 감삼못, 서구 날뫼못, 수성구 범어못 등이 도시 확장과 현대화 바람에 밀려 1970~80년대에 모두 매몰됐다. 달서구의 성당못과 수성구의 수성못만 없어지지 않고 지금도 남아 있다. 그러나 그 둘 중 성당못은 전체 면적의 70%가량이 매립된 탓에 사실은 잔해만 남았다고 해도 과언이 아니다.

그에 견주면 수성못은 처음보다 커졌고, 지금도 온전한 풍광을 유지한 채 시민들의 사랑을 듬뿍 받고 있다는 점에서 다른 못들과는 사정이 전혀 다르다. 여기서 '처음보다 커졌다'라고 말하는 데에는 아주 중요한 의미가 있다. 다른 못들은 없어졌거나 작아진 데 비해 수성못만은 유일하게 본래의 자연 호수일 때보다 오히려 커졌다는, 그런 의미에 그치는 단순한 표현이 아니라는 말이다. 수성못의 확장에는 일본까지 개입되어 있다.

수성못

　풍신수길豊臣秀吉(도요토미 히데요시, 1537~1598) 직전의 일본 최고 권력자는 직전신장織田信長(오다 노부나가, 1534~1582)이었다. 일본 역사상 최초의 통일을 직전에 두었던 직전신장의 본거지는 기후성岐阜城이었다. 하지만 직전신장과 그의 아들 직전신충織田信忠(오다 노부타다, 1557~1582)은 부하 명지광수明智光秀(아케치 미쓰히데, ?~1582)의 반란에 밀려 자결로 삶을 마감한다. 직전신장의 총애를 받아온 풍신수길이 배신 세력을 제압하고 대권을 잡는다. 그 후 풍신수길은 임진왜란을 일으킨다.

　시간이 흘러 1910년, 경술국치를 겪으면서 우리나라는 일본의 식민지가 된다. 일본인 중에는 바다를 건너 한반도로 가서 큰 돈을 벌겠다는 야심에 들뜬 사람들이 생겨난다. 기후현의 정장(동장 정도)으로 있던 수기임태랑水岐林太郎(미즈사키 린타로)도 그런 꿈을 가지고 1915년 현해탄을 건넌다. 성씨가 '수기'인 것만 봐도 기후 사람이라는 사실을 쉽게 알 수 있는 수기임태랑은 이른바 '개척 농민'으로 조선에 들어왔던 것이다.

127

그 무렵 수성들판에 농업 용수를 공급하던 신천이 상수도 수원으로 변경된다. 수성못 아래 농민들은 농사지을 물이 절대적으로 부족해졌다. 수기임태랑은 몇 명의 조선인들과 함께 수성못 확대를 도모하는 수리조합을 결성한다. 총독부의 지원에 힘입은 그들은 조그마하던 자연 호수 수성못28)을 1927년 거의 지금 형태로 확대 개축한다.

1927년 9월 3일자 동아일보는 수성못 공사에 총독부 1만1000원, 경북도청 2만 원, 대구부(대구시) 4만 원의 예산, 동양척식주식회사의 6만2500원 차입금이 들어갔다고 보도했다. 조선총독부와 일제 관청, 동양척식주식회사가 자금을 대어 완공한 수성못 공사를 앞장서서 이끈 사람이 바로 수기임태랑이었다. 총독부 등은 무엇 때문에 수성못 확장 공사를 진행했을까? 한국의 농민들을 위해서?

수기임태랑은 그 이후 줄곧 수성못 관리자로 일한다. 1939년 그는 임종을 앞두고 자신을 수성못이 보이는 곳에 묻어달라고 유언한다. 후손들은 현재의 자리에 그의 묘소를 만든다. 임란 당시 일본군 본부가 주둔했던 대구에 일본인 개척 농민의 묘소가 남아 이상화가 노래한 '빼앗긴 들'을 지긋이 내려보고 있다.

수기임태랑의 묘소

수성못 확대 축조 공사가 마무리를 향해 달려가던 1926년 이상화는 못둑에 올라 수성들판을 바라보며 시상에 잠긴다. 시인의 뇌리에는 '빼앗긴 들에도 봄은 오는가?'라는 어두운 질문이 칼날처럼 스쳐 지나간다. 그로부터 80년 세월이 흐른 2006년, 시인이 무거운 마음으로 섰던 수성못 북쪽 못둑에 〈빼

---

28) 세종 때의 《경상도 지리지》에 수성못으로 추정되는 '둔동제'의 존재가 기록되어 있다.

앗긴 들에도 봄은 오는가〉 시비가 세워진다. 2017년에는 시비 바로 옆에 시인의 흉상도 건립된다. 이 흉상은 본래 범물동 용학 도서관의 1층 실내에 모셔져 있던 것인데, 상화 시비 주변을 '상화 동산'으로 조성하면서 옮겨놓았다. 아마 시인도 그렇게 한 일을 두고 '잘했다!' 고 칭찬하시리라.

시비에 세로로 새겨져 있는 〈빼앗긴 들에도 봄은 오는가〉 전문을 읽어본다.

지금은 남의 땅 — 빼앗긴 들에도 봄은 오는가?

나는 온 몸에 햇살을 받고
푸른 하늘 푸른 들이 맞붙은 곳으로
가르마 같은 논길을 따라 꿈속을 가듯 걸어만 간다.

입술을 다문 하늘아 들아
내 맘에는 내 혼자 온 것 같지를 않구나!
네가 끌었느냐 누가 부르더냐 답답워라 말을 해다오.

바람은 내 귀에 속삭이며
한 자욱도 섰지 마라 옷자락을 흔들고
종다리는 울타리 너머 아가씨같이 구름 뒤에서 반갑다 웃네.

고맙게 잘 자란 보리밭아,
간밤 자정이 넘어 내리던 고운 비로
너는 삼단 같은 머리털을 감았구나. 내 머리조차 가뿐하다.

혼자라도 가쁘게 나가자.
마른 논을 안고 도는 착한 도랑이
젖먹이 달래는 노래를 하고, 제 혼자 어깨춤만 추고 가네.

나비, 제비야, 깝치지 마라.
맨드라미 들마꽃에도 인사를 해야지.
아주까리기름 바른 이가 지심 매던 그 들이라도 보고 싶다.

내 손에 호미를 쥐어다오
살진 젖가슴과 같은 부드러운 이 흙을
발목이 시리도록 밟아도 보고, 좋은 땀조차 흘리고 싶다.

강가에 나온 아이와 같이,
셈도 모르고 끝도 없이 닫는 내 혼아,
무엇을 찾느냐 어디로 가느냐, 웃어웁다, 답을 하려무나.

나는 온 몸에 풋내를 띠고,
푸른 웃음 푸른 설움이 어우러진 사이로,
다리를 절며 하루를 걷는다. 아마도 봄 신명이 지폈나 보다.
그러나 지금은 — 들을 빼앗겨 봄조차 빼앗기겠네

수성못 못둑의 상화 시비

[참고 1] 2014년 7월 29일 답사기
극존칭 대우받는 식민지 일본인... 문제 없을까?
대구 수성못 일대 역사유적지 '유감'… 새로운 고증 있어야

저자는 2014년 7월 25일 오후, 대구공정여행A스토리협동조합의 '공정여행으로 대구여행 떠나기' 해설을 수행했다. 일행은 오후 4시부터 7시까지 수성못둑의 이상화 시비, 수성못 산책로, 일본인 수기임태랑 묘소, 그리고 단군성전을 걸어서 답사했다.

해설의 요지는 '수성못이 지금 모습이 된 데에는 일본인 수기임태랑이 큰 역할을 한 것으로 알려져 있고, 그래서 그의 묘소가 못 인근에 있으며, 수성들판은 이상화의 〈빼앗긴 들에도 봄은 오는가〉가 태동된 지리적 배경이다.'가 되었다.

수성못 답사에서 제일 먼저 지적할 것은 이상화 시비 주변에 시인과 〈빼앗긴 들에도 봄은 오는가〉에 대한 안내판이 없다는 점이다. 그 대신, 일본인 수기임태랑에 대해서만 언급하는 엉뚱한 안내판이 서 있다. 〈빼앗긴 들에도 봄은 오는가 시비 바로 앞 못둑의 안내판이 이상화에 대해서는 전혀 언급하지 않고 일본인 수기임태랑에 대해서만 말하고 있는 것은 큰 잘못이다. 수성못 조성에 일정 역할을 한 일본인 이야기와, 이곳이 한국문학사의 걸작 〈빼앗긴 들에도 봄은 오는가〉의 태동지라는 사실 중 어느 것이 더 중요한가?[29]

---

29) (이 글 발표 후) 강민구 의원(사진, 당시 구의원, 현 시의원)이 2014년 9월과 2015년 5월 두 차례에 걸쳐 수성못 축조 목적과 과정을 사실대로 인지할 것과 수기임태랑에 대한 부적절한 표현을 바로잡을 것을 지적한 끝에 안내판들은 내용이 수정되거나 (수기임태랑 관련 내용) 추가되었다(이상화 시인 관련 내용).

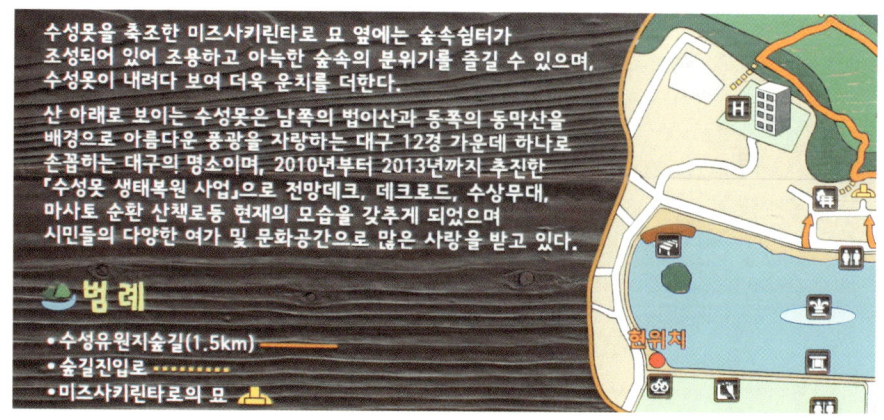

상화 시비 앞에 있다가 철거된 안내판의 일부

    매우 성실한 극히 일부 답사자는 시비 뒷면30)까지 꼼꼼하게 읽는다. 하지만 대부분은 앞면만 본다. 그들은 '빼앗긴 들에도 봄은 오는가' 시비가 왜 이곳에 세워져 있는지 가늠하지 못한다. 뿐만 아니라, 안내판은 수기임태랑이 '수성못을 축조한' 인물이라고 말하고 있다. 과연 수성못은 그가 축조한 것일까? 인정할 수 없는 주장이다. 수성못으로 추정되는 '둔동제'가 세종 때의 《경상도 지리지》에도 등장하는 등 원래부터 이곳에는 자연적으로 만들어진 못이 있었다. (이 글 발표와 강민구 의원의 지적 이후 못둑의 안내판은 없어졌다.)

---

30) **뒷면 내용** : 일제 강점기의 암울한 시대에 준엄하게 민족혼불 지피기로 우리 민족의 저항 정신과 애국심을 드높였던 이상화는 대구가 낳은 자랑스러운 민족 시인이다. 1901년 대구 서문로에서 태어난 그는 서울 중앙학교를 수학했으며, 3·1독립운동에 참여했다. 조국 광복을 눈앞에 둔 1943년 그토록 염원했던 광복을 보지 못한 채 짧은 생애를 마감했다. 1922년 현진건 박종화 등과 함께 '백조' 동인으로 문단 활동을 시작한 그는 향토색 짙고 주옥 같은 작품들을 발표, 민족문학의 횃불을 높이 들었다. 광복 60주년과 수성구청 개청 25주년이 되는 해를 맞아 〈빼앗긴 들에도 봄은 오는가〉 원문 시비를 여기 세운다. 그가 바라보며 시상을 떠올렸다는 수성들판이 주택가로 바뀌었으나 그의 뜻이 담긴 이곳이 나라사랑 정신을 일깨우는 새 터전이 되기를 기원한다.

이상화 시비를 떠나 수기임태랑 묘소로 가는 도중의 오리배 승선장 인근에는 눈길을 끄는 시기 미상의 사진 한 장이 게시되어 있다 (아래 사진 참조). 이 사진은 수성못이 땅을 파서 축조된 게 아니라 본래 있던 저지대에 둑을 쌓아 조성되었다는 사실을 짐작하게 해준다. 사진을 보면, 둥글게 난 못둑 아래로 물이 가득하다. 즉, 못둑이 얕은 물 가운데에 축조된 것이다. 수기임태랑이 땅을 파서 처음으로 수성못을 조성했다면 이런 사진은 태어날 수 없다.

또 수성못을 지금 모양으로 바꾼 것도 수기임태랑 혼자의 힘으로 된 일이 아니다. 수많은 사람들이 노력을 보탰다. 안내판의 '수성못을 축조한'이라는 표현은 수기임태랑이 혼자서 수성못을 '창조'했다는 뜻이므로 역사적 사실에 부합하지 않는 부적절한 기록이다.

게다가 수기임태랑 묘소 앞의 안내판은 '수성못을 축조한 수기임태랑 공'이라는 표현까지 쓰고 있다. '공'은 역사적 유래를 가진 극존칭이다. '공경대부'에 흔히 쓰이는 '공'은 중국과 우리나라의 고사를 살펴볼 때 대략 지금의 국무총리, 부총리를 뜻한다. 경은 장관급, 대부는 고위 관리를 가리킨다. 대부와 더불어 '사대부'를 이루는 사는 하급관리를 지칭한다. 일본에서 동장을 역임한 수기임태랑에게 '공'이라니! 수기임태랑을 '충무공' 식으로 공경할 수는 없다.

묘소 앞 안내판은 극존칭 일변도이다. '수기임태랑공 묘역' 안내판은 '이 묘소의 주인은 수성못을 축조하고 관리하시던 수기임태랑 선생님입니다. (선생님은) 수성들을 항상 풍요롭게 하신 분으로서 1939년까지 못을 관리하시다가' 임종하였다고 말한다. 역사유적 현장 안내판에 이렇게 '존칭'을 쓴 곳이 또 있을까?

김유신 묘역인 숭무전 안내판에는 '김유신은 가야국 시조 김수로왕의 13세손으로 신라 진평왕 17년(595) 만노군 태수 김서현의 아들로 태어났다.'라고 적혀 있다. 전傳계백 묘역의 황산벌 전투 안내판에는 '김유신이 이끄는 신라군 5만여 명은 탄현을 넘어 황산벌로 진군하였다. 계백은 스스로 가족의 목숨을 거두고 비장한 각오로 출전, 황산벌에 먼저 도착하여 세 곳의 진영을 구축하였다.'라고 적혀 있다. 존칭은 없다. 한국 역사유적지의 그 어떤 영웅도 받지 못하는 극존칭의 예우를 수성못의 수기임태랑만 받고 있다.

수성못 공사에는 총독부 1만1000원, 도청 2만 원, 대구부 4만 원의 예산, 동양척식주식회사의 6만2500원 차입금이 들어갔다고 한다 (1927년 9월 3일자 동아일보). 조선총독부와 일제 관청, 동양척식주식회사가 자금을 대어 완공한 수성못 공사를 앞장서서 이끈 사람이 바로 수기임태랑이다. 총독부 등은 무엇 때문에 수성못 공사를 했을까? 한국의 백성들을 위해서?

　수기임태랑을 찬양하는 글이 수성못 일대에 난무하는 것은 옳지 않다. '일제 강점기 때의 수성못 확장 공사 시기에 수성수리조합 부이사장이었던 일본인 수기임태랑의 묘가 본인의 원에 따라 이곳에 조성되었다.' 정도의 안내문이면 충분하다. 그가 대구 발전에 기여했다고 말하는 것은 일제 시대가 있었기 때문에 대한민국의 오늘이 가능했다는 것과 마찬가지 논리이다. (하략. 그 이후 묘소 앞 안내판의 내용이 상당 부분 바뀌었다.)

[참고 2] 임진왜란 전후 일본 3대 장수의 엇갈린 운명
일본 기후시와 대구 수성구가 왜 '자매[31]'?
'중세 일본의 삼영걸' 오다 노부나가[32]와 '아케치의 반란'

---

31) 대구광역시 수성구는 일본 기후시와 자매결연을 맺고 있다. 이는 그만큼 수성구청이 수기임태랑을 인정하고 있다는 의미로 읽힌다. 따라서 우리는 기후시가 어떤 곳인지 좀 더 알아볼 필요가 있다. 과연 일본 기후시는 대구 수성구가 '자매' 결연을 할 만큼 어떤 배울 것을 갖추고 있는 곳일까?

32) 우리나라의 외래어 표기법은 그 나라의 발음대로 표기하는 것을 원칙으로 한다. '뉴욕'은 틀렸고 '뉴우요오크'가 옳으며, '직전신장'은 틀렸고 '오다 노부나가'가 맞다는 식이다. 그러나 필자는 《전국 임진왜란 유적 답사여행 총서(전10권)》을 쓰면서 '도요토미 히데요시' 대신 '풍신수길'로 표기했다. 임진왜란 당시의 우리나라 사람은 어느 누구도 그를 "도요토미 히데요시"라고 부르지 않았기 때문이다. 지금도 필자는 외'래'어 발음을 외'국'어 발음으로 해야 한다고 생각하지 않는다. 다만 이 글에 '풍신수길' 대신 '도요토미 히데요시' 식의 표기가 사용된 것은 필자의 원고를 오마이뉴스 본사가 외래어 표기법에 맞춰서 '바로잡

일본 기후시 금화산 정상에 세워져 있는 천수각의 모습. 천수각을 조망하기에 가장 적합한 지점에 세워져 있는 안내판에는 일본어, 중국어(백화문, 한문), 한국어의 4개 언어로 된 '환영사'가 쓰여 있다. 한국어로 된 환영사의 내용은 '환영합니다 기후성에'이다. 환영사가 어째서 이런 비문非文인지는 알 수가 없다.

    도요토미 히데요시豊臣秀吉(1537~1598)를 이야기할 때면 항상 거론되는 인물이 있다. 오다 노부나가織田信長(1534~1582)이다. 오다 노부나가는 임진왜란 이전의 약 100년 동안 일본 전역을 피바다로 만들었던 전국 시대를 거의 평정한 인물이다.

은' 결과를 인정할 수밖에 없어서이다. 그렇게 발표가 되어 인터넷에 떠돌고 있는 것을 본래의 필자가 다시 고칠 수는 없는 노릇이다.

오다 노부나가는 흔히 도요토미 히데요시, 도쿠가와 이에야스德川家康(1543~1616)과 더불어 '중세 일본의 삼영걸三英傑'로 불린다. 생몰 연도에서 대략 짐작되듯이 오다 노부나가는 도요토미 바로 앞의 일본 최고 권력자이고, 도쿠가와 이에야스는 도요토미 바로 뒤의 최고 권력자이다. 즉 도요토미는 오다의 총애를 받으며 성장했다. 그렇다면 어째서 오다 아닌 도요토미가 일본을 통일한 것일까?

 오다는 통일을 목전에 둔 시점에 부하 장수 아케치 미쓰히데明智光秀(?~1582)의 모반을 막지 못하고 스스로 목숨을 버렸다. 그의 장남 오다 노부타다信忠(1557~1582) 역시 아버지의 원수를 갚으려고 아케치 모반군과 싸우다가 패해 자결했다. 권력은 마침내 도요토미에게 넘어갔다. 도요토미가 일본 통일의 위업을 달성한 것은, 역설적으로 말하면, 반란을 일으킨 아케치 덕분인 셈이다.

기후성 천수각 안에서 본 오다(왼쪽)와 배신자 아케치의 초상(일부)

 그렇다면 아케치는 '기후의 배신자'이다. 아케치가 모반을 하지만 않았어도 오다는 무난히 일본을 통일했다. 이는, 오다가 비명에 간 지 불과 몇 년 뒤에 그의 부장 도요토미가 100년에 걸친 전국 시대를 완전히 마감하고 일본 전역을 통일한 역사가 증언해준다.

즉, 아케치의 배신만 없었더라면 일본 전역을 통일한 거대 권력이 도요토미 사후 도쿠가와에게 넘어가는 일도 없었을 것으로 추정된다. 천하 대권을 잡은 도쿠가와는 기후성岐阜城을 폐쇄한다. 오다 노부나가가 1567년부터 1576년까지 성주로 있었고, 그의 장남 노부타다가 아버지의 뒤를 이어 1576년부터 1582년까지 다시 성주로 있었던 기후성을 도쿠가와가 아주 뭉개버린다.

도쿠가와는 왜 기후성을 그토록 무참하게 폐쇄해버렸을까? 기후성은 아버지 노부나가와 장남 노부타다가 초대와 2대 성주였을 뿐만 아니라, 1582년부터 1583년까지의 성주도 삼남 노부타카信孝였다. 심지어 손자 히데노부秀信까지 1592년부터 폐성이 되는 1601년까지 마지막 성주를 지냈던 성이다. 그만큼 기후성은 오다 가문의 애환이 서린 역사와 정치의 근거지였다. 그럼에도 불구하고 도쿠가와는 히데노부가 자신의 반대편이라는 이유로 기후 사람들의 자존심이자 오다 가문의 근거지인 기후성을 없애버렸다.

천수각 안에 게시되어 있는 오다 시대의 기후성 전역 지도

기후시 시내 곳곳에 게시되어 있는 오다 노부나가 관련 사진

이 지역에 '기후'라는 이름을 붙인 이도 오다 노부나가였다. 그런 점에서, 100년 전국 시대를 거의 평정하여 천하 통일의 대권을 장악했던 오다는 기후의 상징 인물로 아주 안성맞춤이다. 그런 오다를 배신함으로써 기후가 중세 일본의 대표 도시로 발돋움하는 것을 가로막았던 인물이 바로 아케치이다.

그런데 기후성 정상의 천수각天守閣 안에는 오다 노부나가만이 아니라 배신자 아케치의 초상화도 당당히 걸려 있다. 고구려로 치면 남생의 초상화가, 조선으로 친다면 이완용의 초상화가 국립 박물관에 버젓이 게시되어 있는 꼴이다. 아케치의 배신이 없었으면 오다 노부나가가 일본 통일을 완수했을 것이고, 그랬더라면 기후는 중세 일본을 대표하는 도시로 부상했을 터인데, 그 일을 가로막은 아케치의 초상화를 어째서 기후 사람들은 거리낌없이 걸어두었을까?

한편 의아하지만, 다른 한편으로는 그 까닭이 헤아려진다. 아케치가 오다를 배신한 것은 역사적 사실이다. 아케치의 초상화를 천수각 내에 걸어두지 않는다고 해서 당시의 역사가 없어지지는 않는다. 역사를 있었던 그대로 보여주는 것, 그것이 바로 기념관의 임무이다. 천수각은 기후성 기념관으로서 제 몫을 잘 수행하고 있다.

다만 한국 사람인 나는 기후 시민들만큼 너그러울 수가 없다. 아케치가 오다를 배신하는 일만 없었더라면 임진왜란이 일어나지 않았을지 모른다는 역사적 가정에 빠진 까닭이다. 기후성 정상 천수각 안에서 나는 아케치의 초상화를 바라보며 '아케치의 모반이 없었으면 도요토미가 천하 대권을 잡는 일은 없었을 것이다, 오다 노부나가도 통일 직후 도요토미처럼 조선을 침략했다고 단정할 근거는 없다, 아케치만 아니었으면 임진왜란은 발생하지 않았을 가능성이 높다…' 식의 허망한 역사적 가정에 하염없이 젖는다.

기후성 천수각 아래 전망대에서 바라본 기후시 전경

오다 노부나가가 이 지역에 '기후'라는 이름을 붙인 때는 1567년이다. '기岐'는 고대 중국이 대부분 통일 상태로 들어섰을 무렵 당대인들이 진산鎭山으로 섬겼던 전설의 산 기산岐山에서 따왔고, '후阜'는 공자가 태어난 곡부曲阜에서 따왔다. 기후는 통일의 염원과 학문 숭상의 정신이 담겨진 지명인 셈이다.

수성못의 겨울

하지만 중국의 전설의 산과 공자의 고향에서 지명을 따왔다고 해서 우리나라가 일본 기후시에 애정을 가질 이유는 전혀 없다. 기후는 오다 노부나가, 도요토미 히데요시, 도쿠가와 이에야스 등 임진왜란 전후 일본 유명 장군들의 자취가 서린 전쟁터일 뿐이다. 단지 일제 강점기 때 '개척 농민'으로 현해탄을 건너와 총독부의 지원 아래 수성못 확대 공사를 한 수기임태랑의 고향이라는 이유로 대구 수성구와 일본 기후시가 '자매'가 될 일은 아니다. ☯

대구공립고등보통학교(경북고교) 학생이던 조은석은
일제에 저항하여 동맹 휴학을 주도한 끝에 2년 6개월 동안 투옥되었다.
가창면 우록리 남지장사길 16 인근의 조은석 지사 생가터 뒤편에는 사명대사가
승병들을 훈련시키면서 머물렀다는 백련암(남지장사길 91)이 있다.
어린 시절 조은석 지사는 집 뒤 이 암자에 드나들면서
사명대사의 무용담을 많이 들었을 것이다.

20~24 ◐ 가창면의 독립운동 유적
소작 쟁의, 파리 장서, 보천교, 동맹휴학, 임시정부 특파원

수세 징수를 목적으로 수성못 확대 공사를 벌인 수기임태랑 등이 총독부, 동양척식주식회사 등의 지원을 받아 일을 거의 마무리해 갈 무렵, 수성들판에 농사지을 물을 대는 수원 중 한 곳인 신천 상류의 달성군 가창면에서 소작 쟁의가 일어났다. 국가보훈처 공훈록은 '양도일楊道一이 1925년 경북 달성군 가창면에서 전개된 소작 쟁의를 주도하였다.'라고 기록하고 있다.

양도일은 1876년 6월 3일 달성군 가창면 용계동 63번지(현재의 가창면 사무소 뒤)에서 태어나 1942년 4월 21일 향년 67세로 세상을 떠났다. 그는 1925년 무렵 소작인의 권리 옹호와 소작권 보호를 위해 가창농업공동회嘉昌農業共同會라는 단체를 조직했다.

1925년 2월 20일경 회원인 전봉학全鳳學이 여러 해에 걸쳐 경작해 온 정용기鄭龍基 소유의 논 5두락斗落(한 말의 씨를 뿌릴 수 있는 농토로 흔히 '마지기'라 한다. 보통은 논 200평, 밭 300평을 가리킨다.)에 대한 소작 계약이 일방적으로 해지되고 관료인 김동준金東濬에게 넘어가는 등 피해자가 속출하였다. 6월 23일 전봉학은 양도일에게 찾아가서 대처 방안을 상의하였다.

양도일은 회원 100여 명을 동원하여 정용기의 논에 모를 심었다. 이때 김동준도 인부들을 데리고 와서 이곳에 모를 심으려 했다. 양도일과 회원들은 김동준이 데리고 온 인부들을 폭행하여 논 밖으로 내쫓았다. 이에 김동준 등은 모를 뽑아내려고 했다. 양도일 등은 큰 소리로 그들을 윽박지르고 협박하여 쫓아버렸다.

이 일로 피체된 양도일은 1926년 3월 4일 대구지방법원에서 소위 '업무방해·소요' 등의 죄목으로 징역 6월의 옥고를 치렀다. 정부는 고인의 공훈을 기리어 1997년에 대통령표창을 추서하였다.

양도일 지사의 생가터는 대구 달성군 가창면 용계리 46번지로 알려진다. 그러나 그 번지는 멸실되고 없고, 그 대신 46-1번지는 면사무소 주차장으로 현존한다. 지사의 생가터는 대략 사진의 아파트(가창로220길 9) 뒤쪽으로 추정된다.

이경만 지사의 생가터는 가창면 행정리 91번지(퇴계길 99-4)로 알려진다. 사진의 버스 정류장 왼쪽에 마을 안으로 들어가는 길이 있다. 생가는 없어졌고, 그 터에는 뒷날 새로 지은 단층 양옥이 들어서 있다.

이경만李敬萬은 1897년 2월 4일 달성군 가창면 행정동 91번지에서 출생하여 1983년 10월 12일 향년 88세에 별세했다. 지사는 대구 계성학교를 졸업한 후 1920년 8월 상해임시정부 특파원 이현수李賢壽(303쪽 참조)의 명을 받아 동지 정덕진丁德鎭과 함께 경북 일원에서 친일파 군수·면장 기타 관리들, 그리고 및 부호 유지들에게 경고문·물품 불구매 고지서物品不購買告知書(일제와 친일파들이 판매하는 물품을 사지 않겠다는 통지서)·납세 거절 협박문 등을 발송하는 한편 이를 대구 부내府內(요즘의 시내) 길거리에 살포하여 반일 애국정신을 고취하고 독립군 군자금을 모집하는 일에 힘썼다.

또 1921년 12월 외국인 선교사를 통하여 미국 워싱턴 회의에 독립청원서獨立請願書를 발송하는 한편, 특파원 이현수가 집필한 영문英文 《자유》지誌를 대구뿐만 아니라 평양·대전 등 전국 주요 각지의 외국인 선교사에게 비밀리에 배부했다. 그러던 중 1923년 1월 24일 일경에 체포되어 옥고를 치렀다. 정부에서는 고인의 공훈을 기려 1990년에 건국훈장 애족장(1983년 대통령 표창)을 추서하였다.

서보인 지사는 팔조령으로 가는 도로에서 우록리로 우회전하는 지점의 삼산리에서 태어났다. 그는 1920~30년대에 엄청난 교세를 보였던 보천교의 일원으로서 활동했다.

서보인徐輔仁은 1895년 5월 6일 달성군 가창면 삼산리에서 태어나 1960년 3월 20일 향년 66세로 세상을 떠났다. 지사는 1930년경 차경석車京錫이 교주로 있던 보천교普天敎33)에 가입했고, 1940년에는 독

---

33) 차경석은 동학혁명 당시 접주로 있다가 처형당한 차치구車致久의 장남으로, 그 자신도 일찍부터 동학에 가담했다. 차경석은 동학 계열의 증산교를 창교한 강일순姜一淳을 만나 열성적으로 활동했는데, 강일순의 사망 후 제자들이 선도교仙道敎라는 신종교를 세울 때에도 중심 역할을 했다. 이후 선도교는 1920년 간부만 55만7700명을 임명할 만큼 교세가 커졌다. 차경석은 1921년 교명을 보화교普化敎(뒤에 다시 보천교로 개칭)라 선포했다. 교세가 날로 확장되자 일제는

립운동 성향의 보천교도들이 전북 정읍을 중심으로 조직한 비밀결사 신인동맹神人同盟에 들어 활동했다. 그해 11월 신인동맹의 중심인물 정인표鄭寅杓로부터 신인동맹의 사업과 나라가 독립되었을 때 사용할 인장 220개를 제작하라는 지시를 실행하여 이를 동맹원들에게 분배하였다. 그러던 중 활동이 드러나 정인표 등 동지들과 함께 1940년 12월 15일 체포되었고, 1943년 10월 15일 전주지방법원에서 소위 '치안유지법' 위반으로 징역 2년의 옥고를 치렀다. 정부는 고인의 공훈을 기려 2004년 건국훈장 애족장을 추서하였다.

서건수徐健洙는 1874년 1월 17일 가창면 우록리 485번지에서 태어나 1953년 6월 15일 향년 80세로 세상을 떠났다. 지사는 1919년 3월 김창숙金昌淑 등 유림儒林들이 한국의 독립을 호소하는 내용의 청원서를 작성하여 파리강화회의에 보낼 때에 함께

노란 대문이 달린 서건수 지사 집터

참여했다. 흔히 파리장서사건巴里長書事件이라 불리는 이 거사는 김복한金福漢을 중심으로 한 호서 유림과 곽종석郭鍾錫을 중심으로 한 영남 유림 137명이 참여한 명실상부한 유림의 항일 운동이었다.

파리장서의 요지는 일제가 자행한 명성황후·광무황제 시해와 한국의 주권을 찬탈한 과정을 폭로하면서 한국 독립의 정당성과 당위성에 대한 주장이었다. 유림은 김창숙을 파리강화회의에 파견할 대표로 선임하여 우선 상해에 보냈으나 직접 강화 회의장까지 가지 못했고, 장서만 미리 파리에 가있던 김규식金奎植에게 전달되었다.

1919년 4월 12일 파리장서운동을 알게 된 일제는 참가자들을 검

탄압과 회유를 벌였다. 마침내 차경석은 친일 경향을 보였고, 교도들 중 일부가 이탈하여 새 교단을 세웠다. 그 이후 결국 교세가 크게 약화되기 시작했다. 그러던 중 1936년 차경석이 죽으면서 보천교는 총독부에 의해 사실상 해체되었다.

거했고, 서건수도 이때 체포되었다. 다만 일제는 파리장서운동에 참여한 유림들이 한국 국민의 존경을 받는 인물들이었으므로 민족 감정이 더욱 번질 것을 우려한 나머지 크게 부각시키지는 않았다. 정부는 고인의 공훈을 기려 1995년 건국포장을 추서하였다.

조은석 지사 생가터의 주소 우록리 1047번지는 멸실되고 없다. 다만 1047-1번지는 현재 남지장사길 16으로 변해서 남아 있다. 1047-1번지에 접근하는 산길은 폐쇄되어 있다.

　조은석趙銀石은 1906년 6월 20일 가창면 우록리 1047번지에서 출생하여 1956년 7월 3일 향년 51세에 별세했다.
　대구공립고등보통학교(경북고등학교 전신) 학생이었던 지사는 1927년 11월 10일 윤장혁尹章赫·손익기孫益基·백대윤白大潤 등과 함께 남산동 백대윤의 집에 모였다. 그들은 식민지 노예교육을 반대하고 사회과학을 연구하여 독립 운동에 매진하려는 목적으로 비밀결사 '신우동맹新友同盟'을 조직했다.

당수 장적우張赤宇, 책임비서 윤장혁, 중앙집행위원 조은석·백대륜 외 4명으로 간부진을 구성한 장종환張鍾煥·정수광鄭壽光·문철수文鐵洙·권태호權泰鎬·김낙형金洛衡·상무상尙戊祥·이월봉李月峰·정복흥鄭復興·이봉재李鳳在·박득룡朴得龍·장원수張元壽·김봉구金鳳九·장은석張銀石·한상훈韓相勳·황보선皇甫善·이기대李起大 등 20여 맹원盟員(조직원)들은 3개 그룹으로 나누어 학습에 매진했다. 이때 조은석은 제2그룹의 책임자가 되었다.

신우동맹은 또 학교별로 선전위원을 두었는데 조은석은 교남학교의 선전위원으로 활동하였다. 그들은 일제의 추적을 피하기 위해 혁우동맹革友同盟, 적우동맹赤友同盟 등으로 명칭을 변경해가면서 활동하다가 1928년 2월 조직을 해산하였다. 그 후 1928년 9월 8일 다시 '우리동맹'을 결성했고, 조은석은 조사연구부 위원으로 활동하였다.

1차 동맹 휴교 실패(1926년 3월, '조선인은 야만인'이라고 발언한 일본인 교사의 사직을 요구하였지만 15명이 퇴학당하면서 실패로 끝남) 이후인 1928년 9월 26일 조은석 등은 동급 학생들과 함께 제2차 동맹 휴교를 계획했고, '식민지 노예 교육 철폐, 민족 차별 철폐' 등을 요구하며 10월 15일 맹휴를 단행하였다. 이 일로 182명 무기정학, 18명 퇴학, 105명 검거, 24명 투옥되었다. 주동자로 체포된 조은석도 1930년 3월 11일 대구복심법원에서 소위 '치안유지법' 위반으로 징역 2년 6월을 언도받아 옥고를 치렀다. 정부는 고인의 공훈을 기려 1998년 건국훈장 애족장을 추서하였다.

* 가창면 출신의 양도일, 이경만, 서건수, 서보인, 조은석 다섯 분에 대해 알아보았다. 소작 쟁의, 임시정부 국내 연락책, 파리 장서 운동, 보천교 활동, 동맹 휴학… 다섯 분은 우리나라의 독립 운동이 아주 다양하게 펼쳐졌다는 사실을 증언해주었다. 그러나 아쉽게도 뚜렷하게 남아 있는 유적이 없어 답사자들을 허전하고 안타깝게 했다.

 가창면에는 일본과 관련되는 대단한 유적이 있다. 독립운동 유적은 아니지만 우리나라 역사상 아주 특별한 의미를 지닌 곳이다. 임진왜란 때 일본군 장수로 현해탄을 건너와 조선군 장수로 활약한 김충선의 묘소와 그를 기리는 녹동서원이다. 일본과 관련되는 역사유적을 답사하면서 이곳을 아니 가볼 수는 없다. 녹동서원을 답사하는 순서를 소개하면 아래와 같다.

녹동서원 일원 답사 순서

 대구광역시 달성군 가창면 우록리 585 일원의 김충선 장군 유적지에 도착, 주차를 하고 나면 충절관이 먼저 보인다. 가장 왼쪽 건물로, 전에는 기념관이었지만 지금은 강연장 등으로 사용되고 있다. 충절관은 대체로 문이 잠겨 있다.

 답사자는 (1) 한일우호관(가장 오른쪽의 현대식 건물)부터 둘러본다. 김충선에 대한 이해도를 높인 다음 이곳저곳을 둘러보는 것이 바람직하다. (2) 한일우호관 왼쪽의 신도비, 녹동사(사당), 녹동서원 강당을 순서대로 둘러본다. (3) 우호관에서 뒤로 300m 정도 산길을 걸으면 김충선 장군 묘소가 있다. 산책로를 닦고 손잡이와 다리까지 설치되어 있는데다 숲그늘이 짙어 걷기에 아주 좋다. * 녹동서원과 김충선에 대한 참고자료로는 정만진 저 《대구의 임진왜란 유적》 참조.

25 ☯ 중구 공평로 22 일원, 대구형무소 터
수많은 독립투사들이 순국한 핏빛 유허

우리집 요리사는 돼지처럼 던져져 결박을 당했고 (일본) 기마병은 '죽여라!' 하고 소리쳤다. 대구에선 이미 3명이 총에 맞아 숨지고 8명이 다쳤다. (중략) 죄수 가운데는 15살 소년 두 명과 나환자도 한 명 있었다. 두 소년은 키가 너무 작아 판사가 이들의 정수리도 볼 수 없을 정도였다. 대구형무소(당시 이름은 '대구감옥'. 159쪽 참조)엔 5,000명이 수감돼 있었다. 재령에서 온 파이팅 박사도 이곳에 있었는데 '여학생이 머리채를 잡혀 질질 끌려오는 것을 본 노인이 다른 여학생을 보호하기 위해 손을 들어 올렸다가 가슴에 총을 맞았다.'라고 했다.

위는 대구와 경북 일원에서 기독교 선교 활동을 했던 미국인 브루엔의 《아, 대구! 브루엔 선교사의 한국 생활 40년》(대구 남산교회, 2014)에 실려 있는 1919년 3월 8일 대구독립만세운동 목격담 중 일부이다. 1919년 3월 당시 대구감옥에 5,000명이나 되는 조선인이 갇혀 있었다는 증언이 눈길을 끈다. 삼덕동의 대구감옥(1910~1923)과 대구형무소(1923~1945) 터는 광복회 총사령 박상진 의사, 조선은행 대구지점 폭파 사건의 장진홍 의사 등 무수한 독립투사들이 나라와 민족을 위해 싸우다 돌아가신 순국 성지이다.

의열단 단원 이원록도 장진홍 의사의 1927년 10월 18일 조선은행 대구지점 폭파 사건에 연루되어 이곳 대구형무소에 19개월가량 갇혀 지냈다. 죄수번호가 264번이었다. 이때부터 이원록은 264의 한글 발음 '이육사'를 필명으로 삼았다. 1944년 북경 감옥에서 절명하는 그 순간까지 민족지사의 양심을 지키며 꿋꿋하게 일제에 맞섰던 이육사는 '청포도', '광야', '절정' 등의 절창을 남겨 시인으로도 이름이 높다.

안동 이육사문학관에 전시되어 있는 육사의 안경과 친필 원고

'모란이 피기까지는'의 김영랑도 대구형무소에서 복역을 했다. 전남 강진의 지주 집안에서 태어난 영랑은 1917년 서울 휘문의숙에 진학했다. 당시 휘문의숙에는 선배인 홍사용과 박종화, 후배인 정지용과 이태준 등이 다니고 있었다. 그는 3·1운동 때 체포되었다가 풀려난 후

김영랑 생가

고향으로 돌아와 재차 만세운동을 모의한다. 하지만 사전에 발각되었고, 대구감옥으로 끌려와 여섯 달 동안 옥고를 치렀다.

부산의 항일투사 박재혁도 대구형무소에서 순국했다. 의열단 단원이었던 박재혁은 1920년 9월 14일 부산경찰서에 폭탄을 던져 일본인 서장을 폭사시켰다. 그는 대구감옥에 수감되어 있던 중 단식 끝에 스스로 죽음을 선택했다. 1920년 12월 27일 밀양 경찰서에 폭탄을 투척했던 또 다른 의열단원 최수봉 지사도 1921년 7월 8일 28세의 젊은 나이로 대구감옥에서 순국했다. (189쪽 참조)

광주의 부자 의병장 양진여와 양상기 역시 대구감옥에서 순국했다. 아버지 양진여 의병장은 담양과 장성 일대에서, 아들 양상기 의병장은 화순 동복 일대에서 1908년 군사를 일으켜 활동했다. 그러나 끝

내 일본에 체포되어 아버지는 1910년 5월 30일, 아들은 1910년 8월 1일 각각 교수형에 처해졌다. 일제에 맞서 싸운 아버지와 아들이 불과 두 달 간격으로 목숨을 잃은 것이다. 특히 아들 양상기 의병장은 시신도 찾지 못했다.

대구 신암선열공원에 안장되어 있는 조기홍 지사도 대구형무소에서 당한 혹독한 고문의 후유증으로 세상을 떠났다. 지사는 임시정부의 특파원과 연락을 주고받으면서 독립운동을 독려하는 문서를 제작하여 대구 시내 사립학교들과 상점에 배포하다가 체포되어 징역 1년의 옥고를 치렀다. 지사는 출옥 후 폭탄을 제조하여 비슬산(90쪽 사진)에 숨겨둔 채 기회를 노리던 중 다시 잡혀 가혹한 고문을 당했다. 결국 지사는 고문 후유증으로 1945년 8월 2일 순국했다. 8월 2일! 독립을 쟁취하는 8월 15일을 눈앞에 둔 시점이었다.

신암선열공원의 조기홍 지사 묘소

창원의 25세 청년 박창오도 창원공립보통학교 훈도 조영기, 청년 손조동, 김두석, 김두봉, 김상대, 박순오 등과 함께 무정부주의 비밀결사 흑우黑友연맹 운동을 하다 1928년 체포되어 대구형무소에 갇혔다. 그 역시 출옥 후 고문 후유증으로 1934년 세상을 떠났다.

경북 예천에서 1932년 11월 비밀결사 무명당無名黨을 조직하여 활동하던 중 체포되어 대구형무소에서 3년 동안 옥살이를 했던 김기석 지사도 출옥 이후 1년 만에 세상을 떴다. 일제의 지독한 고문은 서른 살 청년의 목숨도 참혹하게 앗아갔던 것이다.

계성학교 5학년 때 대구3·8만세운동을 계기로 독립운동에 뛰어들었던 대구대학교 설립자 이영식도 대구감옥에서 수형 생활을 했다. 대구에서 3·8만세운동을 한 뒤 칠곡 인동의 진평교회에 숨어지내던 이영식은 3월 13일 400여 군중을 이끌고 마을 뒷산에 올라 "독립 만세!"를 외쳤다. 그는 궐석 재판에서 6개월의 실형을 언도받았으나 서울로 피신하는 데 성공했다. 하지만 결국 일제에 체포되어 서대문감옥에 6개월 동안 수감됐다. 출옥 후 그는 일본인 경찰서장에게 '살고 싶으면 얌전히 일본으로 돌아가라.'는 경고문을 보냈다가 대구감옥에서 또 다시 1년 6개월 동안 옥살이를 했다.

1919년 3월 30일 동화사 지방학림 (현 승가대학) 학승들도 대구 덕산정시장에서 만세운동을 일으켰다가 대구감옥에서 10개월씩 옥살이를 했다. 학승들은 3월 29일 동화사 포교당인 반월당 보현사(205쪽 사진)에서 태극기를 만들며 다음날의 시위를 준비했다. (20쪽 참조)

보현사는 아미산 높은 언덕에 자리를 잡고 있어 집 밖으로 나오면 대구감옥이 바로 눈에 들어온다. 열아홉에서 스물셋 사이의 청년 스님들은 대구감옥 붉은 건물을 보면서 무슨 생각을 했을까? 내일이면 일제 경찰에 잡혀가 고문을 당하고, 감옥에 갇혀 시간을 썩혀야 한다. 어쩌면 오늘이 밤하늘에 빛나는 저 푸른 별들을 마지막으로 볼 수 있는 날인지도 모른다. 아마도 젊은이들은 두려웠을 것이다.

그래도 포기하지 않고 여린 손으로 태극기를 만들었던 1919년의 동화사 젊은이들이 일제의 지독한 고문을 받아 온통 상처투성이가 되고, 피범벅으로 변했던 우리 민족 수난사의 현장… 지금은 주차장과 잡다한 건물들로 메워져 있다. 오가는 시민들은 많지만 이 번잡한 동네가 나라와 겨레를 위해 목숨을 바친 선열들의 피투성이 통한의 역사가 서린 대구형무소 터인 줄을 아는 이는 거의 없는 기색이다. 시간이 지나면 더욱 까맣게 모든 것은 잊혀지리라.

바람이 불고, 낙엽이 떨어진다. ☯

[참고자료] 박진목 독립지사의 자서전 《민초民草》(1983) : 10~26쪽 일부 1944년 5월 15일 아침, 주재소 일본인 순사를 앞세운 사복 경찰관 두 사람이 내 집 안으로 들어섰다. 가택수색을 하느라고 집은 온통 수라장이 되었다. 나는 그들에게 연행되어 대구경찰서에 수감되었다.

거기에는 나와 같이 활동하던 선배 동지들이 대부분 체포되어 구치돼 있었다. 이상훈, 김선기, 김교식, 허영, 우문, 김태주, 고용준, 박태호, 오세웅, 정성국, 김정득, 박희돈과 내가 모르는 사람을 합해서 15명이었다.

감방에 들어서니 형용할 수 없는 악취가 숨이 막힐 정도로 답답했다. 내가 들어간 10호 감방에는 11명이 수용되어 있었는데 사상범이 반이고 그 외에는 잡범들이었다. (중략)

경산 죽창 사건(47쪽 참조)의 박재달朴在達이 우리 감방에 있었다. 이 사건은 소위 징용 항거 사건인데 수십 명이 죽창을 들고 산에 올라 막을 쳐놓고 순사가 오면 돌을 굴리고 죽창으로 찌르고 한 어마어마한 사건이었다. (중략) 경산 죽창 사건으로 들어온 수십 명 중 살아남은 사람은 몇 명밖에 되지 않았으니 그 당시 형무소 생활이 얼마나 처참했던가를 짐작할 수 있을 것이다.

대구형무소 사형장 터에 세워진 '삼덕교회 60주년 기념관'(공평로 22)

[증언] 강창덕
독립운동정신계승사업회 고문

현충일을 하루 앞둔 2018년 6월 5일 오후 4시, 9명의 대구 시민들이 중구 삼덕동2가 149-22 '삼덕교회 60주년 기념관'에서 만났다. 이들 9명은 독립운동정신계승사업회(상임대표 배한동)가 현충일을 기리기 위해 마련한 역사기행에 참가했다.

남자 6명, 여자 3명으로 구성된 답사단이 삼덕교회 60주년 기념관에서 만난 것은 이곳이 대구형무소 사형장이 위치했던 역사의 현장이기 때문이다. "사형장은 대구형무소의 북서쪽 모서리에 자리를 잡고 있었지. 하루는 절도 전과가 10범을 넘는 강오원이라는 잡범이 미결수들이 갇혀 있는 미결사 북쪽에 있던 사형장의 지붕을 밟고 탈옥을 했어. 그래서 난리가 났지. 그 잡범은 사형수였기 때문에 이래 죽으나 저래 죽으나 매한가지라는 생각에서 탈옥을 감행했던 게야."

답사자들은 강창덕 독립운동정신계승사업회 고문(92세)의 회고담을 들었다. 19세부터 시작하여 대구형무소를 네 번이나 드나든(?) 강 선생은 현재 국내 최고의 '대구형무소 해설사'임에 틀림이 없다.

대구지방교정청의 누리집도 강 선생의 회고가 사실과 일치한다고 증언한다. 누리집에 따르면 '대구 감옥'은

강창덕 선생

그 이전부터 존재했던 '대구 감옥서'를 인수하여 1908년 7월에 개청했다. 1910년 4월 삼덕동 3,800평 땅에 건물을 지어 이전했고, 1924년에는 크게 확대되어 부지가 7,800평에 이르렀다. 7,800평이면 현재 삼덕교회 60주년 기념관이 들어서 있는 삼덕동2가 149-3(공평로 22)에서 삼덕동2가 210-1 진석타워(동덕로 115)까지 동서로 200m가량,

삼덕동2가 166 일신학원 터까지 남북으로 100m 이상 되는 넓은 땅을 차지하고 있었다는 이야기이다.

대구형무소의 담장은 처음에는 목조였는데 1921년 들면서 일부가 벽돌조로 개축되었다. "붉은 벽돌 담장이었어. 사방으로 담장이 쳐져 있었는데, 그 중 한쪽엔 30m 정도 간격을 띄워 울타리가 재차 설치되어 있었지(다음 쪽 '대구형무소 배치도'의 30번 '경계 담장'). 형무소에 필요한 물품들을 외부에서 공급받던 용도계 사무실도 기억이 나네. 동쪽 담장 너머에는 채소밭이 있었고, 죄수들이 거기서 농사를 지었지."

대구 감옥은 1923년부터 '대구 형무소'라는 새 이름으로 불렸고, 1961년에 다시 '대구 교도소'가 되었다. 대구 교도소는 1971년 달성군 화원읍 천내리 472(비슬로 2624)로 옮겨갔다.

대구교도소는 달성군 하빈면으로 이전될 예정이다. 2010년 12월 5일 사육신 유적인 하빈의 육신사 일원에는 대구교도소가 이곳으로 옮겨오는 데 반대하는 현수막들이 경내 곳곳에 게시되어 있었다. 외삼문에도 '사당 앞에 교도소가 웬말… 독재 행정 그만두시오' 등의 안내문이 붙어 있었다. 사진은 '박근혜 전 대표(당시 이 지역의 국회의원)는 큰 정치를 하세요! 면민들에게 한을 심어주면 안 됩니다.'와 '김범일 대구시장은 육신사를 모욕하지 마시오.'라는 내용의 현수막이 붙어 있는 육신사 부속건물의 모습.

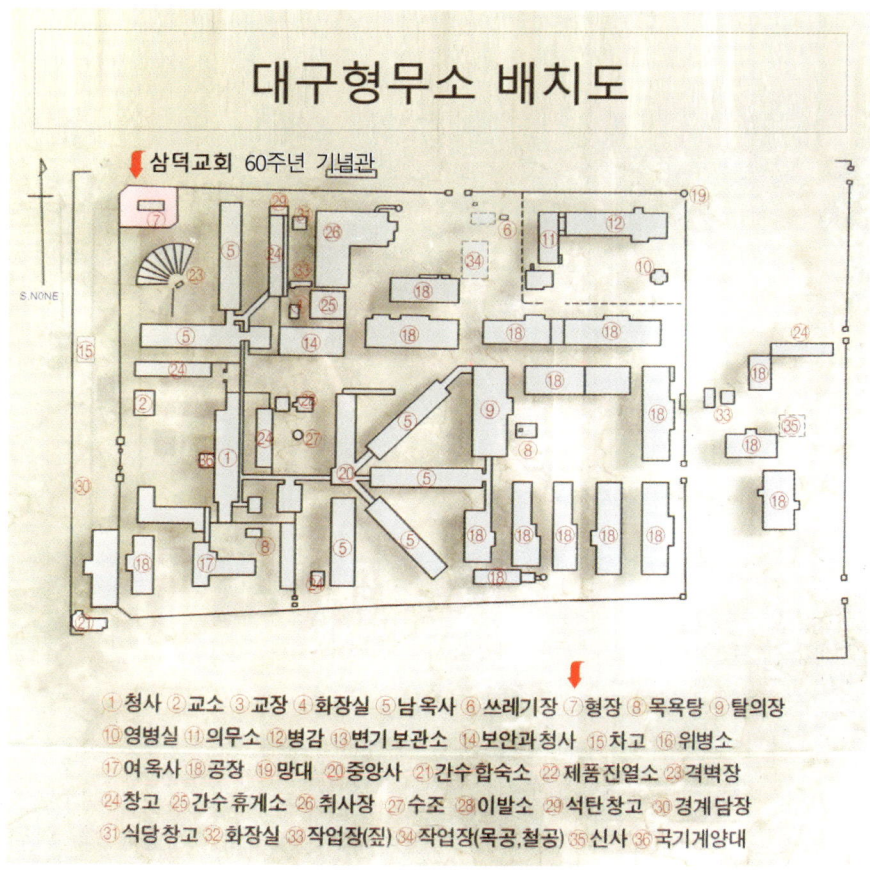

"출입은 정문으로 하는 게 아니라 그 옆의 협문으로 했어. 협문 안에 면회실이 있었지. 더 들어가면 기결수 방이 있었는데 꼭 부채살처럼 생겼어(위 배치도의 5번 건물). 간수부장이 그 중심부에 앉아서 죄수들을 한눈에 살필 수 있도록 지어졌던 게야. 종종 간수부장이 있는 방(위 배치도의 20번 공간)에서 비명소리가 들렸지. 그 자가 금속은 아닌 걸로 만든 와이어줄 같은 걸로 사람을 때렸어."

형무소 안에는 목공장, 철공장, 양재장, 구두공장 등 작업실도 여럿 있었다. 강 선생은 '죄수들은 이곳에서 노동을 했는데 더러는 여기서 배운 기술을 사회에 나와서 유용하게 활용한 이도 있었다.'고 했다.

"1975년에 박정희 정권이 유신 체제를 유지하려고 인혁당이라는 간첩 사건을 조작하여 8명을 사형시키고 많은 사람들을 무기징역 등에 처하잖아. 서도원, 김용원, 이수병, 우홍선, 송상진, 여정남, 하재완, 도예종, 이렇게 여덟 분이 억울하게 돌아가셨지. 이태환, 유진곤, 전창일, 이성재, 김한덕, 나경일 동지, 그리고 나 강창덕 이렇게 7명은 무기징역을 받았고, 다른 네 명이 징역 20년, 또 다른 네 명이 징역 15년을 받았지."

"징역 15년을 받고 감옥살이를 하고 있던 동지 중에 전재권 동지가 양재실에서 일했어. 그 동지가 눈썰미가 있고 손재주가 뛰어나서 기술을 아주 잘 익혔지. 나중에 출소한 뒤 서문시장에서 옷 만드는 가게를 했는데 상당히 성공했어. 전 동지가 번 돈을 사회 개혁 운동을 하는 사람들에게 많이 기부를 해서 그 덕에 후배들이 활동하는 데 큰 도움을 받았지."[34]

---

34) 2018년 1월 19일자 일요신문에 실려 있는 기사를 읽어본다. <인혁당 재건위 사건은 지난 1975년 박정희 정권이 유신 체제 유지를 위해 간첩을 조작, 8명의 무고한 사람들을 사형에 처하고 17명을 무기징역 등 장기 투옥시킨 사건이다. (중략) 2008년 모두 무죄가 선고됐다. 무죄가 선고되면서 피해자와 가족들(16가족 77명)은 (중략) 배상금을 받을 수 있게 됐다. (중략)

박근혜 정권이었던 2013년 7월 인혁당 사건 피해자와 가족 77명에게 '부당이득금 반환 청구소송'이 제기됐다. 소송 원고는 인혁당 사건을 조작했던 중앙정보부의 후신 '국가정보원'이었고, 소송은 법무부가 맡았다. 한순간에 피고로 전락한 피해자와 가족들은 탄원서도 내고 법정 투쟁도 했지만 모두 패소했다. (중략)

인혁당 사건 피해자들은 배상금을 돌려줄 형편이 되지 않았다. 대부분의 사람들이 배상금을 받아 그 동안의 빚을 갚고, 집을 구매하고, 고령에 노후 대비로 적금을 들었다. 또한 서로 돈을 출연해 재단을 만들고, 그 동안 신세를 입은 수십 개 시민단체 등에 기부도 했다. 수억 원에 이르는 배상액을 그대로 가진 사람은 거의 없었던 것이다. (중략) 지난해부터는 배상금을 변제하지 못한 피해자와 가족들에게 부동산 등 재산에 대한 '강제경매 명령'이 내려지기 시작했다. 인혁당 사건 당시 15년형을 선고받은 고 전재권 씨의 장녀 전영순 씨 역시 현재

강 선생은 지금도 생각하면 가슴에 서늘하게 떠오르는 말이 있다고 했다. 5·16이 일어나 다시 대구형무소에 투옥되었는데 형사가 정치범들을 비웃으면서 '4·19는 너희들 거지만 5·16은 우리 거야!' 하고 일갈했다는 것이다. 이야기는 대구형무소와 담장 밖 남대구경찰서에 갇혀 있던 사람들이 1950년 전쟁 발발 직후 달성군 가창면 가창골과 경산 코발트 광산으로 끌려가 무자비하게 학살된 사건으로 연결되었다. 이정우 전 청와대 정책실장의 부친께서 가창골로 끌려가 유명을 달리하기 직전 천재일우의 도움으로 풀려난 일, 시집 <대가리>를 통해 '그해 10월'의 참혹한 비극을 증언했던 고희림 시인의 여러 일화 소개 등을 들으며 답사여행 참가자들은 모두 숙연해졌다.

삼덕교회 60주년 기념관 1층 내부 벽에 새겨져 있는 이육사 시인의 수인번호 '二六四'를 단 모습과 형무소 건물 일부 부조의 부분

살고 있는 아파트가 채권자 국정원에 의해 경매에 부쳐졌다. 전 씨는 "지난해 7월 1차 경매는 다행히 유찰됐지만, 아직 2차가 진행 중"이라며 "언제 집이 팔려 길거리에 나 앉을지 모르는 불안한 생활을 이어가고 있다"라고 설명했다.

이어 전 씨는 "그뿐만 아니라 가지고 있는 통장 모두와 연금까지 압류됐다. 변제해야 풀리기 때문에 경제활동을 전혀 할 수 없다. 그런데도 시간은 흐르고 이자는 점점 불어나고 있다. 이제는 처음 받았던 배상금보다 변제해야 할 액수가 더 많다. 갚을 수도 없는 액수"라며 "40년 전에는 '간첩 가족'이라는 꼬리표로 가정을 박살내더니, 이제는 '빚쟁이'로 만들어 괴롭히고 있다"고 토로했다.

전 씨의 첫째 남동생은 폐암 말기 판정 후 빚 독촉을 이기지 못하고 결국 3억 8000만 원을 토해내고 세상을 떴다. 둘째·셋째 여동생의 경우 개인회생 신청 후 중년의 나이에 투잡을 뛰며 반환금을 갚아나가고 있다. (후략)>

강 선생은 삼덕교회 60주년 기념관 안 1층 벽에 이육사 시인의 시와 상반신 부조가 전시되어 있고, 대구형무소 배치도가 붙어 있는 것을 보며 '교회가 이런 일에 소홀해서 그 동안 내심 서운하게 여겨 왔는데 이곳에 와보니 그런 마음이 없어진다.'면서 크게 감동해 했다. 대구형무소 답사여행 참가자 일행은 건물 1층 내부 벽에 동판으로 새겨져 걸려 있는 이육사 시인과 대구형무소 건물 일부의 모습 앞에서 기념 촬영을 했다.

이때 일행을 더욱 흐뭇하게 만드는 일이 일어났다. 장로님 한 분이 다가와 '삼덕교회에서는 이곳이 대구형무소 자리였다는 역사적 사실을 좀 더 잘 기리기 위해 여러 방법을 모색하고 있습니다. 자료들도 여러 통로를 통해 수집하고 있고요. 여러분들께서도 도와주시면 고맙겠습니다.'라고 안내했기 때문이다. 일행들은 앞다투어 장로님과 인사를 나눈 뒤, 수많은 선열들이 순국하고 수형 생활을 했던 처참한 역사유적 대구형무소를 찾아온 사람들답지 않게 환한 얼굴로 기념관을 나왔다.

기념관 앞 장독대 모양의 화분에 가득 핀 패랭이꽃이 유난히 예뻤다. 대구형무소 사형장 터에 들어선 삼덕교회 60주년 기념관이 1층 내부에 독립운동의 역사를 기리는 부조를 새겨두지 않았더라면 이곳에 피어나 있는 패랭이꽃이 이처럼 예쁘게 보이지는 않았으리. ☯

이육사 시인의 부조가 잘 드러나도록 하기 위해 각자의 위치를 적당히 배치해서 선 대구형무소 터 답사여행 참가자들의 일부.

대구형무소 터에 건립되어 있는 삼덕교회는 도로변인 삼덕2가동 149-22에 '60주년 기념관'을 지으면서 내부 1층에 이육사 시인의 모습과 형무소 건물 일부를 부조로 새겨 게시해두었다. 이곳 기념관 자리는 대구형무소 사형장이 있던 곳이다.

26 ● 중구 달구벌대로 2178 사대부고, 다혁당 투쟁지
교육자의 진면목을 보여준 대구사범학교 학생들

경북대학교 사범대학의 전신으로 볼 수 있는 대구사범학교는 1929년에 개교했다. 대구사범학교는 개교 초기부터 상당수 학생들이 짙은 민족의식을 가지고 항일 운동에 뛰어들었다는 특징을 가지고 있다. 이 학교 학생들은 '역사와 조선어 강의를 담당했던 김영기 교사의 영향으로 민족의식을 가지게 되었고, 사회주의 사상을 지녔던 현준혁 교사의 영향으로 항일 조직 활동에 적극적이었다.'35)

대구사범학교 학생들은 1기생들이 중심이 되어 독서 모임인 '사회과학연구회'를 조직, 1929년부터 1934년까지 활동했다. 하지만 단순한 독서회가 아니었다. 비밀 결사였다. '민족 해방과 우리나라의 독립'을 목표로 단체를 세웠고, '실력을 양성하여 독립을 준비'하려고 계획하였다. 사회과학연구회는 '대구사범 심상과 민족운동의 시초'로서 '그 이후의 다혁당과 조선어연구회로 끝맺는 큰 뿌리'36)였다.

사회과학연구회의 조직과 활동 이외에도 대구사범학교 학생들은 항일 운동에 열성을 다했다. 개교 이듬해인 1930년 3월 31일에는 항일 비밀 결사 '주먹대'가 일제 경찰에 발각되어 4명이 유죄 판결을 받았다. 1932년 1월 26일에는 현준혁 교사가 학생들에게 항일 의식을 불러일으키고 사회주의 사상을 고취한 일이 드러나 37명이 검거되었다.

---

35) 김종규, 〈해방의 그날까지 끝없는 항일 투쟁〉, 《역사 속의 대구, 대구 사람들》(대구·경북역사연구회, 2001), 249p.
36) 문덕길, 〈다혁당의 조직과 활동〉, 《대구사범 학생 독립운동》(대구사범학생독립운동동지회, 1993), 104p.

'대구사범학교 항일 학생 의거 순절 동지 추모비'(1973년 11월 3일 건립)

    1939년 7월에는 왜관 철도 보수 공사에 200여 명 동원되었던 4~5학년 심상과 학생들이 의거를 일으켰다. 이때 연습과 학생 200여 명도 함께 출동했다. 연습과는 중학교 5학년 졸업 후 입학하는 1종 훈도(교사) 양성 제도로 대부분 일본인으로 구성되어 있었다.37)
    7월 26일 밤에 '왜관 학생 항일 의거'38)가 일어났다. 며칠 전 양국

---

  37) 다혁당 당원이었던 문덕길은 앞의 글에서 '거기에 입학하는 학생은 대학 진학이나 취업에 낙오한 자들로서 학력이나 지능이 낮은 학생들이었다.'라고 증언하고 있다.
  38) 1984년 11월 5일 당시 심상과 학생이었던 고령의 졸업생들이 모여 왜관초등학교 교정에 기념비를 건립했다. 기념비에는 '이 자리는 1939년 7월 당시 대구사범 심상과 5학년들이 의거를 일으킨 이른바 왜관 학생 항일 의거 현장이다. 일본의 혹독한 억눌림에 시달리고 있던 때인지라 광주 학생 사건의 10주년을 맞아 그 정신을 되새기면서 일치단결하여 그들에게 우리 민족의 분노를 터뜨

> ❹ 대구사범학교 항일학생의거 순절동지추모비
>
> 대구사범학교 8, 9, 10회 학생들이 주축이 되어 일어난 학생항일운동을 기념하고 옥중에서 순국한 다섯 분(강두안, 박제민, 박찬웅, 서진구, 장세파)을 추모하기 위하여 1973년 건립되었다. 대구사범학교 학생들은 1938년 조선어 과목이 폐지되자 우리말 보존을 위해 노력하였고 일본이 경부선복선철도공사에 학생들을 강제동원한데 대하여 항거한 왜관사건을 계기로 문예부, 연구회, 다혁당을 조직하여 활동하는 등 항일독립운동에 앞장섰다.

'대구사범학교 항일 학생 의거 순절 동지 추모비' 앞 안내판의 내용

학생들 사이에 시비가 빚어졌을 때 일본인 교유(교사)들이 불공평하게 처리한 적이 있었다. 심상과 5학년(7기생)들은 일본인 교유들 중 가장 악질적인 세 사람을 힘으로 규탄할 것을 결의했다.

학생들은 밤 10시 30분쯤 강본岡本 교유와 좌구간佐久間 교유를 모기장으로 덮어씌워놓고 집단 구타했다. 구타 대상으로 지목했던 셋 중 전원前園 교유는 도망을 치는 바람에 놓치고 말았다.

이 일로 조선인 학생 고승석, 김재수, 김중정, 김희원, 박영섭, 정기현, 정인용 7명이 퇴학당하고, 그 외에 11명이 정학 처분을 받았다. 나머지 학생들은 근신 처분을 받았다.

일제는 사건이 알려질까 봐 '쉬쉬'하였다. 그 결과 대구사범 학생들 중에도 사건이 일어난 줄 모르는 이가 있을 정도였다. 하지만 4~5학년에 이어 1~3학년들이 같은 왜관 소학교(초등학교)에 근로 봉사대로 차출되어 오면서 소문은 번졌고, 민족적 의분이 일어났다.

8월 16일 밤, 권쾌복權快福, 배학보裵鶴甫(신암선열공원 안장), 최태석崔泰碩(신암선열공원 안장), 김성권金聖權, 조강제趙崗濟, 최영백崔榮百, 문덕길文德吉 등 20여 명이 왜관 소학교 앞 낙동강 백사장에 모였다.

린 지 이제 45년이 지나갔다. 돌이켜 보니 그때의 감개가 새로워져 여기 자그마한 돌이나마 하나 세워 기념하는 뜻을 나타내어 본다. 1984년 11월 5일 대구사범 심상과 7기생이 세우고 후배 동애 소호영은 쓰다'라고 새겨져 있다.

국립묘지 '대구 신암선열공원'에 모셔진 '백의단' 부단장 배학보 지사의 묘소

 이들은 7기 선배들의 일본인 악질 교사 구타와 그 후 퇴학 등 처분을 받은 일의 진상을 알아볼 것과, 향후 대책을 강구하자는 데 의견을 모았다. 이 자리에서 9기(3학년) 학생들은 '백의단白衣團'이라는 이름의 비밀 결사체를 조직했다. 이들은 '비밀을 엄수한다. 명령에 복종한다. 자기 책임을 끝까지 완수한다. 친목과 단결을 도모한다.' 등 백의단의 강령을 채택하고 다음날 새벽 4시쯤 해산했다.
 백의단은 1년 6개월 동안 활동을 이어오다가 '다혁당'으로 확대 개편되었다. 다혁당 출범에는 이미 결성되어 활동해온 '문예부'와 '연구회'가 큰 힘이 되었다.
 문예부는 이전부터 우리나라 역사와 문학 작품 등을 윤독하는 모임을 유지해오던 학생들이 결성했다. 1940년 11월 23일 봉산정 127번지 이태길李泰吉의 하숙방에 모인 5학년 박효준朴孝濬, 이태길, 박찬웅朴贊雄, 강두안姜斗安, 4학년 류흥수柳興洙, 이동우李東雨, 문홍의文洪義, 3

학년 김근배金根培 등 8명이 창립 총회를 가졌다. 이후 4학년 박호준 朴祜雋, 이주호李柱鎬, 조강제도 가입했다.

대전지방법원 1943년 2월 8일 '예심 종결서' (일부)

피고인 박호준은 대구사범학교 재학시 8명과 모임을 갖고 각기 마음속에 품고 있던 포부를 토로한 다음, 모인 동지들에게 '표면에는 조선 문예 연구를 표방하고 이면으로는 민족의식을 앙양하고 실력을 양성하고 단결하여 민족 독립 운동을 펼침으로써 궁극적으로는 조선이 일본 제국의 기반에서 이탈하여 독립하는 것을 목적으로 하는 비밀 결사를 조직하자'고 제의하였고, 참석자 일동이 이에 동의한 후 여러 가지를 협의하였으며, 이 목적을 달성하기 위하여 '대구사범학교 문예부'라고 모임의 이름을 정하고 발족을 한 후 자신이 책임자가 되겠음을 선언하였다. 그 운동 방침으로는 (1)부원은 비밀을 엄수할 것 (2)부원은 매주 토요일 각자가 쓴 작품을 가지고 참석하여 각기 이것을 감상 비판하고 서로 의견을 교환할 것을 결정하였다.

기관지 《학생》까지 발간하며 활동하던 문예부는 1941년 2월 중순 5학년(8기생)의 졸업을 앞두고 향후 활동 계획에 대해 논의했다. 졸업생들은 소학교 교사로 부임하는 즉시 활동을 개시하여 아동과 학부모들에게 민족의식을 일깨우고, 활동 상황을 매월 1회 박효준 동지에게 보고하며, 각자의 작품도 보내기로 했다. 그리고 9기생들은 조직을 계승, 강화하는 데 노력을 기울이기로 하였다.

그 무렵 8기생 사이에는 문예부보다 두 달 뒤인 1941년 1월 23일 동인동 소재 이무영李茂榮의 하숙집에 모인 임병찬林炳讚, 장세파張世播, 안진강安津江, 김영복金榮宓, 최낙철崔洛哲, 윤덕섭尹德燮, 이태길, 강두안 등 9명이 창립하고, 며칠 뒤 오용수吳龍洙, 이원호李元浩, 윤영석尹永碩, 박제민朴濟民, 양명복梁命福 등이 가입한 '연구회'도 활동하고 있었다(이태길과 강두안은 이때 문예부에도 가입해 있었다).

연구회는 동인동 251번지 박제민의 하숙방이나 대구 근교 솔밭에 모여 여섯 차례 발표회도 가졌지만 이내 졸업을 맞았다. 회원들은 경북 의성 안평 소학교(장세파), 충북 황간 남성 소학교(오용수), 강원도 영월금 소학교(이태길), 함경북도 나진 약초 소학교(최낙철) 등에 배치받아 학부모와 학생들을 대상으로 민족의식 함양에 몰두하다가 그해 7~8월에 모두 구속되었다.

졸업을 앞둔 연구회 회원들은 학교를 떠나기 전에 후배인 9기생 류흥수(문예부 회원)에게 연구회의 계승을 부탁했다. 류흥수는 1941년 2월 10일 같은 학년 문예부 회원들인 이동우와 박호준의 남산정 681의 12번지 하숙방에서 문홍의, 이주호, 조강제 등과 모여 이 문제에 대해 협의했다.

1941년 2월 15일 오후 7시쯤 류흥수와 이주호의 봉산정 242번지 하숙방에 류흥수, 이주호, 권쾌복, 배학보, 최영백, 김효식金孝植, 김성권, 이도혁李道赫, 문홍의, 최태석, 이종악李鍾岳, 서진구徐鎭九, 문덕길, 이홍빈李洪彬, 박호준 등이 모였다. 대부분 백의단과 문예부의 회원이었던 이들은 이날 백의단, 문예부, 연구회를 발전적으로 해체하되 그 활동과 전통을 이어받는 '다혁당茶革黨'을 결성했다. 다혁당이라는 이름은 이홍빈이 제안했는데 '茶'는 영웅은 다색茶色을 좋아한다, '革'은 혁명革命을 일으킨다는 뜻을 담았다. 당수와 부당수는 백의단의 당수 권쾌복과 부당수 배학보가 그대로 유임했다.

다혁당은 독서 모임을 내부 활동으로 전개했다. 이는 백의단 때부터 해오던 일로 문예부장 이동우가 실무를 맡아 이끌었다. 회비를 모아 우리글로 된 역사 문화 서적을 구입하여 읽었는데 봉산정 108의 1번지 배학보의 집에 두었다가 뒷날 대전 검찰청에 모두 압수되어 소각되었다. 당시 쓴 감상문들도 함께 불에 태워져 없어졌다.

대구사범학교 비밀 결사 다혁당은 공휴일과 일요일이면 앞산 정상에 올라 군사 훈련을 실시했다. 사진은 정상으로 가는 길목의 눈 내린 날 안일사 풍경이다. 윤상태, 서상일, 이시영 등 대구의 청년 지사들은 1915년 2월 28일 이곳에서 '조선국권회복단 중앙총부'를 결성, 국권회복운동에 목숨을 바칠 것을 서약했다.

    다혁당은 공휴일과 일요일에 앞산 정상에서 군사 훈련을 실시했다. 방학이면 고향으로 돌아가 야학을 열었다. 일제는 1939년부터 대구사범학교 학생들의 야학을 금지했다. 다혁당은 일본인이 다니는 대구중학 학생들이나 대구사범학교 연습과 학생들이 조선인 학생을 괴롭히면 '구타를 가하고' '교내 박물 교실 뒤편 플라타너스 숲으로 불러 철퇴를 가하며 꼼짝 못하게 하였다.'[39]

    1941년 8월 전국 각지에서 교사로 근무하던 대구사범학교 8기 다혁당 당원들이 일제히 일제 경찰에 검거되었다. 다혁당이 발간하던

---

39) 문덕길, 앞의글, 118~119p.

기관지 《반딧불》이 일제의 손에 넘어가면서 활동 전모와 조직이 드러난 때문이었다. 교사들만이 아니라 재학 중이던 5학년 9기, 4학년 10기 당원들도 체포되기 시작했다. 이때 일제는 김영기 교사도 구속했고, 해외에 유학 중이던 당원까지 잡아왔다. 일제 경찰은 다혁당 당원 교사들과 친하게 지냈던 학부모들도 주목하여 전국적으로 300명이 넘는 사람들을 구속했다.

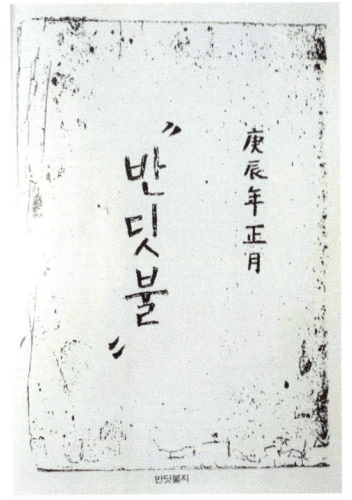
→ 반딧불의 표지

체포된 다혁당 당원들은 충청남도 경찰국 고등계에서 조사를 받았고, 1941년 12월 7~8일 김영기 교사를 포함해 35인이 대전 형무소에 수감됐다. 지사들이 충청도로 잡혀가 조사를 받고 대전 형무소에 투옥된 것은 기관지 《반딧불》이 처음 일제 경찰에 들어간 곳이 충청남도 홍성이었기 때문으로 추정된다.40)

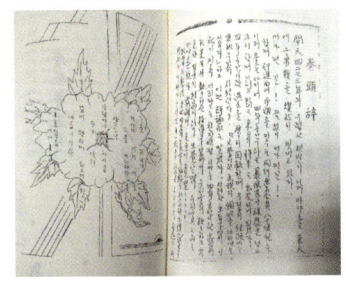
반딧불 본지의 일부

수감자들은 5~8년의 실형을 구형받았고, 최종적으로 2년6개월~5년을 언도받았다. 그 중 서진구, 박제민, 강두안, 박찬웅, 장세파 다섯 당원은 끝내 옥사하였고, 12명은 고문 후유증으로 출옥 이후 순국하였다. 다섯 분 옥사자 외 29명의 당원 명단은, 앞에서 모두 거명된 분들이지만 다시 적어보면, 다음과 같다.

5~7년 언도 박효준(문예부 책임자), 5년 류홍수, 문홍의, 이동우, 임병찬, 3년 6개월 권쾌복, 3년 김근배, 박호준, 2년 6개월 김성권,

---

40) 김성권, 〈피검과 투옥〉, 《대구사범 학생 독립운동》(대구사범학생독립운동동지회, 1993), 134p.

김영복, 김효식, 문덕길, 배학보, 안진강, 양명복, 오용수, 윤덕섭, 윤영석, 이도혁, 이무영, 이원호, 이종악, 이주호, 이태길, 이홍빈, 조강제, 최낙철, 최영백, 최태석

당시 문예부 회원과 다혁당 당원으로 활동했던 이주호는 대구사범학생독립운동동지회가 1993년에 펴낸 《대구사범 학생 독립운동》에 게재한 〈3개 결사의 상호 관계와 그 학생 독립운동사적 의의〉에서 '(대구사범학교 학생들이 일으킨) 이 운동의 한국 학생 항일운동사적 의의'를 아래와 같이 정리했다. 이주호의 정리를 통해 대구사범학교 학생 항일 의거의 의의를 짚어본다.

뒷줄 왼쪽부터 이도혁, 박호준, 최영백, 이동우, 이주호, 배학보, 고인옥, 앞줄 왼쪽부터 김효식, 김성권, 문덕길, 문홍의, 이홍빈. 1946년 2월 1일 사진으로, 다혁당 활동으로 일제에 체포되어 투옥되었던 대구사범학교 9기생들의 면면이다.

첫째, 뿌리 깊은 전통 속에서 양성된 전통성과 맥락을 이은, 유례를 찾아볼 수 없는 학생 운동이다. '권(주먹)대 사건', '사회과학연구회'의 민족혼을 이어받아 기별마다 독서회를 조직하여 민족운동을 전개해 왔으며, 7기생의 왜관 봉기가 기폭제가 되어 8, 9, 10, 11기생의 문예부, 연구회, 다혁당, 조선어연구회의 결사로 그 전통을 맥맥히 이었다. -전통성을 지닌 학생운동

둘째, 우연적, 일시적, 돌발적인 일과성을 띤 저항 운동과는 달리 의도적이며 계획적이고 조직적이며 체계적인 민족운동이었다. -조직성과 체계성을 갖춘 학생 운동

셋째, 독립운동가인 김영기 선생의 지도 원칙 아래 사제일체감으로 이루어진 학생운동인 만큼 치밀한 계획과 활력성을 띠었다. -사제일체가 되어 일으킨 사제동행의 학생운동

넷째, 재학생으로서의 학생운동으로 끝난 것이 아니라, 재학생의 학생운동과 발맞추어 졸업생으로서의 사회·민중운동으로 폭넓게 병행한 운동으로 확산해 나갔다. -학생운동과 사회·민중운동을 병행한 2인 3각식의 2원적인 학생운동

다섯째, 교육문화 활동을 통한 계몽운동으로 민족의식 고취를 효율적으로 폭넓게 확산할 수 있었다. -문화적·교화적 계몽운동으로서의 학생운동

여섯째, 형사사상 그 유례를 찾아볼 수 없는 2년 4개월이란 장기 예심 독방에서 장독과 영양실조로 35명 중 5명이 옥사했음에도 불구하고 2년 6개월~5년 실형을 복역했고, 빈사 상태로 출옥한 후에도 독립의 굳은 신념으로 끝까지 지조를 굽히지 않아 '조선 사상범 보호 관찰령'에 의해 가택 구금, 군수 공장 등에서 노역에 시달리면서도 한 사람의 전향자도 없었다. -지속적이며 일관된 학생운동 ☯

국립묘지 '대구 신암선열공원'에 모셔진 최태석 지사의 묘소

1939년 7월 26일 밤, 철도 보수 공사에 동원되어 왜관 소학교에 머물고 있던 대구사범학교 심상과 5학년(졸업반) 학생들은 평소 가장 악질적 행태를 보여온 일본인 교사 3명을 골라 낙동강 물가 모래사장에서 집단 폭행했다. 한 명은 도망갔고, 두 명은 모기장에 덮어씌워진 채 무참하게 얻어맞았다. 이 '왜관 학생 항일 의거'로 고승석, 김재수, 김중정, 김희원, 박영섭, 정기현, 정인용 등 7명이 퇴학당하고 11명이 정학 처분을 받았다. 1984년 11월 5일 당시 심상과 학생들이 모여 왜관 초등학교 교정에 '왜관 학생 사건 기념비'를 세웠다. (167쪽 각주 38의 비문 참조)

대구사범학교 학생들이 악질적인 일본인 교사들에게 집단 폭행을 가했던 왜관초등학교 앞 낙동강 물가. 멀리 왜관철교가 보이는 이곳 낙동강 일대는 1939년 7월 26일 당시 넓은 백사장이었지만 지금은 인위적으로 둑을 쌓고 흙으로 메운 탓에 하얀 모래는 찾아볼 길 없는 상전벽해의 변화를 보여주고 있다.

27 중구 동덕로 33 청운맨션, 대구공립고등보통학교 터
학생들, 동맹휴학으로 일제에 맞서다

　대구공립고등보통학교(현 경북고교) 동맹휴학 투쟁지는 현재 청운맨션이라는 이름의 아파트 단지로 변해 있다. 한때 이곳이 일제 강점기 시절 적과 맞서 처절하게 투쟁했던 젊은이들의 배움터였다는 사실을 말해주는 유허는 전혀 남아 있지 않다. 단 하나의 안내판조차 없다.
　그래도 학교의 자취를 조금이라도 찾고 싶은 답사자들은 아파트 옆의 대봉도서관을 기웃거릴 일이다. 도서관은 성격상 교육기관인 학교와 가장 닮은꼴의 관공서이기 때문이다. 도서관 밖 벤치에 앉아 대구공립고등보통학교 학생들의 항일 투쟁을 돌이켜본다.
　1919년 10월 25일의 첫 동맹휴교 이래 1926년 3월에도 학생들은 '조선인은 야만인' 발언을 한 일본인 교사의 사직을 요구하며 등교를 거부했다. 하지만 15명이 퇴학을 당하면서 투쟁은 실패로 끝나고 말았다.
　1927년 11월 10일 대구공립고등보통학교 학생들인 윤장혁尹章赫·손익기孫益基·조은석趙銀石은 같은 학교 동급생인 백대윤白大潤의 남산동 소재 집에 모였다. 그들은 식민지 노예교육을 반대하고 사회과학을 연구하여 독립 운동에 매진하려는 목적으로 비밀결사 '신우동맹新友同盟'을 조직한다.

당수 장적우張赤宇, 책임비서 윤장혁, 중앙집행위원 조은석·백대륜 등 4명으로 간부진을 구성한 장종환張鍾煥·정수광鄭壽光·문철수文鐵洙·권태호權泰鎬·김낙형金洛衡·상무상尙戊祥·이월봉李月峰·정복흥鄭復興·이봉재李鳳在·박득룡朴得龍·장원수張元壽·김봉구金鳳九·장은석張銀石·한상훈韓相勳·황보선皇甫善·이기대李起大 등 20여 맹원盟員(조직원)들은 3개 그룹으로 나누어 학습에 매진했다.

그들은 일제의 추적을 피하기 위해 혁우동맹革友同盟, 적우동맹赤友同盟 등으로 명칭을 변경해가면서 활동하다가 1928년 2월 조직을 해산하였다. 그 후 1928년 9월 8일 다시 '우리동맹'을 결성했다.

1차 동맹 휴교 실패 이후인 1928년 9월 26일 학생들은 2차 동맹 휴교를 계획했고, '식민지 노예 교육 철폐, 민족 차별 철폐' 등을 요구하며 10월 15일 맹휴를 단행하였다. 이 일로 182명 무기정학, 18명 퇴학, 105명 검거, 24명이 실형을 받았다.41)

대구공립고등보통학교 터인 청운맨션

---

41) 주동자 중 한 명인 조은석에 대해서는 이 책 150쪽에 언급한 바 있다. 조은석은 1930년 3월 11일 대구복심법원에서 소위 '치안유지법' 위반으로 징역 2년 6월을 언도받아 옥고를 치렀다. 정부는 고인의 공훈을 기려 1998년 건국훈장 애족장을 추서하였다.

28~31 ☯ 중구 대봉로 260 대구문화재단 건물, 태극단 투쟁지
10대의 대구상업학교 학생들, 독립을 꿈꾸었다

'대구 공립 상업학교' 본관 건물은 대구시 유형문화재 48호로 지정되어 있다. 실업인 양성을 목적으로 건립된 이 문화재는 일제가 지은 대구 최초의 학교 건물이다. 5년제 10학급 입학 정원 100명(한국인 50명, 일본인 50명)으로 출발한 대구상업학교는 1923년 대구중학교 교사의 일부를 빌려서 개교했다가 이내 현 위치에 본관 건물을 완공해 학교를 옮겼다. 첫 졸업생 52명은 1928년 3월 7일에 배출했다.

학교는 1946년 9월 1일 6년제 24학급 '대구 공립 상업 중학교'가 되었고, 1951년 9월 1일 '대구상업고등학교'로 개칭되었다. 그 후 2003년 10월 15일 일반계인 '대구상원고등학교'로 다시 바뀌었다. 그 중간인 1984년 9월 22일에는 달서구 상인동 1번지(월배로 241)에 학교 건물을 새로 지어 이전했다.

상원고등학교 누리집의 '학교 연혁'에는 꼭 기록되어 있어야 할 것이 빠져 있다. 1942년 대구상업학교 학생들의 태극단太極團 결성 소식이다. 태극단 가담 학생들은 조국 광복이라는 원대한 목표를 꿈꾸며 비밀결사를 조직했고, 치밀한 행동강령 아래 조직적 항일투쟁을 벌였다. 그러나 1943년 단원 26명 전원이 체포되고, 그 중 4명은 고문 후유증으로 세상을 떠난다. 일제는 사건이 조선 민중들에게 줄 영향을 우려하여 비밀에 부쳤다. 태극단의 존재는 나라가 독립을 되찾고도 한참 뒤인 1963년에 들어서야 일반에 알려졌다.[42]

---

42) 학교 누리집의 '모교를 빛낸 대상인'에는 김상길, 서상교, 김정진 지사가 포함되어 있다. 그러나 이상호, 이원현, 윤삼룡 지사 등은 누락되어 있다.

태극단 학생 독립운동 기념탑 (2003년 10월 19일 건립, 상인동 1 상원고)

　태극단의 조직과 활동에 대해 좀 더 알아본다. 1942년 5월 대구상업학교 학생 이상호, 김종우, 이태원, 대구직업학교(대구공고) 윤삼룡, 경북중학(경북고) 최두환 등 7명은 심신 단련과 연구를 목적으로 하는 단체 조직을 계획한다. 그 이후 대구상업학교의 이상호李相虎, 서상교徐尙敎, 김상길金相吉 등 26명의 학생들은 비밀 결사 '태극단'을 결성한다. 이들은 조국 독립을 위해 헌신하기로 결의한 후, 일본군 입대 반대 유인물 배포, 독립정신 고취를 위한 학술연구 토론회 개최, 군사 서적 번역, 글라이더 및 폭발물 제조 연구 등도 추진한다. 이상호가 단장, 서상교가 체육국장, 김상길이 관방국장을 맡는다.

이들은 앞산 안일사에서 결성식을 개최하려다 참석자가 적어 포기하고, 다시 6월 6일을 기해 결성식을 가지기로 한다. 일제 경찰이 이를 알고 5월 23일 이상호를 체포한다. 이상호는 끝까지 자기 혼자서 일을 도모했다고 버티지만 일경이 집을 수색하자 천장에서 태극단원 명단 등이 발견된다.

5월 27일 나머지 25명도 모두 체포된다. 조사를 받는 과정에서 악랄한 고문을 당한 이준윤李浚允이 먼저 순국하고, 이원현李元鉉도 병보석으로 풀려난 뒤 사망43)하는 등 모두 4명이 고문 후유증으로 세상을 떠난다. 10년 형을 선고받고 감옥에 갇혀 있던 이상호도 광복 직후 순국한다. 이상호·서상교·김상길·김정진金正鎭·이원현·윤삼룡尹三龍 등 6명이 재판에 회부되어 10년~2년의 형을 선고받는다.

주동 인물 중 서상교 지사는 2018년 3월 13일 향년 95세로, 김상길 지사는 2018년 4월 22일 향년 92세로 타계한다. 국가보훈처 누리집의 '독립운동가 공훈록'을 살펴보면 태극단 지사들의 공적 내용이 거의 같다. 함께 태극단을 결성했고, 함께 활동했고, 함께 체포되었기 때문이다.

위로부터 이상호
김상길
서상교 지사

---

43) 2013년 12월 13일자 영남일보에 박진관 기자가 생전의 서상교 지사와 인터뷰를 한 내용이 실려 있다. 기자가 '어느 형무소에 수감됐나?'라고 묻자 서상교 지사가 답변한다. "6명이 형을 받았다. 이상호와 김정진은 김천 형무소로, 나와 김상길, 이원현은 인천 형무소로 각각 갔다. 이원현은 내가 가입시켰는데 형무소에서 병을 얻어 45년 5월 단오 때 광복도 보지 못하고 죽었다. 매년 5월과 8월이 되면 죄책감으로 잠을 잘 수가 없었다."

예문으로 이상호 지사 부분을 읽어본다.

태극단 당시의 대구상업학교

생몰년도 : 1926.2.19.~1945.12.9.
출신지 : 대구
운동 계열 : 학생운동
훈격(연도) : 독립장(1963)

공적 내용 : 대구상업학교 재학 중 1945년 5월에 동교생 김상길·서상교 등과 함께 조국의 독립을 위해 목숨을 바치기로 맹세하고 항일학생결사 태극단을 조직하였다. 이때 태극단이란 명칭은 한말 이래 사용되어온 태극기를 상징하여 정한 것이며, 동 결사의 약칭으로 T.K.D를 사용하기도 했다.

이 무렵 일제는 태평양전쟁을 도발하여 마지막 발악을 하던 때로 감시와 탄압을 더욱 가혹하게 했으나, 그와 동지들은 일본군 입대 반대 등 일제 식민통치에 대항하는 내용의 유인물을 만들어 뿌리면서 독립정신을 고취하는 한편 조직 확대를 위해 동지 포섭 활동에 주력하였다. 그리하여 이들은 1943년 4월에 김정진·이준윤·이원현·윤삼룡 등을 동지로 포섭한 것을 비롯하여 학교 단위로 조직을 확대해 나갔다. 동년 5월에는 그 동안 가입한 단원을 포함하여 전원이 대구시 앞산인 비파산

琵琶山 약수터에 모여 결단식을 가졌으며, 그와 간부들은 구체적 투쟁 방안에 관하여 협의하고 조직을 정비하였다.

태극단의 조직은 크게 일반 조직, 특수 조직으로 나누었으며 최고의결기관으로 간부회의를 구성하였다. 그리고 일반조직은 다시 육성부育成府 아래 관방국官房局·체육국體育局·과학국科學局 등 3국을 두고, 그 밑에 군사부軍事部·항공부航空部 등 10여 부를 두어 체계화했으며, 특수조직은 건아대健兒隊라 칭하여 중학교 1·2학년생과 국민학교 상급반 학생을 대원으로 가입시켜 이들을 장차 단원으로 육성하는 데 목적이 있었다.

위로부터 김상길, 이상호 지사 생가터 (아래) 서상교 지사 생가터에서 보는 고색창연한 번지 표시

이때 그는 단장으로 선임되어 동 결사를 통솔하며 지도하였다. 한편 태극단의 투쟁 방략은 조직 확대를 통하여 전국의 학교와 각 지역별로 조직을 완성한 후 여론을 환기시키며 본격적인 항일 투쟁을

전개하는 것인데, 만약 국내에서의 투쟁이 여의치 못할 때에는 중국으로 집단 망명하여 그곳에서 항쟁을 계속한다는 계획도 세웠다.

그리하여 단원들은 용두산龍頭山·비파산 등 비밀장소를 이용하여 학술연구 토론회·각종 체육회 등을 개최하여 동지간 유대의식과 민족적 교양의 함양 및 체력 증강에 힘을 쏟았다. 또한 궁극의 목적을 달성하기 위해 군사학 연구에도 정진하여 군사관계 서적의 번역, 글라이더 및 폭발물 제조에 관한 연구를 추진하였다.

그러나 1943년 5월 배반자의 밀고로 태극단의 조직과 활동이 일경에 발각되었고 이로 인하여 그도 피체되었다.44) 그는 모진 고문을 당하다가45) 1944년 1월 대구지방법원에서 소위 '치안유지법' 위반으로 징역 단기 5년, 장기 10년형을 언도받고 김천소년형무소에서 옥고를 치르던 중 1945년 2월 병보석으로 출옥하였으나 잔학한 고문의 후유증으로 인해 1945년 12월 9일 순국하였다. 정부는 그의 공훈을 기리기 위해 1963년 건국훈장 독립장을 추서하였다.

태극단 독립운동가들은 이상호, 김상길, 서상교 지사가 건국훈장

---

44) 박진관 기자의 서상교 지사 인터뷰 기사 중에 이 부분에 대한 언급이 있다. '서 지사는 2003년 대구상고에서 열린 태극단독립운동기념탑 제막식을 끝내고 회식자리에서 한 인사가 자기가 그랬다고 동지들에게 실토했다고 말했다.' 기자가 '그를 어떻게 했나?'라고 묻자 서 지사는 "과거의 일이니 이해하고 용서했다."라고 했다.

45) 박진관 기자의 서상교 지사 인터뷰 기사 중에 다음과 같은 대목이 있다. <가위로 손톱 뽑는 지독한 고문당해… 그 친일 형사 광복 후 경찰서장 됐다>라는 제목부터 독자를 답답하게 만드는 내용이다. "몽둥이로 맞고 주리를 틀렸다. 공모자가 더 없느냐고 고문을 했는데 망치로 손톱을 때리거나 철사 자르는 가위로 손톱을 뽑기도 했다." 혹독하게 당한 고문을 회상하는 서 지사에게 기자가 '주로 누가 고문을 했습니까?'라고 묻는다. "친일형사 김봉생이란 자가 고문을 했다. 지독한 놈이다. 그런 자가 나중에 왜관 경찰서장, 포항 연일면장을 했다고 들었다. 그때 친일청산 제대로 했어야만 했다."

독립장, 이원현, 이준연 지사가 애국장, 김정진, 윤삼룡, 이태원李兌遠, 정환진鄭晥鎭, 정광해鄭光海 지사가 애족장을 받았다. 그러나 독립 선열들이 자신의 모교 누리집에도 제대로 등장하지 않는 상황에 훈장을 받아 농 안에 넣어둔들 무슨 소용일까!

  그뿐이 아니다. 달서구 상인동 1번지 상원고교 야구장 뒤편(달서공고 정문 앞)에는 태극단기념사업회가 2003년에 세운 기념탑이 있지만, 대구상업학교 건물 중 한 채만 남아 있는 중구 대봉1동 60-10번지 태극단 투쟁의 현장에는 독립운동과 관련하여 한 마디의 '안내 말씀'도 없다. 가슴이 답답한 일이다.

32 ◯ 중구 문우관길 30-26 이종암 집터
대구에 의열단 유적이 있다는 말, 처음 듣네

1919년 11월 9일 밤, 만주 길림성 파호문把虎門 밖, 이종암이 세 들어 있던 중국인 반모潘某의 집에 독립지사들이 모였다. 지사들은 중국에서 활동 중인 수많은 독립운동 단체들이 온건 노선을 견지하는 탓에 성과를 내지 못하고 있으므로 급진적인 폭력 투쟁을 전개하는 것이 옳다는 데 의견을 모았다. 이들은 이튿날 새벽 급진적 민족주의 노선의 항일 비밀결사 의열단義烈團을 조직했다.

의열단은 창단 당시 주로 신흥 무관학교 출신들로 구성되었다. 김대지金大池와 황상규黃尙奎가 고문, 김원봉金元鳳이 단장을 맡았다. 회원은 이종암李鍾岩, 강세우姜世宇, 곽경郭敬, 권준權俊, 김상윤金相潤, 배동선裵東宣, 서상락徐相洛, 신철휴申喆休, 윤세주尹世胄, 이성우李成宇, 한봉근韓鳳根, 한봉인韓鳳仁 등 10여 명이었다.

의열단 단원은 대부분 경남 밀양 출신이다. 그래서 2018년 밀양에 '의열기념관'이 건립되었다. 사진은 창단 때부터 고문을 맡아 의열단을 이끈 김대지 지사의 묘소로, 경주 단석산 중턱에 있다. 단석산은 김유신이 10대 나이에 수도를 하던 중 정상에 올라 '삼국을 통일할 수 있으면 이 칼로 바위를 자를 수 있게 해 달라'고 기도한 뒤 단칼에 바위를 반 토막 내었다는 전설이 전해지는 곳이다.

신채호申采浩가 1923년 1월에 발표한 〈조선 혁명 선언〉(일명 〈의열단 선언〉)에는 의열단의 독립투쟁 노선과 행동강령이 잘 나타나 있다. 민중의 직접 혁명과 평등주의 노선을 천명한 의열단은 일부 민족주의자들의 노선이었던 문화주의·외교론·준비론 등 일체의 타협주의를 배격했다. 오직 폭력적 민중 혁명으로 일제를 타도해야 한다는 전술이었다. 민족의 지상 과제인 독립을 쟁취하기 위해서는 오직 암살과 파괴라는 직접적 투쟁 방식을 선택할 수밖에 없다는 순수한 민족 독립 운동 노선이 잘 드러나 있는 대목 한 곳을 찾아 읽어본다.

　　일본 강도 정치 하에서 문화운동을 부르는 자, 누구이냐? (중략) 우리는 우리의 생존의 적인 강도 일본과 타협하려는 자나 강도 정치 하에서 기생하려는 주의를 가진 자나 다 우리의 적임을 선언하노라. (중략) 우리는 '외교' '준비' 등의 미몽을 버리고 민중 직접 혁명의 수단을 취함을 선언하노라. (중략) 양병 십만이 일척의 작탄만 못하며 억 천 장 신문잡지가 일 회 폭동만 못할지니라.

　　그 후 의열단은 1926년 들면서 당시 유행한 사회주의 이론을 수용하기 시작한다. 의열단이 본격적으로 급진 좌파의 노선으로 가게 되는 것은 1929년 12월 이후부터이다.

　　이때 의열단 단원들의 이상은 구축왜노驅逐倭奴·광복조국光復祖國·타파계급打破階級·평균지권平均地權이었다. 구축왜노(왜놈 오랑캐를 몰아낸다)와 광복조국은 독립운동 단체들의 한결같은 목표였지만, 타파계급과 평균지권(땅의 소유를 평등하게 한다)은 민중을 직접혁명의 핵심으로 보는 독립운동의 새로운 흐름을 반영한 구호였다.

　　의열단은 파괴 대상으로 조선총독부, 동양척식회사, 매일신보사, 각 경찰서, 기타 왜적 중요기관 등 일제의 식민지 통치기관 및 관련 기관의 시설을 지목했다. 의열단 단원들은 계획을 실행하기 위해 폭탄 제조법부터 배웠다. 1919년 창단 당시 10여 명이던 결사 단원이 1924년에는 70여 명으로 크게 확대되었다.

의열단의 활동 중 널리 알려진 몇 사례를 살펴본다. 1920년 9월 14일 박재혁朴載赫 지사가 부산 경찰서에 폭탄을 투척하여 일본인 서장 등 3명을 죽였다. 중상을 입은 채 체포되어 대구형무소에 수감되어 있던 지사는 9일 동안 단식한 끝에 스스로 목숨을 끊었다.

부산 경찰서 폭탄 투척 후 불과 3개월 뒤인 1920년 12월 27일 밀양 출신 의열단원 최수봉崔壽鳳이 이종암과 김상윤 등이 제조한 폭탄을 품고 밀양 경찰서 안에 들어가 일본인 서장이 모든 직원을 모아놓고 훈시할 때 폭탄을 던지는 데 성공했다. 이날 투척은 불발과 복도 폭발로 일본 경찰을 살상하지는 못했지만 사회에 큰 여파를 불러일으켰다. 최수봉은 현장에서 자결을 기도했으나 실패했고, 교수대에 올라 21세의 짧은 생애를 마쳤다.

1921년 9월 12일 오전 10시경 의열단원 김익상金益相은 전기 수리공을 가장하여 서울 남산 아래 총독부 청사 2층으로 잠입했다. 지사는 회계과와 비서과에 폭탄을 투척했다. 비서과에 투척한 폭탄은 불발했지만 회계과에 던진 폭탄은 대단한 굉음을 내면서 폭발하여 건물 일부를 파괴했다. 김익상은 유유히 북경으로 돌아갔고 일제는 총독부 건물이 파괴되었다는 점에서 큰 충격을 받았다.

의열단은 일본 육군대장 다나카田中義一가 1922년 3월 28일 상해 황포탄黃浦灘에 온다는 정보를 알고 암살 계획을 세웠다. 1선은 오성륜吳成崙, 2선은 김익상, 3선은 이종암이 맡기로 했다. 오성륜이 배에서 내려 걸어오는 다나카를 저격했지만 때마침 그의 앞으로 나선 서양 여성이 대신 총탄을 맞고 그 자리에서 즉사했다.

2선의 김익상이 몸을 피해 자동차에 오르는 다나카를 쏘았지만 총알은 그의 모자만 관통하고 지나갔다. 3선의 이종암이 앞으로 달려들면서 폭탄을 던졌지만 자동차 뒤에 떨어진 채 불발되고 말았다.

이종암은 탈출했지만 김익상과 오성륜은 일본 경찰에게 붙잡혔다. 그 후 오성륜은 탈옥했다. 김익상은 일본으로 끌려가 20년 징역을 살고 출옥하지만 일본 형사에게 연행되어 살해당한다.

이종암 지사 집터

    1923년 1월 12일 김상옥金相玉 지사가 종로경찰서에 폭탄을 투척했다. 그 후 지사는 삼판통(후암동) 고봉근高奉根의 집에 은신해 있었는데 종로경찰서 우메다梅田 경부 등 20여 명의 일본 경찰이 포위했다. 지사는 혼자 그들과 총격전을 벌여 다무라田村 형사부장 등을 살상하는 전과를 올리고 남산 쪽으로 탈출, 그 이후 효제동 이혜수李惠受 집에 은신했다. 1월 22일 새벽 경기도 경찰부장 우마노馬野 등 수백 명의 일본 경찰이 은신처를 포위했다. 지사는 또 홀로 접전을 벌여 서대문경찰서 구리다栗田淸造 경부 등 여럿을 사살했지만 마침내 총탄이 한 발밖에 남지 않았다. 지사는 최후의 총탄으로 자결하였다.
    1923년에는 '제 2차 암살 파괴 계획', 이른바 '황옥黃鈺·김시현金始顯 등의 폭탄 반입 사건'을 추진했다. 조선총독부 등 일제 관공서와 총독 사이토齋藤實 등 일제 고관을 대상으로 하는 제 2차 파괴 암살 계획의 추진이었다.

의열단은 독일·헝가리 등 여러 나라의 폭탄 기술자를 초빙하여 상해에서 성능 좋은 폭탄들을 제조했다. 완성된 폭탄을 국내로 들여오기 위해 일단 톈진天津으로 운반하였다. 〈조선혁명선언〉과 〈조선총독부 관공리에게〉라는 인쇄물도 함께 옮겼다. 당시 김시현은 경기도 경찰부에 경부로 근무 중인 비밀당원 황옥과 거사를 함께 하기로 결의가 되어 있었다.

1923년 3월 12일 오전 6시, 김시현, 황옥, 김재진金在震, 권동산權東山 등 4명은 폭탄 18개와 권총 5정을 가지고 서울을 향해 출발했다. 나머지 폭탄 18개와 유인물은 안동현 홍종우洪鍾祐의 집과 신의주 조동근趙東根의 집에 숨겨두었다. 하지만 이때는 이미 평안북도 경찰부 고등과 김덕기金悳基에게 매수된 김재진이 일본 경찰에 밀고를 한 뒤였다. 홍종우, 백영무白英武, 조동근, 조영천趙英千 4명이 체포되고 폭탄과 선언서 등을 압수당했다. 서울에 도착한 김시현·황옥 등 10여 명도 경기도 경찰부에 체포되고 폭탄도 모두 빼앗겼다.

1924년에는 김지섭金祉燮 지사가 동경 니주바시 사쿠라다몬二重橋櫻田門에 폭탄을 투척했다. 일본 천황이 사는 궁성을 파괴하겠다는 야심찬 거사였다. 1923년 12월 20일 3개의 폭탄을 품고 상해를 출발했던 김지섭은 이듬해인 1924년 1월 5일 저녁 궁성 니주바시 앞까지 갔다. 지사는 폭탄 셋을 차례로 궁성을 향해 던졌으나 모두 불발되고 말았다. 그는 무기징역을 선고받고 복역 중 20년으로 감형되지만 1928년 2월 약해진 몸을 이기지 못하고 옥사하였다.

1926년 12월 28일에는 나석주羅錫疇 지사가 동양척식회사 및 조선식산은행에 폭탄을 투척했다. 나석주는 김창숙이 준 자금으로 1926년 7월 하순 톈진天津에서 권총과 폭탄을 구입한 후 12월 26일 인천에 도착했다. 그는 12월 28일 하오 2시경 식산은행에 폭탄 1개를 던지고, 다시 동양척식회사로 가서 폭탄을 투척한 뒤 권총을 난사하여 여러 명의 사원을 사살하였다. 일본 경찰들이 몰려왔고, 지사는 경기도 경찰부 경부보를 사살한 다음 마침내 자결했다.

1927년 10월 18일에는 장진홍 지사가 조선은행 대구지점에 폭탄을 배달하여 터뜨렸다. 이에 대해서는 시내 중심가의 조선은행 대구지점 터를 답사할 때 살펴볼 계획이다(280쪽 참조). 대구에는 장진홍 의사 의거지 외에 또 다른 의열단 유적도 있다. 이종암 지사의 생가 터와 그가 독립군 군자금을 확보한 대구은행 터가 바로 그곳이다.

이종암李鍾巖은 이종암李鍾岩, 이종순李鍾淳, 양건호梁健浩 등 여러 이름을 사용했다. 그는 1896년 음력 1월 12일 태어나 1930년 5월 29일 세상을 떠났다(권대웅 《달성의 독립운동가 열전》. 한편 안동대 《경북독립운동사 7》에는 6월 10일, 국가보훈처 누리집에는 5월 28일로 되어 있다).

지사는 대구공립보통학교를 졸업한 뒤 대구농업학교를 거쳐 부산상업학교에 다녔다. 1916년 대구은행 은행원으로 취직한 후 출납계 주임이 되어 금고 열쇠를 맡았다. 독립운동에 투신하기로 결심한 그는 1917년 만주를 왕래하며 동지들과 함께 조국광복을 위해 투쟁하기로 결의했다. 이때 얻은 동지들이 밀양의 김대지 등으로, 모두 뒷날 의열단을 결성하는 데 핵심 역할을 한 인물들이었다.

1917년 12월 은행돈 1만여 원(현재 시세 10억 원 수준)을 수중에 넣은 이종암은 외국 탈출을 도모했다. 처음에는 동지들과 함께 미국으로 유학을 갈 계획이었지만 1차 세계 대전 중이라 불가능했다. 그래서 상해를 거쳐 만주로 갔다.

길림성 영안현 동경성 간민소학교墾民小學校에 주소를 둔 그는 1918년 2월 봉천성 통화현의 무관 학교에 입학하였다. 1919년 3·1독립운동이 발발했을 때는 직접 독립운동에 참여하기 위해 교관 서상락徐相洛 등의 동의를 얻어 무관 학교를 그만두었다.

대구은행 터(경상감영길 1). 사진 왼쪽 끝에 달서문 표지석이 보인다.

이종암은 1919년 11월 10일 길림성 파호문 밖에서 김원봉 등과 의열단을 결성했다. 이종암이 대구은행에서 가져온 돈은 의열단의 활동 자금으로 유용하게 사용되었다. 돈의 일부는 동지 구영필具榮泌에게 전해져 만주 봉천의 비밀결사 삼광상회三光商會를 설치하는 자본금으로 쓰였다고 전해진다.

　1922년 3월 김원봉·김익상·오성륜 등과 함께 상해에 오는 일본 육군대장 전중의일田中義一을 처단하려 했으나 성공하지 못한다. 1925년 9월 재정 사정이 어려워 의열단 활동이 곤란해지자 이종암은 국내에서 군자금을 모을 계획으로 대구로 잠입하였다. 그러나 1925년 11월 5일 일경에 피체되고 말았다. 그는 1926년 12월 28일 대구지방법원에서 징역 13년형을 언도받고 옥고를 치르던 중 본래부터 앓아오던 신병이 악화되어 1930년 5월 28일(국가보훈처 '독립운동가 공훈록') 세상을 떠났다. 정부는 그를 기려 1962년 건국훈장 독립장을 추서했다.

　이종암 지사 집터 앞에서 서서 그의 생애와 의열단에 대해 생각해본다. 지사의 집터 일대는 재개발 사업이 추진 중이어서 사람이 살지 않는 집이 많다. 동네 전체도 곧 사라질 전망이다. 어둡고 좁은 골목길 안에 갇힌 채 답답한 마음으로 하늘을 쳐다본다. 부서진 지붕의 날선 표정들이 하늘을 날카롭게 찌르고 있다. ☯

33 ☯ 중구 중앙대로67길 19-12 이육사 집터
백마 타고 오는 초인을 기다린 민족시인

  이육사는 1904년 5월 18일 경상북도 안동'군' 도산면 원촌리 881번지에서 부친 이가호와 모친 허길의 5형제 중 차남으로 태어났다. 본명은 원록源祿이었고 뒷날 원삼源三 또는 활活이라 하였다.

  이원록은 17세(1920년) 이후 대구에 많이 머물렀다. 조양회관(107쪽)에서 민족의식을 키웠고, 1924년 4월부터 1925년 1월까지 동경에서 대학을 다녔다. 1925년에는 대구형무소에 수감 중이던 윤세주의 의열 투쟁에 감화를 받아 형 이원기, 동생 이원유와 함께 의열단에 가입했다.

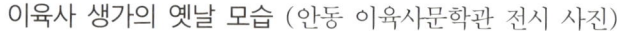

이육사 생가의 옛날 모습 (안동 이육사문학관 전시 사진)

이원록은 북경까지 왕래하면서 의열단 본부에 국내 정세를 보고하고 군자금을 전달하는 활동을 펼치던 중 1927년 10월 18일 장진홍 의사의 조선은행 대구지점 폭파 의거 때 용의자로 일제 경찰의 지목을 받아 형, 아우와 함께 구속되었다. 이때 미결수 번호가 264번이었다. 그 이후 호를 육사陸史라 하였다.

일제는 이원기를 조선은행 대구지점 폭파 사건의 지휘자, 이원록을 폭탄 운반자, 이원유를 폭탄상자에 글씨를 쓴 범인으로 조작하기 위하여 갖은 고문을 자행했다. 형제들은 장진홍 의사가 일본 대판大阪에서 체포된 뒤에야 풀려났다. 그 후 이육사는 존경해온 윤세주가 발행한 중외일보 기자로 활동하지만 고문 후유증이 도져 요양하게 된다. 형 이원기도 평생을 불구로 살았는데, 이육사보다 2년 앞선 1942년에 타계했다.

그 이후 이육사는 북경에 가서 본격적으로 무장 항일 운동을 펼치기로 결심, 1932년 10월 중국 국민정부 군사위원회가 운영하는 간부 훈련반인 조선군관학교(교장 김원봉)에 입교한다. 이육사는 1기생 정치조에 들어가 6개월 동안 비밀통신, 선전방법, 폭동공작, 폭파방법 등 게릴라 훈련을 받고 1933년 4월 수료한다.

이육사는 〈황혼〉을 발표한 1933년(30세)부터 본격적으로 문학 활동을 한다. 〈청포도〉는 1939년에 발표되었고 〈광야〉는 사후인 1945년에 세상에 알려졌다. 1943년 5월 잠시 귀국했던 이육사는 7월 서울에서 체포되어 북경으로 이송되고, 1944년 1월 16일 북경감옥에서 세상을 떠났다는 통지가 가족들에게 전달된다. 막내동생 원창이 북경으로 갔을 때 이미 일본은 육사의 유해를 한 줌 재로 만들어 작은 상자에 담아놓고 있었다. 생애에 걸쳐 무려 17번이나 감옥에 갇혔던 민족저항시인 이육사. 그는 그렇게 조국의 곁을 떠나갔다.

육사 흉상 (안동 이육사문학관)

2016년 5월 10일 대구시 중구 경상감영1길 67-10에 '264작은문학관'이 문을 열었다. 이육사의 생일인 음력 4월 4일에 맞춰 개관한 것이다. 경북대 박현수 교수 사비로 설립된 264작은문학관의 개관식에는 이육사 시인의 딸 이옥비 여사도 참석했다. 264작은문학관은 안동의 이육사문학관에 이어 시인의 문학세계를 기리는 두 번째 공간으로 탄생했다.

264작은문학관은 일제 강점기 적산가옥을 활용했는데, 1층은 카페와 기획전시실, 2층은 상설 전시공간과 포토존 등으로 구성되어 있다. 물론 시인의 생애와 작품을 알 수 있는 자료들이 전시되었지만, 시인이 생애의 절반 가까이를 대구에서 살았다는 사실과 관련하여 특히 대구와 관련되는 시인의 활동에도 주안점을 두고 있다. 264작은문학관은 매주 월·화요일 휴무, 수·목·금요일 오후 1~8시, 토·일요일 오전 11시~오후 6시에 문을 연다.

영남일보는 2015년 10월 23일자에 264작은문학관 상량식 기사를 게재하면서 '대구육사문학기념관 상량식 참석한 이육사 시인 외동딸 이옥비 여사'라는 제목을 달았다. 그만큼 이옥비 여사와 동행하며 취재한 기사라는 사실을 강조한 것이다. 기사에 따르면 '육사가 대구에서 처음 거처했던 곳은 실달사(옛 일본 사찰·현 서문로교회) 맞은편으로 숙부 이세호의 집이었다. 그는 이곳에서 잠시 머물다 남산동으로 이사를 갔으며 1937년 서울 명륜동으로 거처를 옮겼다.'

이옥비 여사는 서울에서 태어나 4세 때 아버지를 여의고, 6세 때 어머니와 함께 작은할아버지(이세호) 집에 거주하다 8세 때 현 대구시 중구 삼덕동2가 187-1(현 SK브로드밴드 빌딩)로 이사를 와 1969년 서울로 이주할 때까지 대구에서 살았다. 이 여사는 대구 수창초등을 1년 다니다 2학년 때 삼덕동으로 이사를 와 동인초등을 졸업하고 제일여중과 대구여고를 졸업했다.

기사는 이옥비 여사가 (서문로교회 정문 맞은편에 있던 이세호의 집으로 들어가는) 골목을 따라가면서 옛 기억을 더듬었다고 전한다.

"종로초등학교 뒤 담벼락을 따라 서쪽으로 가면 로터리가 나와요. 거기서 오른쪽으로 곧장 가면 실달사가 있었어요. 실달사 맞은편에 작은할아버지 집이 있었는데 2층 한옥이었습니다. 마당이 꽤 넓었고 우물도 있었는데 지금은 없네요."

여사가 가리킨 곳은 대구시 중구 북성로 60-1로, 지금은 기계공구 가게가 들어서 있다. 인근에는 육사가 자주 드나들던 옛 조양회관 터(달성공원 앞 달성빌딩 유료주차장 일대)도 있다.

이옥비 여사는 "어머니 말씀에 따르면 아버지께선 종종 조양회관에서 주무시고 올 때가 많았다고 그랬습니다. 어릴 때 기억에 늘 경찰이 우리 집 주변을 배회했어요. 아버지와 백부, 숙부가 다 독립운동을 했으니까 감시하느라 그랬겠죠. 저는 경찰서 앞을 지나가기 싫어 일부러 빙 둘러 가기도 했습니다."라고 회고했다.

육사는 남산동 662-35 옛집에 가장 오래 거주했다. 지금은 파괴되고 없는 집터에 대구시는 육사를 기려 초가를 건립할 계획이다. 이옥비 여사는 "남산동에 친척집이 있어 가끔 놀러갔습니다. 어른들께서 네 부모님이 살던 집이 저쪽 동네에 있다고 했어요. (중략) 사진을 찍어 놓았어야 했는데 정말 후회가 되네요. 그분들이 살아계실 때 조금만 더 일찍 이곳을 찾아왔더라면 좋았을 텐데…."라고 아쉬워했다.

육사가 가장 오랫동안 살았던 집
(지금은 반파된 채 남아 있다.)

이옥비 여사는 '아버지에 대해 남아 있는 기억'을 묻는 질문에 "아버지께서 서대문형무소에서 베이징으로 압송될 때 만 3세였다. 이웃에 살던 종조부를 따라 아버지를 마지막으로 뵈었던 기억이 난다. 포승줄에 꽁꽁 묶여 용수(죄수의 얼굴을 보지 못하도록 머리에 씌우는 둥근 통)를 쓴 모습이었다. 중학교 때 삼덕동에 살았는데 창문을 열면 대구형무소가 보였다. 어느 날 죄수들이 포승줄에 묶여 용수를 쓰고 가는 모습을 보고 깜짝 놀란 적이 있는데 아버지 마지막 모습과 너무 흡사했다. 어머니께 말하면 슬퍼할까봐 혼자 끙끙 앓았다. 아버지께서 토종 달걀 빛깔이 나는 아이보리색 양복을 입었던 기억도 난다. 나비넥타이를 맸는데 신사였다. 조풍연 선생이 아버지의 옛 사진을 공개한 적이 있는데 사진 속 아버지께서 내가 기억한 대로 아이보리색 양복을 입고 나비넥타이를 맸더라. 어머니께서 '야야, 니가 내보다 더 여물다'고 했다."라고 회고했다.

'옥비라는 이름이 예쁘다. 이름에 구슬 옥玉이나 왕비 비妃를 많이 쓰는데?'라고 묻자 "아니다. 기름질 옥沃에 아닐 비非다. 아버지께서 직접 이름을 지었다고 하는데 '기름지게 살지 말고 소박하고 검소하게 살라는 의미다. 독립운동가인 아버지의 유지遺志가 내 이름에 남아 있다.'"라고 말했다. ☉

재개발을 앞두고
거의 붕괴 직전에 놓인
육사의 집 일대

34~35 ◎ 중구 관덕정길 16 남산교회, 문우관길 65 보현사
교회 벽에 네 사람의 부조가 새겨져 있는 까닭은?

남산교회는 1914년 7월 남성정교회(제일교회)에서 분립했다. 교회 누리집의 연혁에는 '1916년 1월 이만집 장로 장립, 1917년 9월 이만집 목사 위임(부해리 목사와 공동 시무), 1918년 김태련 장로 전도사로 시무, 1919년 1월 백남채 장로 장립'이라는 기록이 보인다.

교회 벽에 새겨진 백남채 장로, 김태련 장로, 그의 아들 김용해, 이만집 장로 부조

> 대구남산교회
>
> 백남채 장로, 김태련 장로와 김용해 성도, 이만집 목사
>
> 이 분들은 1919년 3월 8일 죽음과 투옥을 두려워하지 않고
> 대구에서 기미년 독립만세운동을 주도했다.
> 애국애족의 그 숭고한 정신을 기리기 위하여
> 여기에 새겨드린다.
>
> 2014년 3월 8일
> 대구남산교회 탄생 100주년을 기념하여
>
> 한기환 作

　이만집 목사, 김태련 장로, 백남채 장로 세 분의 얼굴은 2014년 3월, 교회 탄생 100주년을 맞아 건물 벽에 부조로 새겨졌다. 부조에는 김태련 장로의 아들 김용해 지사도 함께 새겨졌다. 부조 아래 안내판에는 '백남채 장로, 김태련 장로와 김용해 성도, 이만집 목사, 이 분들은 1919년 3월 8일 죽음과 투옥을 두려워하지 않고 대구에서 기미년 독립만세운동을 주도했다. 애국애족의 그 숭고한 정신을 기리기 위하여 여기에 새겨드린다. 2014년 3월 8일 대구남산교회 탄생 100주년을 기념하여, 한기환 작'이라는 해설이 붙어 있다.

　건물 벽에는 옛날 종도 하나 부착되어 있다. 이른바 '광복의 종'이다. 이 종은 1945년 8월 19일 11시에 타종되어 시내에 널리널리 소리를 퍼뜨렸다. 사람들은 '이게 웬 종소리인가?' 하고 놀랐다. 일제는 1938년 교회의 타종을 금지했고, 1942년에는 태평양전쟁을 앞두고

교회의 종 등 쇠붙이들을 강제로 징수했다. 쇠를 녹여 무기를 만들기 위해서였다. 당시 이문주 목사는 종을 땅에 파묻은 후 헌 종을 하나 사서 그것을 되팔아 현금으로 일제에 헌납했다. 남산교회는 1945년 광복을 맞이하여 본래 종을 땅속에서 다시 꺼내어 해방의 밝은 햇살 아래 타종했던 것이다.

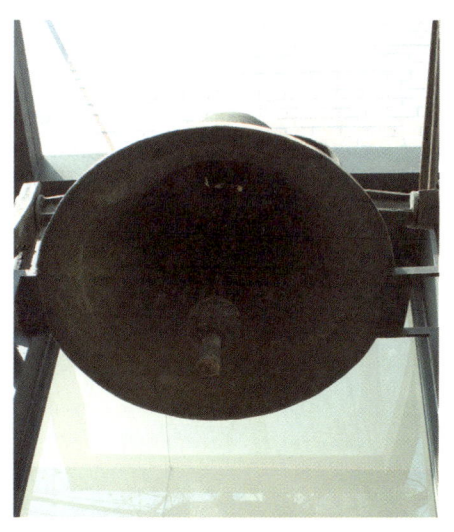

광복의 종

남산교회는 이 네 분을 포함해 많은 독립지사들을 배출했다. 1919년 3·8만세운동 때 순국한 김용해 지사와 그의 아버지 김태련, 백남채·남규 형제, 이만집·성해 부자, 이덕생·장성희 부부, 강학봉, 박영조, 박인서, 박상동, 김용규, 김용기, 김태도·은도 형제, 곽재란, 한재복, 이우건, 박태현, 김봉충 등 20여 분의 독립지사가 그들이다.

김태련·용해 부자에 대해서는 영남일보 박진관 기자가 2015년 8월 28일자 신문에 '김태련은 이만집, 백남채와 함께 대구만세운동을 주동했다. 큰장(옛 서문시장)에서 열린 집회 때 독립선언문을 낭독한 그는 2년6개월의 형을 선고받았다. 출옥 후 신간회에 가입해 활동하다가 1931년 일본 교토로 건너가 교회를 설립해 3년간 한글과 성경을 가르치다 일경에 발각돼 강제출국 당했다. 그는 귀국 후 끝까지 신사참배를 거부했다. 아들 용해는 만세운동 때 아버지가 달성군청(현 동성로 대구백화점 일대)에서 피투성이가 된 채 쓰러진 것을 보고 일경에 저항하다 구타당해 실신했다. 고문의 여독으로 그해 3월 29일 순국했다.'라고 보도한 내용을 참고로 읽어본다.

이만집 목사는 대구 지역 기독교계 자치 운동의 선구자로 일컬어진다. 이만집은 민족대표 33인 중 한 사람인 이갑성으로부터 서울 소식을 전해 들으면서 대구에서 만세운동을 일으키라는 권유를 받고 대구 만세운동을 총지휘했다. 그는 체포되어 3년 동안 감옥 생활을 했다.

그는 일제의 신사참배 강요를 피해 금강산으로 들어가 수양관을 세웠다. 1999년 건국훈장 애국장을 받았으며, 그의 아들 성해 역시 만세운동에 참여해 6개월 투옥된 독립지사이다.

남산교회의 백남채·남규 두 사람도 형제 독립지사이다. 백남채는 만세운동 당시 계성학교 교사였다. 만세운동 주동으로 2년간 복역한 그는 출옥 후 중국으로 가서 벽돌 공장을 하며 임시정부에 자금을 조달했다. 백남채는 서상일이 1922년 대구에 조양회관을 세울 때에도 벽돌을 제공했다46). 백남채의 동생 백남규도 중국에서 독립 운동을 했다. 1919년 임시정부 의정원 경상도 대표위원으로 선임돼 군자금 모금 활동에 주력했던 그는 1990년 애족장을 받았다.

이덕생·장성희 부부 지사도 남산교회 사람이다. 이덕생은 '광복의 종'을 숨긴 이문주 목사의 아들로, 1919년 대구만세운동에 참여했고 항일 비밀결사 조직 혜성단47)에서도 활동했다. 1921년 독립운동지 《신한별보》를48) 제작·배포하다 출판법 위반으로 1년간 옥고를 치렀다. 이후 중국으로 건너간 그는 의열단49)에 가입해 활동하면서 부친이 보내온 월 생활비 10원으로 밀가루 1포대만 구입하고 나머지는 군자금으로 쾌척하는 궁핍 생활 끝에 1939년 세상을 떠났고, 1999년 건국훈장 애족장을 받았다. 부인 장성희도 임시정부 애국부인회 부회장으로서 독립운동에 매진했다.

---

46) 107쪽 참조

47) 1919년 4월 17일 계성학교 학생들이 중심이 되어 결성한 항일 비밀 결사체로, 관리와 자산가들에게 경고장 등을 배포하다가 일제에 체포되어 1년6개월~4년의 징역을 살았다. 자세한 내용은 232쪽 계성학교 편 참조.

48) 신암선열공원에 안장되어 있는 김천의 김교훈 지사도 이 신문을 배포하며 독립운동 군자금을 모으다가 체포되어 옥고를 치렀다.

49) 187쪽 참조

대구 남산교회

　박영조 목사는 경주 도동리교회(현 경주제일교회) 목사로 재직 중이던 1919년 3월 15일 경주만세운동을 주도했다. 일제에 체포되어 대구형무소에서 1년 동안 수감 생활을 했고, 출소 후 남산교회 담임목사로 시무했다. 1995년 건국훈장 애족장이 추서됐다.

　1919년 영주만세운동을 주도한 박인서 장로는 마포형무소에서 2년 동안 수감 생활을 했다. 형무소에서 기독교 신자가 된 그는 출소한 1923년 이래 대구에서 기독교서적 판매업을 했다. 1945년에는 끝까지 신사 참배를 거부한다는 이유로 다시 투옥되어 처형 직전까지 몰렸으나 때마침 광복이 되면서 풀려났다. 그에게는 다음과 같은 유명한 일화가 전해온다.

　　1950년 6·25전쟁이 일어났고 인민군들이 대구(북쪽 다부동)까지 밀고 내려 왔었다. 이때 유엔군과 국군이 후퇴를 하게 되었고 낙동강 최후의 방어선에 피난민들이 집결하고 있었다. 이때 박인서 장로는 신분을 확인 길이 없어서 믿는 사람(기독교 신자)들은 따로 모이게 하고 예수 안 믿는 사람들을 먼저 낙동강을 건너게 했다. "예수 믿는 사람들은 여기서 죽게 되면 천국으로 직행하는 데 무엇이 급하다고 피난을 갑니까?" 하고 안 믿는 사람들을 먼저 보냈다는 일화가 있기도 하다. (김수진 목사, 2013년 2월 2일 한국장로신문)

왜관철교는 일제가 대륙 침략을 목적으로 1905년에 설치했다. 1950년 8월 3일에는 남하하는 북한군의 도강을 막기 위해 미군에 의해 일부가 폭파되기도 했다.

김용규 목사는 1918년 광복회에 가입했고, 1920년 임시정부 군자금을 조달하다 일제에 체포되었다. 1925년 목사가 된 그는 선교사를 통해 미국의 헐 국무장관에게 일본의 학정을 폭로하고 한국의 독립을 지원해 달라고 요청했다. 그 후에도 신사참배를 거부하다가 옥고를 치르는 등 해방 때까지 모두 37차례나 피검 또는 투옥됐다.

계성학교 재학 중 대구만세운동으로 1년 동안 대구형무소에 갇혔던 박태현 전도사에 대해서는 275~278쪽에 자세히 언급되어 있다.

박상동 목사는 1919년 대구만세운동에 참여해 1년 동안 투옥됐다. 그 후 1943년에도 신사참배를 거부하다 또 다시 체포되어 1년6개월 동안 옥고를 치렀다.

강학봉은 1919년 대구만세운동 당시 만경관 인근에서 제화점을 경영하고 있었는데, 종업원 30여 명을 이끌고 만세 시위의 선두에 섰다가 6개월 동안 수감 생활을 했다. 본래 대구복심법원에서 2년형을 선고받았지만 6개월 만에 병보석으로 풀려났다.

김은도는 한국신학교 재학 중 항일 정신을 고취시킨 설교 사건으로 체포되어 투옥됐다. 그는 1945년 1월 인천형무소에서 순국했다.
　곽재관 목사는 1939년 일본 유학 중 '독서회'를 조직해서 활동했고, 1941년 귀향해서는 대구사범학교 다혁당50) 회원들과 교류했다. 초등학교 교사로 부임한 이후에는 학생들에게 독립정신을 고취하다 일제에 체포되어 1942년 대전형무소에서 복역했다. 병보석으로 풀려났지만 1944년 재판장에 맞서다가 재수감되어 소위 '치안유지법' 위반으로 1년 징역을 살았다. 1990년 건국훈장 애족장이 추서됐다. ☯

남산교회에서 동부교육청 담장을 따라 200m 가량 가면 보현사가 나타난다. 보현사는 동화사 포교당으로 1919년 당시 학승들이 만세운동을 준비한 독립운동 유적지이다. 자세한 내용은 이 책 16~25, 156쪽 참조. * 보현사 주소 : 남산동 932-35번지, 문우관길 65

---

50) 166쪽 참조

1916년 9월 박상진, 김진만, 김진우, 정운일 등은
부호 서우순에게서 군자금을 거두던 중 체포된다.
이른바 '대구 권총 사건'이었다.
반월당 도로변은 김진만 지사 집터이다.
염매시장 앞은 1919년 3월 10일 대구 만세운동의 현장이다.
그 옆 현대백화점 앞에는 동학 교주 최제우가
동아쇼핑 주차장 출구의 관덕정 뜰에서 순교한 사실을
기리는 비가 세워져 있다.

36~38 ☯ 중구 달구벌대로 2018-22 염매시장 입구
대구 1919년 만세운동의 불꽃이 다시 타오른 중심지

1919년 3월 10일 만세운동 유적지 1919년 3월 8일 대구에서 만세운동이 일어난다. 대구 사람들은 서문시장(현재 위치가 아니라 동산병원 네거리와 대구은행 북성로지점 사이 일대)에서 출발하여 서문로를 걸어 대구경찰서(현 중부경찰서)로 나아가며 "대한독립만세!"를 외쳤다. 시위 군중은 식산은행 대구지점(대구근대역사관) 네거리에서 우회전하여 종로로 들어섰다가, 다시 대구읍성의 남장대 터(중앙파출소)를 지나 달성군청(대구백화점 일대)까지 전진했다. 지금 남구 이천동의 '캠프 헨리' 자리에 주둔하고 있던 일본군 보병 80연대가 기관총 등으로 무장한 채 긴급 출동했고, 결국 시위대는 끌려가고 폭행당하여 흩어졌다.

이날 잡혀가지 않은 사람들이 3월 10일 다시 만세운동을 일으켰다. 계성학교 교사 김영서와 김삼도(신암선열공원 안장), 박태현(신암선열공원 안장, 275쪽 참조), 박성용, 박재헌 등의 학생들, 전당포 업자 김재병, 농민 이덕주 등은 덕산정 시장(남산교회와 염매시장 입구 일대)에서 남산교회 신도들과 일반 시민들을 규합해 "대한독립만세!"를 부르짖었다. 이틀의 시위로 모두 225명이 일본 경찰에 끌려갔고 76명이 실형을 언도받았다. 76명 중에는 계성학교 학생 36명(당시 전교생 46명)과 대구고보(현 경북고) 학생 7명이 포함되어 있었다.

그 후에도 대구 사람들은 일제에 굴복하지 않았다. 계성학교의 재학생과 졸업생들은 혜성단을 결성해 시장 철시 운동과 독립군 군자금 모금 운동 등을 펼쳤다(234쪽 참조). 대구고보 학생들도 끈질긴 동맹휴학 투쟁으로 일제에 대항했다. 1922년~1936년 대구고보 입학생들은 50%밖에 졸업하지 못했다(178쪽 참조).

김진만·진우 형제 지사 집터 1919년 3월 10일 독립만세운동의 현장인 염매시장 입구 오른쪽의 반월당 네거리 중심부는 김진만金鎭萬·김진우金鎭瑀 형제 독립지사의 집터 유허이다. 지금은 집도 없고 집터도 없이 그저 도로와 인도만 조성되어 있어 답사차 현장에 들러도 일제강점기의 느낌은 찾을 길이 없다.

1876년 8월 24일과 1881년 7월 1일에 각각 출생한 형제는 세칭 '대구 권총 사건'으로 8년여에 이르는 감옥 생활을 한 독립운동가들이다. 1977년에 각각 건국훈장 독립장과 애국장을 추서받았다.

형제는 1910년대의 대표적인 국내 혁명단체였던 광복회光復會 회원으로 활약했다. 광복회는 풍기 광복단豊基光復團과 조선국권회복단朝鮮國權恢復團 인사들이 1915년 8월 25일 대구 달성공원에서 두 단체를 통합하

영주 '풍기 광복단 기념관'

여 조직한 결사로, 비밀·폭동·암살·명령을 행동강령으로 삼고 군자금을 조달하여 국내의 혁명 기지를 확보하는 한편 만주의 독립군 기지에서 혁명군을 양성함으로써 적당한 기회를 맞이했을 때 폭동으로 독립을 쟁취할 계획을 가지고 있었다.

광복회는 조직 확대와 더불어 총사령 박상진朴尙鎭의 지휘 아래 군자금 조달에 힘을 쏟았다. 김진만은 군자금을 모집하기 위해 1916년 9월 4일 권총을 휴대하고 김진우金鎭瑀·정운일鄭雲馹·최병규崔丙圭 등과 함께 자신의 장인인 대구 부호 서우순徐祐淳의 집에 숨어들었다. 그 과정에서 그 집 머슴과 격투가 벌어졌고, 김진우가 머슴에게 권총을 발사함으로써 사정이 여의치 않게 돌아갔다.

김진만 일행은 일단 피신했지만 곧 일경에 피체되었고, 1917년 6월 18일 대구복심법원에서 징역 10년과 12년을 언도받아 각각 8년여의 옥고를 치렀다. 이를 흔히 '대구 권총 사건'이라 불렀다.

김진만 지사의 둘째아들 김영우도 1920년 12월 중국으로 건너가 독립운동에 투신했다. 그는 1921년 3월 조선총독부 등을 폭파할 목적으로 서울로 돌아와 준비하던 중 체포되었다. 그해 7월 9일 대구지방법원에서 징역 3년을 언도받았고, 만기 출소하여 대구 지역에서 노동운동에 매진하던 중 건강 악화로 1926년 7월 16일 33세의 젊은 나이에 세상을 떠났다. 그의 장례는 1926년 7월 21일 대구 최초의 사회운동단체연합장으로 치러졌다.

김영우의 장남 김일식도 대구고보 재학 중이던 1928년 동맹휴학 사건으로 퇴학을 당했다. 그 이후 김일식은 1931년 6월 사회과학연구회, 11월 '적색 노동조합건설 대구협의회' 결성을 주도했다. 그는 1932년 일제에 체포되어 소위 '치안유지법' 위반으로 2년 6개월의 징역을 살았다.

오늘날 3대 독립지사 가문의 유허인 덕산동 668-17번지는 지번조차 멸실되어 버렸고, 그 터에는 할아버지·아버지·아들 3대에 걸쳐 쟁쟁히 이어진 독립운동의 정신적 자취도 찾을 길 없이 묘연하다. 아버지와 아들이 대를 이어 매진했던 사회주의 운동의 반월당 유허는 노동조합을 인정하지 않는 한국 자본주의의 상징 삼성의 거대 사옥 등 빌딩 그늘로 뒤덮인 채 난폭하게 질주하는 자동차들이 토해낸 소음으로 가득 차 있을 뿐이다.

최제우 처형지 반월당 네거리에서 염매시장 입구로 들어가는 길목 중 한 곳에도 답사해야 할 유적지가 있다. 민족 자주를 위해 일어난 1894년 갑오농민전쟁의 뿌리 동학을 창시한 최제우를 기리는 비가 2017년 5월 26일 현대백화점 앞 인도 위에 세워졌다. 〈동학 교조 수운 최제우 순도비〉라는 이름의 이 비는 '수운 최제우 대선사 순도비 건립위원회(위원장 박위생)'가 건립했다.

순도비가 이곳에 세워진 것은 최제우의 순교지인 관덕당觀德堂 뜰이 바로 이웃이기 때문이다. 관덕당은 경상감영이 관할하던 국사범國事犯(정치범)을 처형하던 곳으로, 1933년에 간행된 《천도교 창건사》에 따르면 최제우는 '1864년 3월 2일(음) 대구읍성의 남문 앞 개울가에 있는 관덕당 뜰에서 참형되었다.'

> **관덕당 옛터**
>
> 관덕당(觀德堂)은 경상감영이 관할하는 국사범을 공개처형하던 곳으로 1749년 경상도 관찰사 민백상이 무과시험장인 도시청(都試廳)을 건립하면서 세워졌다. 조선 후기에는 선무군관과 별무사를 선발하던 군사훈련장 이었고, 1895년 갑오개혁 이후 진위대로 개편되었다. 1907년 진위대 해산 이후 일본군이 잠시 사용하다가 해방되면서 헐려 없어졌다. 1933년 간행된 '천도교 창건사'에는 동학 창시자 수운 최제우가 1864년 대구 읍성의 남문 앞 개울가(대구천)에 있는 관덕당 뜰에서 참형되었다고 묘사되어 있다. 현재의 관덕정은 1990년 천주교순교기념관으로 건립된 것이다.

순도비에서 북동쪽으로 20m가량 떨어진 달구벌대로 2085의 동아쇼핑센터 주차장 출구 앞에는 중구청에서 세운 '관덕당 옛터' 안내판이 있다. 최제우는 '등불은 물 위에 밝게 어리되 물과 어긋남이 없고, 기둥은 말라보이나 힘이 남아 있다.'면서 '높이 날고 멀리 뛰라高飛遠走.'는 유언을 남겼다. 우리는 언제 과연 높이 날고 멀리 뛸 수 있을까? 아마도 통일의 그 날이 아닐까! 그런 생각을 하며 먼지가 잔뜩 쌓인 안내판을 한번 쓰다듬어 본다.

39~40 ◐ 진골목, 약전골목 교남YMCA
시내 중심가 두 골목, 일제 강점기에는 어땠을까

진골목 반월당 네거리에 파묻혀 있는 김진만 형제 독립지사 집터 유허, 1919년 3월 10일 독립만세운동 장소 염매시장 입구, 동아쇼핑 센터 주차장 출구 앞 동학 교주 최제우 순도지 안내판 및 현대백화점 앞 인도 위 순도비를 본 후 약전골목으로 들어선다. 친일파 대구군수 박중양이 대구읍성을 철거한 1906~7년 이전까지 대구읍성의 정문이 었던 영남제일관51)의 터를 지나 종로로 내려간다. 얼마 전까지만 해도 약전골목의 중심지 네거리답게 '대남 한의원'이라는 현판을 달고 있었지만 이제는 'EDIYA COFFEE'라는 서양식 간판을 번쩍이고 있는 중구 종로 17(남성로 92번지) 4층 건물의 모서리 바닥에는 이곳이 영남제일관 터라는 사실을 적시해놓은 작은 표지석 하나가 사람들의 발길을 피해가며 앉아 있다.

영남제일관 표지석에서 종로로 30m쯤 내려가면 오른쪽 골목으로 진입하는 입구가 나타난다. 주소가 종로2가 91-4번지인 입구 우측 건물에는 '진골목길 2'라는 지번 번호판이 붙어 있다. 그런 번호판이 붙은 것은 이 골목길이 예로부터 '진골목'으로 불려왔기 때문이다. 진골목은 질퍽질퍽한 골목이 아니라 '긴' 골목을 의미한다. '길다'의 '긴'을 경상도 발음으로 소리낸 '진'이 '골목' 앞에 붙은 결과이다.

---

51) 경상도와 전라도에서 서울로 가려면 대구 영남제일관과 전주 호남제일관을 지나야 했다. 호남제일관은 지금도 굳건히 남아 있지만(보물 308호) 영남제일관은 박중양이 파괴해버렸다. 1980년 영남제일관을 다시 짓지만 본래 위치와 무관한 동구 망우당공원에, 그것도 정면 5칸의 큰 누각을 호남제일관처럼 3칸으로 만드는 바람에 복건의 의미는 상당 부분 사라져버렸다.

진골목은 본래 대구 부자들이 밀집해서 살았던 곳이다. 일제 시대 조선인 최고 부호였던 서병국의 저택(종로2가 31, 현 화교협회 건물), 현재 '진골목 식당'으로 사용되고 있는 700평 한옥 서병원의 저택(남일동 66, 뒷날 코오롱 창업주 이원만 거주), 1937년에 건립된 2층 양옥 서병직 저택(남일동 141, 뒷날 정필수 원장이 매입하여 의원으로 사용했고, 지금도 '정 소아과' 간판이 서 있다), 600평 넓은 땅의 서철균 저택(남일동 126 일대, 뒷날 정치인 신도환 거주) 등 대저택들이 즐비하다.

이 골목에도 나라를 살리려고 애를 태웠던 선조들의 삶이 서려 있다. 1907년 2월 21일 지금의 시민회관 자리에서 '국채國債보상운동 대구군민대회'가 열려 나라빚國債 갚기 국민 모금 운동이 시작되자, 이틀 뒤인 2월 23일 이곳 진골목의 부인 일곱 명도 '남일동 패물 폐지 부인회'를 결성했다. 남자들은 금연을 통해 모은 돈을 국채 갚기에 보탠다고 하지만 여자들은 담배를 피우지 않으니 패물을 팔고 폐지를 모아 힘을 보태자고 결의했던 것이다.

대구시민회관 앞 국채보상운동 기념 조형물

듣는 이의 마음을 아프게 하는 실화도 남아 있다. 대구 앞산 큰골에 '순국 기념탑'이 세워져 있는 이시영李始榮(1882~1919)은 1919년 3·1운동 직전 윤상태, 서상호, 정운일 등과 비밀 결사항일운동을 하면서 진골목 부호 서우순에게 독립군 군자금 헌납을 강요하다가 체포되어 대구감옥에서 옥살이를 했다. 출옥 후 이시영은 만주로 가서 독립운동에 매진하지만 이내 병으로 세상을 떠난다. (289쪽 참조)

대구 앞산 큰골 '이시영 선생 순국 기념탑'

213

중구 남성로 24번지 '대구 구 교남YMCA 회관'

교남YMCA 진골목에서 돌아나와 약전골목으로 올라온다. 영남제일관 터 표지석에서 오른쪽으로 접어들면 약전골목이 펼쳐진다.

약전藥廛이 약藥을 파는 가게廛이니 약전골목은 한약방이 많은 거리이다. 이곳에 약전골목이라는 이름이 붙은 것은 1908년으로, 1658년 경상감영 객사 앞에 처음 형성되었던 약령시가 박중양의 대구읍성 파괴 이후 이곳으로 이전되면서 차차 새 이름 '약전골목'을 얻었다.

박중양이 성곽을 궤멸시키자 그 자리에 길이 생겨났다. 중앙파출소 자리의 남장대南將臺(장수가 지키는 남쪽의 지휘소)에서 대구역 맞은편 대우빌딩 뒤 동장대東將臺까지는 동東쪽 성城벽이 무너진 터에 생긴 길路이라 하여 동성로東城路가 되고, 동장대에서 대구은행 북성로 지점 앞의 북장대까지는 북성로가 되었다. 북장대에서 약전골목 끝 약령서문西門 자리의 서장대까지는 서성로가 되고, 서장대에서 동장대까지는 남성로가 되었다. 남성로가 곧 약전골목이다.

약전골목의 본명 약령시藥令市는 약藥을 파는 약시藥市와 관공서 소모품䍃을 공급하는 영시䍃市 기능을 동시에 수행하는 시장을 가리킨다. 본래 경상감영 옆에 설치된 약령시로서는 관공서 물품 취급이 '맡은 바 임무'였다. 즉 약령시는 자연발생적으로 형성된 시장이 아니라 1658년 당시 관찰사 임의백의 명령을 받아 계획적으로 만들어진 관제 시장이다.

일제 총독부는 1941년 약령시 개장을 금지했다. 그 후 대구 약령시는 존재감을 잃은 채 지지부진한 상태로 명맥을 이어오다가 1978년 들어 다시 현대적으로 재개장했다.

약전골목의 중간쯤 되는 중구 남성로 24번지에 있는 교남YMCA 건물 앞에는 작은 빗돌이 하나 세워져 있다. 빗돌에는 '신간회 대구지회 활동의 터전 – 교남YMCA회관'이라는 제목 아래 '여기는 1927년 9월 3일 설립된 일제 강점하 국내 최대 항일 민족운동 단체인 신간회의 대구지회가 활동한 곳이다. 신간회 대구지회는 강연회, 사상 강좌, 노동 야학 운영, 재만 동포 폭압 규탄 등을 통해 항일 민족의식 고취와 민족협동 전선 형성에 힘썼다.'라는 글이 새겨져 있다.

약전골목 내 최고의 독립운동 유적은 교남YMCA 건물이다. 1919년 3월 10일 만세운동이 일어난 염매시장~남산교회 일원, 민족시인 이상화가 1943년 4월 25일 세상을 떠난 계산동2가 84번지 '상화 고택', 상화고택 바로 옆 계산동2가 90번지에 있는 시인의 형 이상정 장군 고택, 상화고택 맞은편 계산동2가 100 서상돈 고택 등은 대구읍성 남쪽 성곽 밖에 있었으니 소재지가 약전골목이 아니다. 이는 대구읍성 남문 영남제일관의 터가 약전골목 중심부 네거리에 있다는 사실을 보면 가늠할 수 있다. 교남YMCA의 주소도 '남성로 24'이다.

교남YMCA 건물은 등록문화재 570호로 지정되어 있는 근대 건축문화유산이다. 공식 이름이 '대구 구 교남 YMCA 회관'인 이 문화재 앞에는 '일제 강점기 3·1만세운동 당시 주요 지도자들의 회합의 공간이었으며, 물산장려 운동(대략 '국산품 애용 운동'), 기독교 농촌 운동, 신간회(98쪽 참조) 운동 등 기독교 민족 운동의 거점 공간으로 사용된 역사적 장소이다. 1914년에 건립된 2층의 붉은 벽돌 건물로 1층과 2층 사이를 돌림띠로 장식하고, 창호 상부는 아치로 안방을 확보하여 사각형의 창문을 설치하는 등 1910~20년대 조적조組積造(벽돌이나 블록 등을 쌓아 벽을 만드는) 건축의 특징을 잘 간직하고 있다.'라는 안내판이 세워져 있다.

대구Y 초대 이사장 이 만 집
(1918년)
Lee, Man Jp / 1st chairman of Taegu YMCA

대구Y 초대총무 김 태 련
(1918년)
Kim,Tae Ryun / 1st General secretary of Taegu YMCA

대구YMCA가 1999년에 펴낸 《대구YMCA 80년사》는 교남YMCA가 대구 독립운동사에서 어떤 의미를 지니는지 잘 설명해준다.

1919년 3월 8일 : 이만집, 김태련, 김영서, 백남채 등 교남기독교청년회의 창립 지도자들이 대구 지역 3·1독립만세운동을 주도, 지도자 대부분이 투옥되면서 활동과 사업이 일시 중단됨. (교남YMCA 창립 발기인은 모두 12명으로 그 중 9명이 조선인이었다. 그 9명 가운데 이만집, 김태련, 김영서, 백남채, 정광순, 권희윤, 이재인 등 7명이 남산교회 소속이었는데 모두 1년 이상 투옥되었다.)

1921년 봄 : 이만집 목사 등 만세운동으로 옥고를 치르던 지도자들이 출감하여 교남기독교청년회 재건 작업 개시.

1929년 11월 : 광주 학생의거 때 당시 계성중 학생이던 이원우 등이 대구 지역의 학생 만세 시위를 주도. 이원우(대구YMCA 10대 총무)

1934년 가을 : 교남기독교청년회 소년부 간사였던 최문식과 계성중 학생기독교청년회 임원이었던 이재복 등이 기독교사회주의 비밀결사 사건의 주도자로 검거되어 옥고를 치름.

아래는 '계성 학생기독청년회 임원 일동'의 1924년 6월 사진으로, 뒷줄 가운데가 이재복.

교남YMCA 건물 앞에 서면 늘 생각나는 책이 있다. 대구와 경북 일원에서 기독교 선교 활동을 했던 미국인 브루엔의 《아, 대구! 브루엔 선교사의 한국 생활 40년》(대구 남산교회, 2014)이다. 이 책에 실려 있는 1919년 3월 8일 대구독립만세운동 목격담 중 일부인 아래 내용은 읽을 때마다 마음이 떨려오는 감동을 느낀다. 독자들에게 소개를 하지 않을 수 없다.

이날 오전 김천역에 도착했다. (중략) 한 일본군 장교가 "만세를 외치는 사람을 보면 즉시 사살하라!" 하고 소리쳤다. '만세'라는 말은 1만 년의 세월을 뜻하지만 한국인들은 자신의 오랜 역사에 근거한 애국 슬로건으로 사용한다. (중략) 한국인이 벌인 평화운동(3·1운동)은 한국이라는 작은 나라가 일본의 지배하에 있다는 사실을 세계 만방에 알리고자 하는 목적이었다. 나는 기차를 타고 제 시간에 맞춰 대구에 도착했다. (중략) 나는 독립운동 때문에 세 사람의 조사助事(목사를 도와 전도하는 교회 직책), 한 사람의 전도사 그리고 여러 영수(아직 조직이 덜 완비된 교회에서 목사를 도와 교회 운영을 이끌어가는 신도)들을 모두 감옥에 빼앗겼다. 영수 한 사람은 매우 혹독하게 매를 맞았으며 한 사람은 피신 중이다.
안타까운 일은 남산교회 장로 아들(김용해)이 구속돼 심한 고문을 받다가 풀려났지만 후유증을 견디다 못해 죽은 것이다. 그런데 그 아버지(김태련)는 이 사실도 모른 채 여전히 감옥에 있다. (대구3·8만세운동에서 중요한 역할을 했던 김태련 장로의 아들 용해는 고문을 받은 끝에 목숨을 잃었다.)
(중략) 나는 이 교회의 설립자이고 선교목사였기 때문에 예배를 이끄는 것은 특별한 일이 아니었으며 신도들은 나를 환영했다. 그런데 내가 첫 번째 찬송가('만세 반석 열리니')의 장을 말했을 때 사람들은 경악한 모습이었다. 노래의 첫 단어가 '만세'였으니 얼마나 놀랐겠는가. 그건 내가 이틀 전 김천역에서 들었던, 만세를 외치는 사람은 모두 죽여 버리라는 협박을 들었을 때의 그 단어였다. (중략)

첫 번째 소절에선 '만세'의 반응이 매우 약했다. 한 소절을 생략해도 된다고 생각했지만 '만세'는 계속 반복됐고 사람들은 더 목청껏 크게 불렀다. 그 다음 일이 어떻게 될 것이란 두려움은 사라졌다. 나는 일본 경찰과 맞닥뜨릴 것을 예상했고 이것이 의도된 저항이 아니란 사실을 어떤 관리에게도 설득시킬 수 없을 것 같았다. 훗날 일본 경찰은 그 자리에 없었다는 것을 알았다. 모든 경찰은 다른 곳에 동원됐으며 교회 예배에까지 찾아올 인력이 없었다는 것을 알게 됐다.

교남YMCA와 마주보고 제일교회가 서 있다. 1933년에 건축된 제일교회 건물은 대구시 유형문화재 33호로 지정되어 있는 문화유산이다. 여름철이면 푸른 빛으로, 가을이면 붉은 빛으로 고색창연한 아름다움을 뽐내었던 건축물이지만, 지금은 담쟁이를 모두 잃은 채 벌거벗은 몸으로 창공을 찌르고 있어 뭔가 어색하게 느껴진다.

물론 이 예배당을 처음 보는 사람은 그런 느낌을 받을 일도 없을 것이다. 동산병원 뒤 '청라 언덕'에 2002년 완공한 새 건물로 이사를 떠난 뒤 예배를 보지 않는 이 건물은 더 이상 예배당이라고 할 수도 없다. 그런 까닭에, 종교 시설만의 신비로운 분위기는 반쯤 사라졌다.

하지만 이곳에서 분립되어 나간 남산교회 사람들은 대단한 독립투사들이었다(199쪽 참조). 제일교회 구관과 교남Y 건물 앞에서 두 번 묵념을 올린 뒤 약전골목 서쪽 끝의 서장대 터(약령서문)를 향해 걷는다. 서문을 등지고 섰을 때 정면으로 보이는 서성로 네거리는 서상한 독립지사의 집터 유허다. ☯

대구읍성 서장대 터의 약령서문

41~42 ☯ 서상한 생가터, 허무당 선언서 작성지
암살과 폭파로 독립의 길을 찾았던 두 독립지사의 집터

서상한 지사 생가터 서상한徐相漢(1901~1967) 지사는 서상일徐相日의 동생이다. 대구고등보통학교에 재학 중이던 1918년 일본 동경 명치明治대학에 유학하여 경제학을 전공했고, 정칙正則영어학교에도 진학했다. 그는 학비 문제를 해결하기 위해 신문배달, 공원, 우체부 등으로 일하면서 고학하였다. 당시 그는 노령에서 크게 활약 중이던 친형 서상일의 영향을 받아 늘 항일 운동에 헌신할 것을 결심하고 있었다.

이윽고 서상한은 1920년 1월 유진걸·김낙준 등의 동지들과 함께 '동경 노동 동지회'를 조직했다. 동경노동동지회는 동경의 '고학생 동우회'와 긴밀한 사이였다. 그는 이들 단체를 중심으로 항일투쟁을 계획하였다. 먼저 매국노들의 간교한 계책에 따라 이루어지는 영친왕榮親王(1897~1920, 고종의 일곱째 아들)과 일본 황족 이본궁방자梨本宮方子의 결혼이 장차 우리나라의 독립에 큰 장애가 될 것으로 판단했다. 그래서 4월 29일 결혼식에 폭탄을 투척하기로 결심했다.

2월부터 서상한은 동지 양주영 등과 함께 폭탄 제조에 들어갔다. 물고기를 잡는다는 핑계로 일본인 학생 금정생랑今井生郞·상촌흔작上村欣作의 도움을 얻어 폭탄을 만든 후 왕자원王子原에 가서 실험을 하였다. 폭탄의 위력은 양호했다.

그는 중앙대 학생인 신 모와 거사 장소에 잠입할 방법에 대해 논의했다. 신은 우체부로 가장하면 된다면서 배달부 옷 한 벌을 구해 주었다. 하지만 신은 일본의 밀정으로 암약하고 있던 자였다. 신의 밀고로 서상한은 4월 11일 체포되었고, 금고 4년형의 옥고를 치렀다.

출옥 후인 1922년 초 다시 유진걸 등과 함께 고학생 동우회의 분신으로 형설회螢雪會를 조직했고, 그 후 아나키스트 클럽인 동경 흑우연맹黑友聯盟과 제휴하여 노동 운동에 전념했다. 그는 줄곧 일본에 거주하면서 투옥된 독립지사들의 뒷바라지를 하는 등 여러 방법으로 항일 운동에 복무했다. 1967년 동경에서 세상을 떠나자 재일교포들은 그를 사회장에 준하는 예로 장례를 치렀다. 정부는 고인의 공훈을 기려 1963년에 건국훈장 독립장을 추서하였다.

그의 생가터는 '경상북도 대구부 서성정 15번지'로 확인된다. 약령서문을 등지고 서성로 네거리를 바라본다. 지사의 생가와 집터는 도로에 편입되어 네거리 아래 흙 속으로 자취도 없이 사라졌지만 그의 변함없는 독립정신만은 여전히 뜨거운 기운을 뿜으며 하늘로 솟구치고 있는 듯 느껴진다. 지사의 명복을 빈다.

약전골목 서쪽 끝의 대구읍성 서장대 터(약령서문)에서 바라본
서상한 지사 생가터(서성로 네거리 중 하얀 동그라미 부분)

허무당 선언서 작성지 서성로 28(계산동2가 1-1, '경상북도 대구부 명치정 2정목 1')은 무정부주의 운동에 가담하고 있던 윤우열尹又烈이 1925년 11월 이래 '허무당虛無黨 선언서'를 작성한 그의 자택 터이다.
　윤우열은 서울 중동학교, 조선 중앙 기독교 청년회YMCA 영어과, 동경 세이소쿠正則 영어학교 속성과 등을 다녔다. 재학 중 그는 제국주의 타도와 신사회 건설을 목표로 하는 무정부주의·사회주의에 관심을 갖고 관련 서적을 탐독해갔다. 윤우열은 1920년대 중반 신사상을 수용하고 일본 제국주의에 반대하여 청년운동을 전개하다 체포되어 옥고를 치렀다.
　1924년 서울 청년회에 가입하는 한편 대구에서 제4청년회第四靑年會 조직에 참여하여 집행위원으로 선출되었다. 청년층의 단결과 교육훈련을 목표로 삼은 제4청년회는 노동·농민·부인·형평·소년운동 등을 적극 지원코자 하였다. 윤우열은 이후 철성단鐵城團·대구 노동 공제회大邱勞動共濟會·대구 청년 동맹大邱靑年同盟, 경북 사회운동자 동맹慶北社會運動者同盟, 자유노동자 조합自由勞動者組合 등에서 활동하며 대구·경북 지역 사회운동을 선도했다.
　그는 서울에서 조선 청년 총동맹朝鮮靑年總同盟 집행위원 및 조선 노농 대회朝鮮勞農大會 준비위원으로 선출되기도 했다. 이윽고 1926년 1월 윤우열은 허무당 선언서를 발표하였다. 1925년 4월 곽철郭澈 등이 무정부주의를 주창하며 흑기연맹黑旗聯盟을 조직하였다가 검거되자 이에 자극을 받았고, 동지를 규합하여 일제에 대한 무력 행사를 실현하고자 선언서를 준비했다. 선언서는 폭파, 암살, 방화 등의 직접적인 투쟁으로 혁명을 완수하자는 내용으로, 신채호의 《조선 혁명 선언》과 비슷했다(188쪽 참조).
　윤우열의 동지 하은수河銀水는 1926년 1월 2일과 3일에 서울조선청년총동맹사무소와 한성 강습원에서 강사 안병희安秉禧의 도움을 얻어 허무당 선언서를 등사했다.
　선언문의 일부를 읽어본다.

윤우열 지사가
무장투쟁을 독려하는
'허무당 선언서'를
작성한 중구
서성로
28

(조선은) 이중삼중으로 폭악한 적의 박해를 받고 있다.

(조선은) 착취와 학대와 살육과 조소와 모욕이 있을 뿐인 암흑한 수라장이다.

불안과 공포로서 신음하고 있는 이때에 폭파·방화·총살의 직접 행동을 주장하는 허무당이 분기하였다.

포악한 적의 압박 하에 고통하는 민중이여,

허무당의 깃발 아래로!

일거에 적을 무찌르라!

허무당 만세, 조선혁명 만세!

일제에 '선전 포고'를 한 그는 선언서를 계동 전일全一의 집으로 옮겼다가 1월 3일 경성 우체국에서 전국 각지의 신문사와 관공서 177곳과 일본으로 발송했다. 윤우열은 저술가 양명梁明, 한글학자 이윤재李允宰(309쪽 참조) 등의 집에 숨어서 지내다가 1926년 1월 12일 종로경찰서에 체포되었다. 윤우열은 그해 5월 경성지방법원에서 징역 2년을 선고받고 1년 2개월의 옥고를 치르던 중 감형되어 이듬해 2월 출옥했다. 그러나 폐렴으로 4개월 만에 숨을 거두었다. 정부는 고인의 공훈을 기려 2007년 건국훈장 애족장을 추서하였다.

43~46 ☯ 계산동2가 84 이상화 집터 일원
토요일이면 독립운동 연극이 공연되는 근대 골목길

이상화 집터 계산성당 뒤편 좁은 골목 안에 있다. 골목 입구에는 이 길이 '(통칭) 상화고택'으로 가는 길목이라고 말해주는 이정표가 세워져 있다. 물론 이정표가 없어도 이 근처에서는 상화고택으로 가는 길을 쉽게 찾을 수 있다. 〈빼앗긴 들에도 봄은 오는가〉 등의 내용이 적힌 현수막이 늘 걸려 있어 상화고택이 근처에 있다는 사실을 짐작할 수 있게 해줄 뿐만 아니라, 시인의 얼굴도 커다랗게 벽에 그려져 있기 때문이다.

고택은 기념관 형태로 꾸며져 있다. 마당에는 당시에 썼던 펌프가 있지만 물을 뽑아 올려서 마실 수는 없다. 장독대 건너편에는 대표작 '빼앗긴 들에도 봄은 오는가'를 비롯한 시비 셋이 나란히 세워져 있다.

이상화는 '민족 시인'으로 아주 유명하지만 독립운동가로는 별로 알려져 있지 않다. 1943년 4월 25일 시인이 세상을 떠날 때까지 마지막으로 거주했던 고택 뜰에 서서 그의 시인으로서의 경력과 독립운동가로서의 또 다른 이력을 함께 살펴본다.

상화고택

1901년 5월 9일 대구 중구 서문로2가 11-1번지에 태어난 시인은 7세 때 아버지를 여의고 14세까지 백부의 훈도를 받으면서 자랐다.52)

시인은 18세에 서울 중앙학교 3년을 마쳤다. 1919년 대구3·8만세운동 당시에는 친구 백기만白基萬 등과 함께 대구 학생 시위를 준비하던 중 사전에 탄로나 서울로 탈출했다. 1922년에는 프랑스 유학을 목적으로 일본에 가서 '아테네 프랑세'에서 프랑스어와 프랑스문학을 공부하지만 1923년 9월 관동 대진재關東大震災를 겪고 1924년 귀국했다.

1922년 이래 홍사용, 박종화, 박영희, 김기진 등과 함께 '백조' 동인으로 활동하면서 〈나의 침실로〉 등을 발표했다. 그 이후 김기진 등과 함께 파스큘라PASKYULA라는 좌파 계열의 문학단체에 가담했고, 1925년도에 좌파 예술가 단체인 조선프롤레타리아예술동맹KAPF에 창립 회원으로 참여했다. 〈빼앗긴 들에도 봄은 오는가〉는 1926년에 발표했다.

1927년 의열단 이종암李鍾巖 사건에 연루되어 구금되었고, 1928년에는 ㄱ당 사건으로 구속되었다(248쪽). 1937년에도 큰형 이상정 장군을 만나러 중국에 다녀왔다가 체포되어 4개월 동안 옥고를 치렀다.

시인은 대구교남학교에서 잠시 교편을 잡기도 했다. 교사 생활을 그만둔 후 국문학사 집필 등을 기획하지만 완성하지 못한 채 세상을 떠났다. 시인은 생전에 시집도 내지 못했다. 그의 시는 친구 백기만이 1951년에 펴낸 《상화와 고월》에 16편 실려 세상에 알려졌다.

상화고택에서는 뜰의 시비를 꼭 읽어야 한다. 〈빼앗긴 들에도 봄은 오는가〉 노래도 한 번 불러야 한다. 대표 작품도 읽지 않고 고택 답사를 마치는 것은 시인에 대한 예의가 아니다. 찾아간 날이 혹 토요일이면, 상화고택과 맞은편 서상돈 고택 사이에서 공연되는 독립운동 관련 연극을 11시에 감상을 할 수 있으니 그야말로 금상첨화의 답사라 하겠다.

---

52) 이기철의 〈이상화〉(대구시 《대구의 문화인물 1》, 2006)는 상화의 생몰을 1901.5.9.(음 4.5.)~1943.4.25.(음 3.21.)로 명기하고 있다. 국가보훈처 누리집의 독립운동가 공훈록은 이상화 시인이 1901년 8월 4일 출생하여 1943년 3월 20일에 세상을 떠난 것으로 기록하고 있다. 공훈록은 이상화 시인 관련 내용 외에도 곳곳에 잘못된 내용을 적어 놓았다. 대대적인 보완 작업이 필요하다.

최해청 집터 계산동2가 84번지 상화고택 옆의 83번지는 영남대학의 전신 청구대학을 세운 최해청崔海靑(1905~1977)의 집터이다. 본래 47평 정도의 땅에 두 채의 집과 우물이 있었는데 지금은 빈터로 변했다.

최해청의 아버지 최현달崔鉉達은 44세 때 경술국치(1910년)를 맞아 청도군수 자리를 내던졌다. 최현달은 망국 소식을 듣는 즉시 군수 관인官印을 버리고 귀가하여 순국하려 했다. 노모가 그 광경을 보고 가만히 계실 리 없었다. 결국 최현달은 자진 순국의 뜻을 접어야 했다. 최현달은 많은 빚을 진 조카에게 재산을 물려주고 영양실조로 세상을 떠났다.

최해청은 나이 16세인 1920년에 수창초등학교를 졸업했다. 그는 이듬해인 1921년에 대구고등보통학교에 진학한다. 상급학교에 입학한 것은 초등학교 졸업 후 한 달가량 지나 모교를 방문했을 때 담임교사가 '너는 요즘 무엇을 하고 지내느냐?' 하고 물었는데 '한문을 읽고 있습니다.' 하고 대답한 일이 발단이 되었다. 담임교사는 '그것도 좋지만 너는 아깝구나!' 하고 한탄하였다. 이에 자극을 받은 최해청은 대구고등보통학교에 진학하기로 결심한다.

최해청이 고보 진학을 결심한 데에는 1921년부터 고보 출신도 일본의 고등교육기관에 진학할 수 있는 자격을 주는 것으로 제도가 바뀐 영향도 있었다. 그 이전까지 고보는 실업 학교로 취급되어 대학 진학이 불가능했다. 최해청은 합격자 40명 중 3등이라는 우수한 성적으로 대구고보에 진학한 직후인 1921년 5월 7일 일기에 '고등보통학교와 일본 중학교의 동등함을 인정하고, 고등학교 입시 자격을 인정한다'라는 조선총독부 관보 내용을 적어두었다. 하지만 최해청은 입학한 길로 일본인 교사 축출 운동을 하다가 5월에 퇴학당했다.

그는 외삼촌 서상일의 경북상공주식회사에 다녔다. 해방 이후 최해청은 대구에서 처음으로 근로 청소년을 위한 학술 강좌를 연다. 뿐만 아니라 1948년에는 낮에 일을 해야 하는 사람들을 위해 전국 최초의 야간 대학인 청구대학을 개교한다. 학교는 현재의 2·28기념공원 맞은편에 자리를 잡았다. 그러나 학교는 1967년 12월 대구대학과 통합 절차를 거쳐 영남대학교가 되면서 두 대학의 설립과 무관한 박정희에게 넘어갔다.

서상돈 집터 1907년 국채보상운동의 주역 '서상돈 고택'은 상화 고택과 마주보고 있다. 이 운동은 일본이 강제로 떠맡긴 나라 빚 1300만 원을 국민들이 성금을 모아 갚자면서 일어난 운동이다. 1300만 원은 당시 우리나라의 1년 예산에 맞먹는 금액이었으니, 지금으로 치면 300조가량 된다고 할 만하다. 하지만 일제의 집요한 방해로 국채보상운동은 끝내 실패로 끝났다. (255쪽 참조)

이상정 고택은 노란 리본이 인상적인 '바보 주막'으로 변했다.

이상정 고택 상화고택과 서상돈 고택을 좌우로 두고 그 사이를 20m쯤 걸으면 이상정 장군 고택과 만나게 된다. 장군의 집은 지금 식당으로 변해 있다. 하지만 이 골목을 오가는 대부분의 사람들은 이상정 장군과 이상화 시인 형제의 집이 이렇게 한 골목에 나란히 존재한다는 사실을 잘 알지 못한다. 안타까운 일이다.

이상정 장군은 이상화 시인의 맏형으로, 1896년 6월 10일 대구에서 출생했다. 일본국학원대학을 졸업한 이상정은 대구 계성학교, 신명여학교, 서울 경신학교, 오산학교 교사로 있으면서 지하조직을 결성하여 항일운동을 하던 끝에 1923년 만주로 망명한다.

1926년경 풍옥상(馮玉祥)의 서북국민부대에서 준장급으로 있던 이상정은 풍옥상 군대가 장개석 부대와 통합됨에 따라 중국 국민정부 정규군 소장으로 활동하게 된다. 이상정은 윤봉길에게 폭약을 구해주는 등 김구, 김규식 등 독립지사들과 긴밀한 관계를 유지했으며, 1940년에는 임시정부의 광복군 창설을 적극 도왔다. 1945년 8월 15일 이후에는 중국군 중장으로서 화북 지방의 일본군 무장 해제를 지휘하였다.

그는 1947년 9월에 귀국하지만 40여 일 만인 10월 27일 뇌일혈로 돌연 타계한다. 이상정 장군의 부인은 한국인 최초의 여자 비행사로 알려진 권기옥이다. 3·1운동 때 투옥되었던 권기옥(270쪽 사진)은 그 후 중국으로 건너가 비행사가 되었으며, 남편을 만났다.

이상정 장군 고택을 지나면서 곧장 왼쪽으로 접어들면 담장에 어떤 사람의 초상이 그려져 있다. 뒷날 '뽕나무 골목'이라는 이름을 얻게 되는 이 골목에 뽕나무를 많이 심어 누에고치 기르기를 장려했던 인물의 얼굴이다. 그는 우리나라 사람이 아니라 임진왜란 때 명나라 장수로 왔다가 종전 이후 대구에 눌러앉은 두사충이다.

이 길을 걷는 답사자의 대부분은 이상정 장군보다 두사충을 더 많이 아는 듯하다. 더욱 안타까운 일이다. ☯

47~50 ☯ 3·1운동길 90계단, 신명여학교, 블래어 주택, 계성학교
1919년의 10대 학생들, 나라의 독립을 위해 싸웠다

90계단 1919년 3월 8일, 대구고보(경북고) 등 시내 소재 학교의 학생들은 동산 파출소 터(동산동 18-1, 국채보상로 487) 뒤편의 서문시장에서 시작되는 독립만세운동에 동참하기 위해 계산 오거리에서 동산으로 올라가는 가파른 언덕을 뛰어올랐다. 학생들은 지금의 동산병원 건물 뒤편과 신명고교 사이를 형성하고 있는 능선을 따라 동쪽으로 간 다음, 지금의 섬유회관 쪽으로 급격하게 떨어지는 절벽 같은 산비탈을 타고 서문시장으로 내려갔다. 일본 경찰에 들키지 않으려면 어쩔 수 없었다. 후대인들은 이 계단을 '3·1운동길 90계단'이라 부른다.

신명고교의 '신명 3·1운동 기념탑'을 둘러본 뒤 블래어 선교사 주택(유형문화재 26호)을 찾는다. 동산에는 선교사 주택이 세 동 있지만 그 중에서도 블래어 주택은 내부가 역사관으로 꾸며져 있어서 특히 답사할 만한 가치가 돋보이는 곳이다.

계성학교(왼쪽)와 신명학교의 3·1운동 기념탑

1919년 대구의 만세운동

1919년 3월 8일은 평양, 강경과 더불어 우리나라 3대 시장의 하나인 서문시장 장날이었다. 대구 3·1운동을 주도53)한 계성학교 교사와 학생들은 큰장(서문시장)날 시장 복판에서 만세운동을 벌이기로 계획했다. 시장이 학교에서 가까워 만세 운동 준비물을 들키지 않고 운반하는 데 안성맞춤이었기 때문이다.

만세운동에는 신명여학교 학생들도 적극 동참했다. 대구고보(경북고) 학생들도 계성 측의 연락을 받고 백기만, 허범, 신현욱 등이 이상화의 집에 모여 계획을 세운 다음, 당일 서문시장으로 달려가 동참했다. 학생들은 일제에 들키지 않기 위해 선교사 주택 단지 일대의 '3·1운동길 90계단'을 올라 동산을 거쳐 지금의 오토바이 골목 일대인 서문시장으로 갔다. 독립선언문을 낭독한 시위 군중은 서문로를 걸어 대구경찰서(현 중부경찰서)까지 행진한 다음 종로를 지나 달성군청(현 대구백화점 일대)까지 나아갔다. 그러나 기관총을 발사하는 일제의 무력 앞에서 더 이상 전진할 수 없었다.

이틀 뒤 10일, 이틀 전 시위 때 체포되지 않은 시민과 학생들이 남문외시장(덕산정시장, 염매시장 앞)에서 3·1운동을 재현했다. 불교계와 유림儒林들도 만세운동에 나섰다. 3월 30일 동화사 지방학림地方學林(승가대학) 학생들이 보현사에서 준비를 한 다음 남문외시장에서 시위를 벌였고, 4월 15일 강윤옥과 장용암 등이 대명동 공동묘지에서, 4월 26일과 28일 동구 미대동 채씨 문중이 연속으로 여봉산에 올라 "대한독립만세!"를 부르짖으며 투쟁했다.

계성학교에서는 특히 아담스관을 유심히 보아야 한다. 이 건물 지하에서 계성학교 교사와 학생들은 독립선언문을 등사하고 태극기를 만들었다. 게다가 이 건물 벽에는 곳곳에 대구읍성의 성돌이 박혀 있다.

---

53) 대구의 만세운동과 관련하여 76명이 투옥되었는데 그 중 43명이 계성학교의 전·현직교사(8명)이거나 재학생(35명/전교생 46명)이었다.

친일파 박중양이 1906~7년에 대구읍성을 부수었을 때 그 성돌 일부를 학교 건물 짓는 데 활용했던 것이다. 그 돌을 한번 쓰다듬어 보라. 구한말과 일제 강점기의 시간이 도도히 돌 표면을 흐르고 있다.

곳곳에 대구읍성 성돌이 박혀 있는 아담스관 건물. 1919년 만세운동 당시 계성학교 교사와 학생들은 이 건물 지하실에서 독립선언서를 인쇄하고 태극기를 제작했다. 건물 앞에 독립운동 기념비가 세워져 있다.

한강 이남 최초의 2층 서양식 교사校舍인 계성학교 아담스관(대구시 유형문화재 45호)은 건축 당시인 1908년만 해도 '집 위에 집이 있다는 게 사실이야?' 하며 구경꾼이 몰려든 건물이다. 영남 최초의 서양식 양옥이기도 한 아담스관 앞에는 3·1운동기념탑이 세워져 있다. 이 학교 59회 졸업생들이 세웠고, 글씨는 김태동 당시 학교장이 썼다.

계성학교 학생들은 철시 투쟁과 혜성단 활동도 펼쳤다. 시장 철시 투쟁은 3·1운동을 지지한 상인들의 항일 운동이다. 3월 8일 독립만세운동 때 체포되지 않은 계성학교 학생 김수길金壽吉은 고향 김천으로 돌아가 김천교회 목사 김충한金忠漢(신암선열공원 안장)과 함께 3월 11일 만세운동을 계획한다. 그러나 기밀이 누설되어 김충한 등은 체포되고, 김수길은 다시 대구로 돌아온다. 그는 동지들을 규합, 이종식李鍾植, 이영식李永植 등과 3월 31일 밤 대구 시내 상인들에게 철시 투쟁을 제안하는 유인물을 배포한다. 다음날 아침 경정京町(종로)의 조선인 상인들이 일제히 점포 문을 닫는다.

하지만 일제의 강압으로 철시 투쟁은 오후 1시경에 끝나버렸다. 김수길 등은 재차 호소문을 뿌렸고, 이번에는 어제 참여했던 상인들 중 일부와 서문시장 조선인 상인 80여 호가 참여했다. 일본 군경은 또다시 긴급 출동, 2차 투쟁도 오후 1시경에 종료되고 말았다. 김수길, 이명건, 이수건, 이영식, 허성덕, 이기명, 이종헌, 김종식, 이영옥, 박명윤, 최재화, 이덕생 등의 철시 투쟁 독려는 4월 3일, 4월 6일, 4월 7일에도 계속되었다(202쪽 참조).

대구대학교 설립자인 이영식은 3·8만세운동 주동자 중 일인이었지만 체포되지 않았다. 4월 18일 궐석재판에서 징역 6월형을 언도받은 그는 그 후에도 칠곡군 인동면 진평동 만세 시위, 대구 시내 철시 운동을 하다가 결국 1921년 6월 24일 징역 1년6월형에 처해진다. 일본 신호신학교에 유학 중이던 1926년에는 교민들에게 독립사상을 고취한다는 이유로 구류되었고, 1927년부터 1936년까지 서문교회 목사로 재직하면서 교인들에 독립사상을 고취하는 활동을 펼쳤다.

왼쪽 맨 위 : '대구 3·1독립운동 발원지' 표지석(국채보상로 487)
두 번째 : 계성학교 아담스관
세 번째 : 선교사 블래어 주택(역사 기념관으로 운영 중)
네 번째 : 3월 10일과 30일에 만세운동을 벌였던 남문외시장(염매시장 앞)
맨 아래 : 52명의 독립 선열들이 안장되어 있는 국립묘지 신암선열공원
오른쪽 : 1919년 3월 8일 학생들이 시장으로 가기 위해 올랐던 90계단

혜성단은 계성학교 학생들이 조직한 항일 결사체이다. 3·1운동이 확산되자 일제 총독부는 민심을 무마하기 위해 자제단을 조직했다. 대구에서도 1919년 4월 초에 대구자제단이 발족되었다. 이에 맞서 김수길, 이종식, 이영식, 이영옥, 이명건, 허성도, 이기명, 이종헌, 이수건, 이덕생 등 시장 철시 투쟁을 이끌었던 계성학교 학생들과 교회 집사 최재화 등은 4월 6일 대구경찰서장에게 암살 경고장을, 대구자제회의 의장 박중양, 명치정 2정목(계산2가) 구장 백응훈 등에게 경고문을 발송했다.

이들은 좀 더 조직적인 항일투쟁을 위해 1919년 4월 17일 비밀결사 혜성단을 조직했으며, 만주의 항일투쟁 단체와도 연결하여 투쟁을 하기로 결의했다. 그 이후 4월 17일, 4월 18일, 4월 27일, 5월 1일, 5월 7일 등에 조선인 상인들, 경상북도의 조선인 관리들, 조선인 자산가들 등에게 경고문, 탄원서 등을 발송하고 배포했다. 하지만 5월 중순 결국 일제에 체포되어 징역 1년6월~4년 형을 받았다.

대구에 3·1운동의 계획과 준비 소식이 처음 전달된 것은 '1919년 2월 15일 상해에서 특파된 김규식(임시정부 초대 외무총장)의 부인 김순애가 북경 유학 시절 알고 지냈던 계성학교 교사 백남채에게 대구에서도 3월 1일 함께 봉기할 것을 종용하고 돌아간 일이었다.' 《계성 100년사》

51~52 ☯ 국채보상로99길 12 대구만세운동 시발지, 서성로13길 7-16 상화 생가터
표지석만 남은 만세운동 시발지, 민족 저항 시인의 초라한 생가

일제 강점기 때는 "사진 하면 대구의 최계복이고 회령의 정도선"이라는 평판이 자자했다. 그만큼 유명했던 사진작가 최계복을 기린 《최계복 선생 탄생 100주년 기념 사진집》이 2009년 10월 28일 발간되었다. 사진집 표지는 그의 최초 작품 '영선못의 봄'이 장식했다. 1933년 작품인 〈영선못의 봄〉에는 잘 차려입은 여인네들과 중절모에 양복으로 성장을 한 신사들이 유람선에 올라 뱃놀이를 즐기고 있다. 그만큼 영선못이 컸다는 말이다.

지금으로부터 약 30년 전만 해도 대구에는 큰 호수들이 많았다. 최계복 사진집에서 보듯이 명덕로터리 인근에는 영선못이 있었다. 경북대학교 북문 너머에는 배자못도 있었다. 배자못이 '운명'하기 직전까지는 감삼동에도 큰 호수가 있었다. 그런데 아파트를 짓는다고 다들 메워버렸다.

그보다 더 옛날에는 서문시장도 커다란 호수였다. 본래 늪이었던 곳이 메워져 장터로 변한 서문시장의 역사에 대해서는 대구직할시 교육위원회(지금의 대구광역시 교육청)가 1988년에 발행한 《우리 고장 대구―지명 유래》 72~73쪽을 읽어볼 만하다.

'대구에서 가장 오랜 역사를 가지고 있는 시장은 약령시藥令市이고, 그 다음은 "대구읍邑장"이라는 서문시장이다. (중략) 지금부터 60년 전

넓은 늪지대 너머로 1899년에 건축된 동산 선교사 주택들이 보이는 풍경('3·1운 동길 90계단' 전시 사진). 일제는 1992년 이 늪지대를 메운 자리로 서문시장을 이전시켰다. 3·8독립만세운동의 현장인 큰장(본래의 서문시장, 현재 동산동 오토바이 골목 일원)에 조선인들이 모여 그 날의 "대한독립만세!"를 돌이켜보며 대화를 나누는 광경이 못내 싫었기 때문이다.

12월 9일에 시장의 서남쪽에 있던 늪을 메우고, 시장을 그 곳으로 이전했는데, 그것이 지금의 서문시장이다. (중략) 서문시장 일대가 낮아서 비가 조금만 와도 물이 차는 이유는 이곳이 옛날 지금의 신천이 흐르던 곳이었을 뿐만 아니라 늪을 메워서 만들었기 때문이다.'

이는 1919년 3월 8일 대구독립만세운동의 현장이 지금의 서문시장 자리가 아니라는 사실을 말해준다. 일제는 서문시장이 만세운동의 현장이었기 때문에 두고두고 대구 사람들이 그곳에 모여 독립운동의 정신을 되뇌는 것이 못마땅했다. 그래서 1922년 들어 아예 시장 자체를 옮겨버렸다.

이에 대해 한국학중앙연구원의 《한국민족문화대백과》는 '명성을 떨치던 서문시장은 1922년에 현재의 위치인 대신동으로 이전하였다.

그것은 장소가 좁다는 이유를 들어 대구부에 의해 식민 정책의 일환으로 추진되었다. 1919년 대구 지방의 3·1운동은 흰옷을 입은 서문시장 장꾼들이 주도하였고, 식민주의자들은 흰옷 입은 군중이 시내에서 서성거리는 것을 몹시 두려워했다. 현재의 서문시장 터전은 당초에는 "성황당(천황당)못"이라고 불리던 늪지대였다. 저지대를 정리하기 위해 많은 객토客土가 필요하였는데, 그것은 오늘날 내당동·비산동 고지대에 있던 고분군의 봉토를 실어다가 메웠다.'라고 소개한다.

그렇게 일제는 대구 독립만세운동의 현장인 서문밖시장을 없애버렸다. 지금의 서문시장 부지를 만드느라 내당동과 비산동 일대의 고분들도 모두 뭉개버렸다. 그 흙을 옮겨와 늪을 메웠던 것이다. 일제는 또 1905년 민족정기를 말살하기 위해 대구의 역사를 상징하는 국가사적史蹟 62호 달성을 '공원'으로 만들어버렸다.

아무튼 1919년 당시의 서문시장은, 대구읍성의 서문(달서문, 중구 경상감영길 1) 앞에 위치한다고 해서 서문시장이라는 이름을 얻은 데서 짐작할 수 있듯이, 국채보상로99길 12(동산동 15-30) 서문 지구대 일원의 세칭 '오토바이 골목' 일대였다(235쪽 '대구 3·1독립운동 발원지' 표지석 사진). 서문밖시장은 흔히 '큰장'이라 불렸는데, 평양 장 및 (충청남도 논산시 강경읍) 강경 장과 더불어 조선 시대 3대 큰장이었기 때문이다. 3월 8일은 '대구 큰장' 장날이었고, 따라서 사람들이 많이 운집했으므로 만세운동을 펼치기에 아주 적격인 때와 장소였다. (그 이후 만세운동의 경과에 대해서는 266쪽 참조)

이상화 생가 서문로2가 11-1번지, 도로명 주소 서성로13길 7-16에 이상화의 생가가 있다. 생가는 좁은 골목길 안에 있지만 현장에 가면 중구청이 붙여둔 작은 안내판이 있어 찾기는 어렵지 않다. 다만 아쉬운 점은 사람이 거주하고 있는 일반 가정집인 까닭에 안으로 들어가서 이모저모 살펴보는 일은 거의 불가능하다는 점이다. (이상화에 대해서는 225쪽 참조) ☯

두류공원 인물동산의 이상화 좌상과 시비

53~58 ◯ 달성
광복회와 ㄱ당이 태어난 독립운동의 성지

  8월 8일은 달성 '공원' 안에 설치되었던 일본 신사의 내부가 1946년에 철거된 날이다. 달성은 국가 사적 62호이다. 국가 사적 달성에 '달성공원'이라는 다른 이름이 붙어 있고, 신사가 설치되어 있기도 했다는 말은 그곳이 볼 것도 많고 생각할 것도 많은 곳이라는 사실을 짐작하게 해준다.
  달성공원에서 가장 먼저 볼 것은 공원 안이 아니라 밖이다. 본래 달서천이 흘렀지만 복개되어 도로가 되고 주차장이 되어버린 곳에서 달성토성의 동쪽 성벽인 가파른 절벽을 쳐다보아야 한다. 산 속에 들어가서는 산을 볼 수 없듯이, 성도 밖에서 보아야 진면목을 알 수 있기 때문이다.
  달성도 해자가 있고, 높은 절벽이 있고, 그 위에 성을 쌓았으니 적군의 공격을 방어하기가 좋았을 것이다. 261년에 쌓은 달성은 101년에 만들어진 경주 월성의 축성술과 비슷한 면모를 보여준다. 이 모습은 성 안이 아니라 밖에서 보아야 실감나게 확인할 수 있다.
  달성의 특성을 확인하기 위해 해자 터와 가파른 절벽 성곽을 가장 먼저 본 다음, 정문을 통과하여 이른바 '순종 나무'로 간다. 이 일본산 향나무는 1909년 1월 12일 이토 히로부미의 강요에 따라 달성공원을 방문한 순종이 심은 '기념 식수'로 전해지는(확실하지 않다는 뜻) 역사가 서린 나무이다. 무엇을 기념했다는 것일까?

순종은 이 날 공원 내 천황 요배전 앞에서 기생 공연을 즐겼다. 이토는 조선국왕을 경부선에 태워 마산까지 끌고 다닌 후 다시 대구로 돌아왔다. 순종의 달성공원 등 순회는 이제 곧 조선이 일본의 식민지가 된다는 사실을 만천하에 암시하는 행위였던 셈이다.

도리이

순종은 우리의 홍살문과 비슷한 도리이鳥居 아래를 통과하여 '순종나무' 뒤편의 요배전으로 왔다. 그러므로 오늘 달성공원을 찾아온 방문자도 정문을 통과하여 공원 중심부까지 왔다면 대체로 순종나무와 도리이 터를 지나게 된다. 하지만 무심코 지나왔기 때문에 치욕의 역사를 되새길 겨를이 없었을 터이다.

국사를 잊어버리는 종족은 반드시 멸망한다는 것이 역사의 교훈이다. 그런 점에서, 성공했더라면 망국을 겪지 않았으리라 싶은 역사의 가설을 생각하게 해주는 곳으로 간다. 동학 교주 수운 최제우 동상이다. 경주 태생인 수운의 동상이 순교 100주기인 1964년을 맞아 달성공원 안에 세워진 것은 그가 대구에서 처형되었기 때문이다.

'순종나무'에서 수운 동상으로 간다. 이 동선을 걷지 않으면 동상을 못 보고 달성공원을 답사하게 된다. 정문 오른쪽으로 돌아 관풍루로 가거나, 바로 왼쪽으로 돌아 상화시비 방향으로 가면, 수운 동상을 비켜 가게 된다. 동학군은 외세에 저항하여 창의했는데, 수운 동상은 일선동체日鮮同體를 조장하기 위해 일제가 심은 일본 향나무에 둘러싸여 있다. 일제 잔재가 청산되지 않은 탓이다.

일본향나무에 에워싸인 최제우 동상

달성이 최초로 공원화한 때는 1905년이다. 하지만 역사유적 달성을 공원화한 것은 대한제국이 아니다. 일제가 그렇게 했다. 신라 때 토성이 쌓이고, 공양왕 때 석축이 덧쌓였으며, 그 이후 조선 초기까지 줄곧 관청 소재지로 활용되었고, 1598년에는 경삼감영까지 설치되었던 민족의 역사적 터전을 일제는 아무것도 아닌 공원으로 만들었다. 민족정신을 흐리려는 정치 음모의 일환이었다. 그런데 아직도 달성은 공원으로 유지되고 있다.

그렇게 된 데에는 우리나라의 정치가와 행정가들도 단단히 한몫을 했다. 1969년에는 달성을 현대화된 공원으로 만들었고, 1970년에는 동물원까지 설치했다. 설계는 영친왕의 아들이 담당했다. 게다가 1971년 5월 5일에는 우리나라의 대통령이 꽃사슴을 기증하여 공원화와 동물원화에 더욱 박차를 가했다. 우리 스스로도 민족의 역사유적에 서린 정기를 무너뜨리는 데 부역했던 것이다.

정문 왼쪽의 '달성공원 안내판'에는 달성이 풍납토성과 더불어 우리나라의 고대 토성 건축술을 말해주는 중요 유적이라고 적혀 있다. 하지만 해자였던 달서천 복개로 이미 본모습을 거의 잃어버렸고, 최제우 동상을 일본향나무가 둘러싸고 있으며, 역사유적 달성이 공원으로 전락한 실상을 알고 보니 안내판의 해설은 오히려 민망하게 느껴진다.

관풍루부터 성곽 위를 걷는다. 울창한 숲에 가려 성곽 아래가 내려다보이지는 않지만, 그래도 우리나라 고대 토성 건축의 전형을 보여주는 성곽 길을 걷는 기분은 아주 괜찮다. 200m가량 걸은 뒤 왼쪽으로 내려가면 여기서부터는 항일 유적들이 나타난다. 1919년 만세운동 때 체포되어 옥고를 치른 서예가 서동균을 기려 세워진 '죽농 서동균 선생 예술비', 상화 시비, 허위 순국비, 이상룡 구국 기념비가 그들이다.

지금까지 걸은 길을 돌이켜본다. 나라가 망해가던 1909년에 조선의 마지막 임금 순종이 이토 히로부미의 강요로 달성공원을 찾아 '기넘식수'한 일본 향나무를 보았고, 성공하지 못한 동학 혁명을 말해주는 최제우 동상을 보았고, 국가 사적이 공원이 되고 동물원이 되어버린 자취를 보았고, 친일파가 부수어버린 대구읍성과 경상감영의 흔적 관풍루를

죽농 서동균 선생 예술비

보았다. 달성공원 안으로 들어와 지금까지 대체로 망국의 흔적을 둘러보았던 것이다.

그러나 이제는 저항의 뜨거운 역사를 찾는다. 가장 먼저 나타나는 것이 '죽농 서동균 선생 예술비'이고, 그 다음이 〈빼앗긴 들에도 봄은 오는가〉의 민족시인 이상화를 기리는 '상화 시비'이다. 1948년에 세워진 '상화 시비'는 우리나라 최초의 시비로 이름이 높은데, 빗돌에는 〈나의 침실로〉의 일부가 새겨져 있다. 〈빼앗긴 들에도 봄은 오는가〉가 새겨져 있으면 더 좋았을 텐데……! (225쪽, 248쪽 'ㄱ'당 사건 참조)

상화 시비

상화 시비를 뒤로하고 조금 아래로 내려온다. 원숭이 울을 지나면서 바로 달성서씨 유허비가 나타난다. 이곳에 달성서씨 유허비가 세워진 것은 첫째, 달성공원 일대가 본래 달성 서씨네 땅이었기 때문이다. 둘째, 세종대왕 시절 정부에서 달성 서씨 집안을 보고 이곳을 정부에 헌납하면 그 대신 넓은 땅과 큰 벼슬을 주겠다고 했을 때 서침 선생이 보여준 위대한 반응 때문이다.

244

서침 선생은 "다른 땅도 벼슬도 원하지 않고, 대구 사람들의 환곡을 감해주면 충분하다."라고 답변, 이를 성사시켰다. 대구사람들은 서침 선생의 덕행에 감복하였고, 1665년에는 연구산(제일중학교)에 그를 기려 구암서원을 열기도 했다. 또 우리나라에서 처음 세워진 달성공원의 '어린이헌장 비' 옆 거대한 회화나무에 '서침나무'라는 이름을 붙여 그를 숭앙하고 있기도 하다.

달성서씨유허비 바로 아래에는 이상룡54) 구국비가 있다. 이상룡은 임

이상룡 구국비

54) **이상룡** 독립군 기지 확보를 위해 만주 망명을 결정한 1909년 신민회 비밀 간부회의의 방침에 따라 많은 독립운동가들이 고향을 떠난다. 이상룡도 조상 대대로 살아온 임청각을 팔아 마련한 독립운동 자금을 들고 1911년 1월 5일 안동을 떠난다. 온 가족이 걸어서 1월 12일 추풍령 아래에 닿고, 거기서 기차를 타고 서울로 간다. "머리는 자를 수 있지만 무릎을 꿇고 종이 될 수는 없다." 2월 7일에야, 먼저 만주로 떠난 처남 김대락이 살고 있는 횡도촌에 닿았다.

이상룡은 1925년 임시정부의 국무령으로 활동하는 등 1932년 병사할 때까지 줄곧 항일투쟁에 매진했다. 본래 임시정부는 대통령제였는데, 임시정부 의정원이 국제연맹의 조선 위임 통치를 미국에 청원한 이승만을 탄핵하였고, 2대 대통령

시정부 국무령을 역임한 독립운동가로, 조국 해방을 보지 못한 채 1932년 이국땅에서 병사했다. 망국을 앞둔 1909년 신민회 간부들은 망명 투쟁을 결의했고, 이상룡도 안동의 집 임청각(보물 182호)과 전답을 팔아 독립운동 자금을 마련하여 온 가족과 함께 중국으로 건너갔다.

　이상룡 구국비 바로 아래에는 허위 순국비가 세워져 있다. 허위 비는 1962년, 이상룡 비는 1963년에 세워졌다. 허위는 이상룡보다 앞선 시대의 독립운동가로, 1895년 을미의병, 1907년 정미의병 등에 창의한 의병55)대장이다. 1895년 을미의병 때 허위는 김천에서 수백 명의 의병을 편성, 대구로 진격하려다가 1896년 3월 관군에게 패했다. 다시 남은 의

박은식에 이어 이상룡이 직무를 물려받았다. 이상룡은 대통령제가 국무령제로 바뀐 뒤 취임했다.

신민회 1907년 양기탁, 안창호, 이동휘, 신채호, 김구, 이동녕, 박은식, 이회영, 이상재, 이시영, 윤치호 등 독립협회 청년 회원들이 중심이 되어 만든 비밀 결사단체이다. 입헌군주국을 지향한 독립협회와 달리 공화정 체제를 추구했다. 회원끼리도 서로 알 수 없게 점조직으로 꾸려졌음에도 1910년에는 주요 애국계몽운동가 대부분이 가입했으며, 군 단위까지 지부를 두었다. 평양 대성학교 등 국내에 학교를 많이 세웠고, 국외에 독립운동 거점 마련을 위해 신흥무관학교를 설립, 독립군을 양성했다. 신흥新興은 '신新민회가 나라를 부흥興시킨다'는 뜻이었다.

안동 임청각 16세기 건물인 안동 임청각은 우리나라의 가장 오래된 민간 주택 중 한 채로, 아직 70칸이 남아 있다. 그런데 임청각은 철길에 붙어 있다. 이상룡이 만주로 망명하자 일제는 민족정기를 끊는다며 철길을 그렇게 가설했다.

55) **의병 전쟁의 의의** 의병 전쟁은 외세의 침략에 대항하여 일어난 민족 구국 운동이었다. 비록 일본의 정규군을 물리치고 자주 독립을 성취하지는 못했지만 우리 민족의 강인한 저항 정신을 세계에 알리는 데에는 부족함이 없었다. 나아가 국권 회복을 위해 무장 투쟁을 주도한 의병 전쟁은 일제 강점기 항일 무장 독립 투쟁의 기반이 되었다.

구한말 경북 출신 3대 의병장 1895년 을미의병 때의 이강년과 허위, 1905년 을사의병 때의 신돌석은 경북이 낳은 대표적인 의병장이었다. 그 중 신돌석은 의병장의 대부분이 양반인 데 반해 평민 출신이라는 점에서 특이한 존재였다.

병을 수습, 직지사에서 충북 진천까지 진격했지만, 의병 해산을 명하는 고종의 밀지를 받고 부대를 해산한 후 학문에 전념한다.

1904년 일본 규탄 격문을 살포하는 등 활동을 펼치다가 일본에 체포되고, 1905년 최익현 등과 함께 다시 일본군에 체포되어 4개월간 구금되었다. 1907년 고종 강제 퇴위와 군대 해산을 맞아 경기 연천에서 다시 의병을 일으켜 일제와 전투를 벌이고 매국노들을 처단했다. 1908년 1월 13도 창의군의 서울 진격 때는 선봉장을 맡아 동대문 밖 30리까지 진격했다. 하지만 지원군이 늦어 서울 점령에는 실패했다.

그 이후에도 허위는 임진강, 한탄강 일대에서 일본군을 무찌르고, 매국노들을 처단했다. 이완용은 그에게 대신이나 관찰사 자리를 주겠노라 회유했다. 허위는 단연코 이완용의 회유를 물리치고 계속 투쟁했지만, 끝내 1908년 일본군에 체포되어 10월 21일 순국했다.

허위 순국비

허위 순국비에서 옆으로 내려가면 테니스장이 나타난다. 국가사적지 안에서 테니스를 치고 있는 풍경이라니! 테니스장 철망 밖에 나뒹굴고 있는 신사 잔재를 본다. 돌을 기증한 일본인의 이름이 새겨져 있다. 1966년 신사를 철거할 때 어쩌다 남은 돌이 이곳으로 굴러와 자리를 잡은 모양이다. 1945년에 독립을 이루었는데 일본 신사는 1966년에야 부었다고?

일제는 우리의 국가사적 달성에 서려있는 민족혼을 말살하기 위해 1905년 이곳을 최초로 공원화했고, 1906년에는 자기들 천황에게 절을 하는 요배전을 지었다. 그리고 본격적인 신사는 1914년에 건립되는데, 해방 이후 1946년에는 내부만 철거한 후 단군을 기리는 천진전天眞殿으로 1966년까지 20년 동안 사용되었다.

신사 주춧돌에서 몸을 돌리면 바로 향토역사관 안으로 들어간다. 달성의 역사만이 아니라 대구 일원의 긴 시간을 보여주는 곳이다. 하지만 달성'공원' 안에도 향토역사관 내부에도 대구의 독립운동에 관한 중요한 표식은 빠져 있다. 달성은 ㄱ당과 광복회가 결성된 독립운동의 성지이다. 하루라도 빨리 이 사실을 시민들이 알 수 있도록 기념물 조성 또는 안내판 건립 등의 조치를 취해야 한다.

ㄱ당 : 'ㄱ'은 한글의 첫째로, 한국의 바탕을 의미한다. 또 'ㄱ당'이라 하면 단체의 성격이 드러나지 않으므로 비밀 유지에 유리하다. ㄱ당이라는 이름은 그런 인식을 바탕으로 지어졌다. 1928년 4월 무렵, 노차용盧且用, 장택원張澤遠, 정대봉鄭大鳳, 이상화李相和, 문상직文相直 등은 문상직의 하숙집에 모여 독립운동을 위해 새로운 단체를 결성하자는 데 합의한다. 이들은 야학 운동과 강연회 활동 등으로는 독립을 달성하기 어려우므로 직접적인 방략이 필요하다는 데 인식을 같이했다.

신간회 부산지회의 이강희李康熙, 의성지회의 유상묵柳尙默 등이 대구에 온 것을 계기로 5월 20일 달성공원에서 창당했다. '청년들을 모아 광동군사학교에 유학시키고 만주 방면의 미개지를 개척, 실력을 양성하여 조선 혁명 독립'을 이룬다는 목적을 내걸었다.

강령은 '① 조선민족의 절대 해방을 기한다. ② 우리 운동의 활동무대는 만주에 둔다'로 정했다. 행동강령은 타협을 배제한 절대해방과 독립운동의 근거지를 만주로 이동시키는 것이었다. 재무부에 노차용, 장택원, 조사부에 이강희, 유상묵, 연구부에 정대봉, 문상직의 임원을 두었다.

독립운동 자금을 확보하기 위해 1928년 6월 11일 노차용, 곽동영 등이 둔산동의 부호 김교식金敎式의 집을 찾아가 잡지 발행 비용 명목으로 5천원의 약속어음을 요구했다. 위협에 못 이긴 김교식은 '도장을 숙부가 가지고 있으니 후일 등기우편으로 보내겠다.'라고 약속했는데, 다음날 아침 대구경찰서에 의해 모두 검거되면서 조직이 해체되고 말았다.

광복회 (335쪽 참조) : 1910년대를 대표하는 국내 무장 독립운동 단체로, 경상북도 풍기의 광복단光復團과 대구의 조선국권회복단朝鮮國權回復團이 통합되어 1915년 8월 25일 달성공원에서 결성되었다.

광복회는 국권 회복과 독립 달성에 설립 목적을 두었고, 만주에 무관학교를 설립하여 독립군을 양성하고, 무력이 갖춰지면 일제와 전쟁을 치른다는 계획에 따라 행동했다. 조직은 본부에 총사령 박상진朴尙鎭, 지휘장 우재룡禹在龍, 권영만權寧萬, 그리고 재무부와 선전부를 설치했다. 만주 부사령에 이석대李奭大를 임명했고, 이석대가 순국한 후에는 김좌진金佐鎭을 파견했다.

또 1915년 12월 길림吉林에 만주 본부 성격을 갖는 '길림광복회'를 설치했는데 우재룡, 주진수朱鎭洙, 양재훈梁載勳, 손일민孫一民, 이홍주李洪珠 등이 참여했다. 경기도 지부장 김선호金善浩, 황해도 지부장 이관구李觀求, 강원도 지부장 김동호金東浩, 평안도 지부장 조현균趙賢均, 함경도 지부장 최봉주崔鳳周, 경상도 지부장 채기중蔡基中(69쪽 사진), 충청도 지부장 김한종金漢鍾, 전라도 지부장 이병찬李秉燦 등 전국에 지부를 두었다.

광복회는 경북 영주, 대구, 삼척, 광주, 예산, 연기, 인천, 중국 단동, 장춘 등 국내·외 곳곳에 연락기관을 두었다. 대부분 곡물상회를 차려 운영했다. 회원들은 곡물상회에 모여 회의도 하고, 군자금 모집 및 의혈 투쟁 활동 본거지로 활용했다.

군자금을 마련할 겸 일제가 징수한 세금을 탈취하기 위해 경주 광명리에서 우편마차를 공격하기도 하고, 일본인 소유의 영월 중석광과 운산 금광 수송마차를 공격하기도 했다. 위조지폐도 만들고, 대구 일원 부호들을 상대로 자금을 모집하다가 회원들이 체포되기도 했다.

광복회는 친일 분자들의 경각심을 일깨울 겸 자금모집을 원활하게 추진하기 위해 그들을 처단하는 투쟁도 전개했다. 의협 투쟁은 경상도, 충청도, 전라도에서 이루어졌다. 그러나 1918년 1월 총사령 박상진을 비롯해 김한종·임세규林世圭·김경태金敬泰·채기중이 사형선고를 받아 순국하고, 다수의 회원들이 체포되고 말았다.

광복회는 국내 독립운동이 제대로 펼쳐지지 못했던 1910년대에 활동을 전개함으로써 민족역량이 3·1운동으로 계승되는 기반을 마련했다. 또 활발한 무장투쟁을 펼침으로써 의열단 등 1920년대 의열 투쟁의 선구적 역할을 감당했다. 그런데! 달성'공원'에는 광복회를 말해주는 것이 전혀 없다! ☯

달성에는 아무 것도 없지만 충남 사람들은 예산군 광시면 깊은 산중에까지 광복회 충청도 지부장 김한종 지사를 기리는 기념관을 세워 자신들의 독립운동 선열에 대한 섬김 정신을 '과시'하고 있다.

달성에서는 볼 수 없지만 두류공원 인물동산에 가면 광복회 관련 독립지사를 기려 건립된 기념물을 볼 수 있다. 산남의진 항일 무장 투쟁으로 시작하여(26쪽 참조) 광복회 지휘장으로서 조국 광복을 위해 생애를 바친 백산 우재룡 선생의 흉상이 따뜻한 햇살 밝은 곳에 세워져 있다. *1918년 1월 광복회 주요 간부들이 일제에 체포될 때 우재룡과 권영만은 피신에 성공했다. 만주에 머물던 우재룡은 1919년 6월 이후 서울로 돌아와 독립군 군자금을 모금하는 한편 광복회 재건에 나선다. 일제 관리와 친일파를 처단하기 위한 의혈 투쟁을 준비하던 중 동지 권영만이 먼저 일경에 체포되고, 마침내 우재룡도 1921년 4월 군산에서 붙잡힌다. 심문을 당할 때 우재룡은 "나는 산남의진 정용기 의병대장의 의동생이다. 의형과 생사를 같이하기로 맹세했으니 결코 너희들에게 굴복할 수 없다."라고 일경을 꾸짖는다. 당시 37세였던 지사는 54세인 1937년에 출감한다. 해방 후 광복회를 재건한 지사는 1955년 향년 72세로 별세했다.

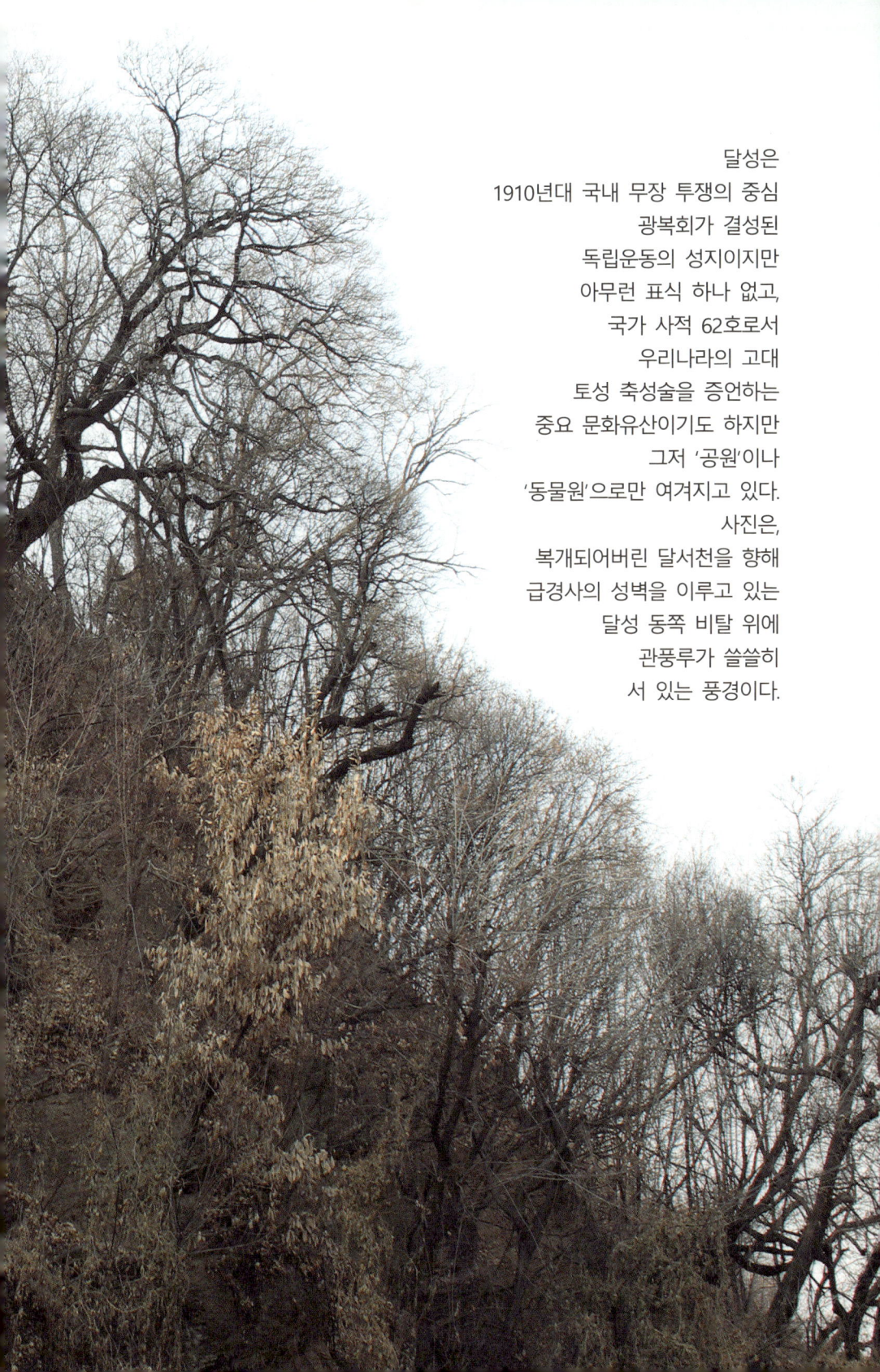

달성은
1910년대 국내 무장 투쟁의 중심
광복회가 결성된
독립운동의 성지이지만
아무런 표식 하나 없고,
국가 사적 62호로서
우리나라의 고대
토성 축성술을 증언하는
중요 문화유산이기도 하지만
그저 '공원'이나
'동물원'으로만 여겨지고 있다.
사진은,
복개되어버린 달서천을 향해
급경사의 성벽을 이루고 있는
달성 동쪽 비탈 위에
관풍루가 쓸쓸히
서 있는 풍경이다.

59~62 ☯ 조양회관 터, 순종 동상, 광문사 터, 우현서루
대구에서 8·15를 가장 먼저 맞이한 사람들

조양회관 터, 순종 동상(달성공원로8길 10) 1945년 8월 15일 드디어 해방을 맞이하였다. 대구에서 이 소식을 가장 먼저 들은 이들은 달성 앞 조양회관에서 민족의식을 키워가고 있던 청년들이었다. 라디오로 일본 천황의 항복 선언을 들은 청년들은 거리로 뛰어나와 "대한독립만세!!"를 연호했다. (조양회관은 107쪽 참조)

조양회관은 1982년 망우당공원 깊숙한 곳으로 옮겨졌고, 지금 자리는 이런저런 사무실들로 가득 들어찬 큰 건물이 차지하고 있다. 그런데 오늘날 이 건물에서 밖으로 나오는 사람들은 해방을 맞아 환호를 내지르며 펄쩍펄쩍 뛰었던 해방 당시 대구 청년들과는 달리 엉뚱하고도 거대한 조형물과 마주쳐야 한다.

조양회관이나 독립운동과 아무런 상관도 없는 거대 동상이 도로 한복판을 점거하고 있다. 역사의식을 갖춘 시민들은 이토 히로부미에 이끌려 나라 곳곳을 순회하며 일본 천황 찬양 발언을 일삼아 망국을 예고한 조선의 마지막 임금, 달성공원 안 천황 요배전 앞에서 기생 공연을 관람한 순종을 위해 동상을 세우는 것은 타당하지 않다면서 철거 운동을 예고하고 있다.

달성공원 정문에서 직선으로 도로를 따라 내려와 순종 동상 옆에 오면 길가에 바짝 붙어 서 있는 길쭉한 ㄱ자형 건축물과 만나게 된다. 조양회관이 옮겨가고 난 뒤 그 터에 세워진 옛 원화여고 건물이

다. 조양회관 터를 말해주는 안내판 등은 눈에 들어오지 않는다.

그 대신 건물 끝에 있는 '적두병' 간판이 눈을 자극한다. '2014 대구 관광품 공모전'에서 장려상을 받았다는 작은 현수막이 붙어 있다. 적두병은 붉은 콩, 즉 팥으로 만든 떡이라는 뜻이지만 실제로는 빵이다. 대체로 경주황남빵과 엇비슷하고 맛도 유사하다. 예로부터 붉은 빛깔은 우리나라에서 나쁜 것을 물리치는 색이다. 독립운동의 기상이 뚜렷한 사적지 앞에서 적두병이라니 자못 의미심장하다.

[참고] 국채보상운동

1907년, 우리나라 최초의 국민 모금 운동이자, 한말韓末 자주自主 자강自强운동의 대표적 횃불인 국채國債보상운동이 일어났다. 당시 나라國의 빚債은 1300만원으로 정부의 1년 예산과 맞먹었다. 국채는 군사 압력을 배경으로 일본이 강요하여 발생한 것이 많았다. 우리 백성들은 이 빚을 갚으면 대한의 자주자강이 가능하다고 보았다.

국채보상운동은 대구에서 본격화되었다. 1907년 2월 21일 김광제와 서상돈 등 13인을 발기인으로 한 '국채 1300만원 보상 취지서'가 대구에서 발표되었다. 아래는 그 날 격문 중 일부이다.

(전략) 국채 1,300만원은 우리 한제국의 존립과 직결된 것이다. 이것을 갚으면 나라가 존재하고 이것을 갚지 못하면 나라가 곧 망할 것은 필연적인 사실이다. 지금 나라의 국고로서는 도저히 이것을 해결할 도리가 없는 형편이다. (중략) 그런데 이 국채를 갚는 방법의 하나로 크게 노고하지 않고 또 자기 재산의 손해봄 없이 크게 모을 수 있는 방법이 있다. 그것이 바로 2천만 동포들이 3개월 동안 흡연을 폐지하고 그 대금으로 한 사람이 매달 20전씩 거둔다면 1,300만원을 쉽게 모을 수 있는 것이다. (하략)

'국채 1300만원 보상취지서'는 2월 21일 민의소民議所(상공회의소) 창립총회와 국민대회에서 연이어 발표되었다. 창립총회에서만 즉각 500원이 모금되었다. 500원은 당시 정부 예산 1300만원의 약 0.004%로, 2010년도 대한민국 정부예산 300조를 기준으로 그냥 환산하면 120억이라는 거액이 한 자리에서 갹출된 것이다.

대구의 소식이 전해지자 국민들의 반응은 너무나 뜨거웠다. 고종도 금연을 선언했다. 대한매일신보 등 언론들도 기사와 논설로 운동의 확산을 도왔다.

그러나 운동은 끝내 좌절되었다. 일제는 운동의 주동적 역할을 맡은 대한매일신보를 탄압하다가 1908년 7월 12일 신문사 총무 양기택을 '국채보상금 횡령' 누명을 씌워 구속했다. 양기택은 네 차례 공판 끝에 9월 29일 무죄로 석방되지만, 그 이후 운동은 열기를 잃고 시들어갔다. 일제의 간교한 저지책이 결국 성공하고 만 것이었다.

대구시 발간 《대구의 향기》는 국채보상운동에 대해 '비록 그 끝은 흐지부지되었으나 나라를 빼앗을 정도의 막강한 힘과 간교奸巧를 함께 행사한 일제의 탄압 때문이었던 만큼 기울어져 가는 국권을 금연, 금주, 절미節米로 되찾으려던 평화적이고 자발적인 자주자강 운동은 영원히 그 빛을 잃지 않을 것이고, 한국과 한민족이 존속하는 한 이 국민운동의 발상지였던 대구는 길이길이 국민 모두의 가슴속에 기억될 것'이라고 자평하고 있다.

광문사 터(북성로 19-1) 현대의 대구 사람들은 대우빌딩 뒤편에서 중앙대로를 건너 대구은행 북성로 지점까지를 흔히 북성로라고 생각한다. 그러나 순종이 이토 히로부미에게 이끌려 강제로 지나갔던 1909년 1월 12일에는 그렇지 않았다. 달성공원의 일본 요배전과 기생 공연을 보기 위해 이토에게 끌려갔던 순종은 오늘날 북성로의 절반쯤을 갔다. 당시의 북성로는 지금의 길과 반쯤 달랐기 때문이다.

순종은 대구역에서 출발하여 경상감영, 그리고 북성로 중간쯤의 공북문 터를 지났다. 그 이후에는 지금의 북성로가 아닌, 작은 삼거리에서 오른쪽으로 난 좁은 길로 들어갔고, (횡단보도가 없는 서성로를 가로질러) 이윽고 수창초등학교 정문 앞을 지났다. 당시에는 북성로가 이 작은 삼거리까지만 닦여 있었다.

서성로의 횡단보도를 건너면 대륜학교의 전신 우현서루 터(대구은행 북성로 지점)에 닿는다. 북쪽으로 지상철 교각이 보이면 그 아래가 달성공원 네거리이다. 달성공원 쪽으로 걸으면 국채보상운동을 활짝 꽃피운 역사적 장소 '광문사 터'로 가게 된다.

국채보상운동은 일본의 강요로 지게 된 국채를 갚으면 나라의 자주자강을 이룰 수 있다는 생각에서 시작되었다. 국채보상운동의 불꽃을 피운 이들은 대구에서 활동하던 김광제, 서상돈 등이었다. 그래서 수창초등학교 뒤 광문사 터에 기념 비석이 세워졌다.

어행길을 계속 걸으려면 광문사 터에서 돌아나와 수창초등학교 정문으로 가야 한다. 정문 앞이 순종 어가길이기 때문이다. 순종이 이 길을 지나갔다는 내용을 담은 게시물들이 어지러울 만큼 많이 붙어 있다. 조금 전에 본 광문사 터의 기념비가 상대적으로 초라하게 느껴진다.

우현서루 터(서성로 81) 대구 중심부에는 동성로, 서성로, 남성로, 북성로가 있다. 동성로는 아주 유명하고, 북성로는 제법 유명하다. 남성로는 다른 이름인 약전골목으로 명성이 높다. 서성로만 이래저래 지명도가 낮다. 남성로는 1658년 이래 경상감영 뒤쪽에 있던 약령시가 1908년에 옮겨온 덕분에, 동성로는 현대화 과정에서 도심 한복판으로 발전한 덕분에, 북성로는 해방 이후 공구 골목으로 발전한 덕분에 모두 널리 알려졌지만, 서성로는 그런 계기를 갖지 못했다.

서성로에는 '역사의 현자들과 벗을 삼는다'라는 기치를 내걸었던 우현서루友弦書樓가 있었다. 러시아 블라디보스토크에서 발행된 한글 동포신문 《해조신문》은 1908년 4월 22일자에 '대구 서문 밖 이일우 씨는 (중략) 우현서루라는 집을 건축하고 내외국의 각종 신학문 서적과 도화를 수 만여 종이나 구입하여 쌓아두고 (중략) 경상 일도 내의 중등학생 이상에 자격되는 자

우현서루 터

제를 모집하여 그 서루에 머물게 하고, 매일 학술로 강연 토론하며 각종 서적을 열람케 하여 문명의 지식을 유도하며 (중략) 숙식 경비까지 부담한다 하니 국내에 제일 완고한 영남 풍습을 개량 진보케 할 희망이 이 씨의 열심으로 말미암아 기초가 되리라.' 하고 보도했다.

현재의 대구은행 북성로 지점 자리에 1905년 설립된 우현서루는 교남학교(현 대륜고교)의 전신으로, 이상화 시인의 큰아버지인 이일우가 운영했다. '시일야방성대곡'의 장지연, 임시정부 2대 대통령 박은식, 임시정부 국무총리 이동휘, 민족시인 이상화, 독립투사 김지섭56) 등 민족 지사 150여 명이 이곳에서 배웠다. 그러나 우현서루는 일제에 의해 1911년 강제로 폐쇄됐다.

우현서루 터 뒤편에 넓은 주차장이 있다. 이곳에는 우현서루보다 1년 뒤에 개교한 달서 여학교가 있었다. 낮에 공부할 수 없는 주부를 위해 야학까지 열었던 달서 여학교(설립자 이상악, 이일우의 장남)의 운영 주체는 이상화의 어머니 김신자 여사가 이끈 '부인 교육회'였다.

우현서루는 대구광학회의 사무실로도 사용되었다. 1906년 서울에 설립된 계몽단체 광학사廣學社의 대구지회로 결성된 대구광학회는 광학사와 같은 해 8월에 윤필오, 김선구 등에 의해 조직되었다. 광학회가 대한자강회57)와 밀접한 연관을 맺고 있었던 관계로 대구광학회는 대한자강회의 대구지회 역할도 맡았다. ☯

---

56) **김지섭** : 1924년 1월 3일, 상하이에서 배를 타고 도쿄에 잠입, 일본 궁성宮城 니주바시二重橋에 폭탄을 던졌다. 또 1월 5일 왕궁 진입을 시도하며 폭탄을 던졌으나 3개 모두 불발되고 체포되었다. 1928년 2월 이치가야형무소에서 의문의 죽음으로 순국하였다. 191쪽 참조.

57) **대한자강회**大韓自强會 : 1906년에 장지연, 윤치호, 윤효정 등이 조직한 민중 계몽 단체로, 교육과 계몽을 통해 민족 주체 의식을 고취하고 자주독립의 기반을 마련하려는 목적에서 창립되었다. 국채보상운동 이후 고종 퇴위 반대, 순종 즉위 반대, 친일매국단체 일진회 성토 등을 외치며 친일 내각에 도전하다가 1907년 8월 정부 명령으로 해산되고, 같은 해 11월 남궁억, 오세창, 윤효정, 장지연 등에 의해 대한협회로 재탄생한다. 한때 일본인 고문과 이용구의 술책으로 일진회와 연합하기도 하지만 일진회가 한일합병을 주장하자 관계를 끊었으며, 1910년 망국을 맞아 해체된다.

63~65 ☯ 북성로, 서성로 62-1 이일우 고택, 경상감영길 1 이종암 모금지
이 길을 걷는 것이 '다크 투어'일까?

북성로 대구역에서 시내를 바라보면 아주 높은 빌딩이 길 건너편에 서서 하늘을 가로막고 있다. 대우빌딩이다. 대우빌딩 뒤는 대구읍성의 동쪽 성벽과 북쪽 성벽이 만나는 자리였다. 이곳에서 서쪽으로 50m가량 가면 중앙로가 나타난다. 흔히 이 중앙로에서 서쪽으로 대구은행 북성로 지점까지가 북성로인 줄 알지만, 아니다. 중앙로는 1924년에 본격적으로 개통되었다.

추연창 저 《대구의 길을 걷다》(국토, 2017)를 참조하여 북성로를 살펴본다. 대우빌딩을 등진 채 중앙로 건너편 북성로 쪽을 바라보면 입구 오른쪽 첫째 건물에 '성수 소방' 간판이 보인다. 일제 강점기 시절 오오미야 주점이 있던 2층 건물이다. 오오미야 주점은 지금부터 대략 80년 전에 이미 맥주만이 아니라 양주와 양식까지 팔았다. 당대 대구 최고의 최첨단 신식 주점이었다.

오오미야 주점이 왜 이 자리에 있었을까? 대답은 대구역이 해준다. 1905년 경부철도선 대구역 영업 개시와 1906년 대구읍성 성벽 파괴 이전부터 일본인들은 북성로 일대 땅을 매입했다. 그들은 대구역 건물이 지금의 시민회관 자리에 들어선다는 사실을 진작부터 알고 있었다. 그들은 남성로에 대구역사가 들어선다는 헛소문을 퍼뜨려 북성로 일대 땅값을 떨어뜨린 뒤 대거 이곳을 매입했다.

당연히 대구읍성 중 북쪽 성벽이 가장 먼저 파괴됐다. 일본인들은 친일파 대구군수 박중양에게 '장사에 방해가 되니 성벽을 부수어 달

라'고 요청했다. 당시 외국인들은 읍성 밖에서만 장사를 할 수 있도록 제한되어 있었다. 박중양은 중앙정부의 '부수지 말라'는 명령에도 대구읍성을 없애버렸다.

대구역 앞 대우빌딩 자리는 시외버스 정류장이 되었고, 중요 교통회사들의 차고지도 되었다. 자연스럽게 북성로는 대구역에서 큰시장(서문시장)과 약령시로 오가는 길목이 되었다. 이제부터는 영남대로가 지나가는 영남제일관(대구읍성의 정문) 일대의 남성로를 대신하여 북성로가 대구 최고의 상권이자 핵심 교통 요지로 부상했다.

북성로에는 하루가 다르게 신식 건물들이 성로를 따라가며 들어섰다. 상권은 날로 번창했다. 오오미야 주점은 물론, 대구 최초의 백화점 미나까이 오복점이 북성로에 들어선 것도 당연한 귀결이었다. 이 백화점에는 대구 최초로 엘리베이터까지 설치되었다. 생전 처음 보는 엘리베이터를 타보려는 사람들로 북성로는 북새통을 이루었다.

북성로 1가 63번지의 미나까이 백화점은 5층으로, 당시 대구 최고층 건물이었다. 이 건물은 1964년 대우그룹으로 소유주가 바뀌었다. 대우는 새 빌딩을 짓기 위해 건물을 철거했지만, 그 이후 건축은 이루어지지 않았고, 지금은 자동차들이 오르내리는 거대 주차장으로 사용되고 있다.

북성로에는 대구 최초의 공중 목욕탕도 들어섰다. 그만큼 북성로는 대구 최고의 번화가였다. 목욕탕의 이름은, 이름만 보아도 건축주가 일본인이라는 사실이 짐작되는, 조일탕朝日湯이었다. 북성로 1가 30-1번지의 이 건물은 현재 경북자동차매매사업조합이 사용하고 있다. 미나까이 백화점 터 가기 직전 오른쪽으로 난 좁은 도로 안 우측 두 번째 건물이다. 사업조합 간판이 붙어 있어 찾기가 쉽다.

1950년대 전쟁 중에도 북성로는 여전히 번창했다. 안동 슈퍼 약간 대각선 자리인 성미 초밥(북성로1가 81-3) 2층은 피난 문인들이 즐겨 찾던 청포도 다방이었다. 청포도 다방에서 약간 더 위쪽에 있는 낙원식당(북성로 1가 31) 2층 역시 문인들이 많이 출입한 모나미 다방이었다. 그런가 하면, 낙원식당 맞은편 신진 이발 기구(북성로1가 21-14) 2층도 유명한 백조 다방이었다.

미나까이 백화점 터였던 주차장은 이들 다방 터들보다 조금 더 북성로 안쪽에 있다. 백화점 터는 작은 네거리의 한쪽 모서리를 차지하고 있다. 주차장 다음 네거리는 공북문 터이고, 그 다음 네거리의 오른쪽이 조일탕 건물이다.

공북문은 영남제일관(남문), 진동문(동문), 달서문(서문)과 더불어 대구읍성의 4대문이었다. 공북문拱北門은 북쪽(한양)에 계시는 임금을 향해 공손히 두 손을 모은다는 뜻의 이름이다. 그런데 친일파가 부숴 없애버린 공북문 아래를 조선의 마지막 임금 순종이 지나갔다. 그것도 이토 히로부미의 강요로 일본 천황 요배전이 있는 달성공원에 가기 위해서였다. 1909년 1월 12일의 일이다.

그래서 수창초등학교 담장을 타고 이어지는 길에 '어행御行길'이라는 이름이 붙었다. 일본인들의 요구로 대구읍성 성벽 중 가장 먼저 파괴된 자리에 난 길 북성로, 일인들의 상혼이 빛을 발휘했던 북성로, 국왕이 이토에게 이끌려 달성공원에 가기 위해 강제로 지나갔던 북성로, 그 길이 바로 북성로이다.

북성로를 걸으면 기분이 착잡하다. 그런데도 달성공원 앞에는 순종의 동상까지 서 있다. 이토에 끌려 다닌 순종이 대구에만 온 것은 아니다. 평양, 청도, 마산도 돌아다녔다. 수창초등학교 담장에 '순종 황제, 조선을 걷다'라는 게시물이 붙어 있는 것도 그 때문이다. 대구만이 아니라 조선 전체를 순종이 다녔다는 사실을 말하고 있는 것이다. 머잖아 조선은 일본의 식민 지배에 놓인다는 사실을 세계 만방에 기정사실화하려 한 이토의 정치적 책략에 철저하게 복무한 순종은 전국을 순회하며 허수아비 노릇을 했다.

순종이 지나간 이 길은 우리가 떠받들 가치가 있는 길이 아니다. 순종이 이 길을 가지 않았더라면 좋았을 텐데… 하는 생각이 들 뿐이다. 황제가 일제에 저항하여 목숨을 걸고 싸웠더라면 나라가 그리 쉽게 식민지가 되었을까? 순종은 국가의 지도자다운 인물이 결코 아니었다.

대구은행 북성로 지점 앞 네거리에 망경루望京樓58)가 있었다. 임금이 계시는 서울을 바라보는 누각이라는 뜻의 망경루는 대구읍성의 북쪽 성벽과 서쪽 성벽이 만나는 모서리 지점이었다. 우현서루 앞 망경루 터에 서면 '순종이 이토 히로부미와 나란히 신사 참배를 하는 마당에 누가 임금께 충성을 맹세하며 서울을 바라본단 말인가? 임금이 달성공원에 와서 이토와 함께 기생 공연을 관람하고 있는 상황에 북쪽을 바라본들 텅 빈 궁궐뿐인데…' 하는 생각이 저절로 일어난다.

이일우 고택(서성로 62-1) 대구은행 북성로 지점 맞은편에서 서성로를 타고 남쪽으로 70m가량 가면 '서소문 터' 표지석이 도로변에 서 있다. 서소문 자리는 달서문과 망경루 사이로, 서문로교회로 들어가는 골목 입구 지점이다. 서문로교회 자리에는 본래 경상감영의 감옥이 있었다. 현재 사용되는 교회 건물은 1970년에 지어졌다.

서문로교회 남쪽의 중앙교회는 1924년에 설립됐다. (서소문은 서문로교회와 중앙교회 중간쯤 있으므로 옛날에 많은 사람이 이 골목으로 지나다녔다는 사실을 짐작할 수 있다.) 90년 역사를 자랑하는 중앙교회는 제일교회에서 분리돼 독립했다. 대구 경북 최초의 개신교 교회당인 제일교회는 1896년 야소교회당으로 출발했고, 현재 건물은 1933년에 지어졌다.

중앙교회에서 조금 더 남쪽인 서성로 62-1(서성로1가 44번지)에 이일우 고택이 있다. 이 집은 민족교육기관 성격의 개인 도서관 우현서루를 운영했던 이일우 선생이 살았던 집으로, 지금도 대문에 그의 장

---

58) 망경루는 박중양이 대구읍성을 파괴한 후 경삼감영의 정문인 관풍루와 함께 달성공원으로 옮겨졌다. 하지만 그나마 시간이 흐르면서 아주 삭아버려 1970년 해체, 소멸되고 말았다. 관풍루는 본래 모습과 거리가 먼 형태로나마 복원되었지만 북장대北將臺인 망경루는 영원히 자취를 감추어버린 것이다. (관풍루는 1973년에 복원되었다. 서장대는 약령서문 자리, 남장대는 중앙 파출소 자리, 동장대는 대우빌딩 자리에 위치했다.)

손 이석희 씨의 문패가 붙어 있다. 하지만 고택은 문을 굳게 닫고 있어서 일반인이 내부를 구경하기는 거의 불가능하다.

1905년 대구역에 기차가 다니고, 1906년 대구읍성이 북성로, 서성로, 남성로, 동성로 순서로 파괴됐다. 이는 북성로가 가장 번창했고, 서성로가 그 다음 번화가였다는 사실을 말해준다. (초가집 수준이 아닌 대구역사驛舍는 1913년에 지어졌다.) 대구역에서 내린 사람들은 경상감영 뒤편 약령시와 달서문 앞의 대구큰시장(서문시장)을 오갔다. 약령시는 경삼감영과 북성로 사이였고, 대구 큰시장은 서성로 달서문 앞이었다. 그것이 북성로와 서성로가 번창할 수밖에 없는 이유였다.

이일우 고택 남쪽에 대구읍성의 달서문이 있었다. 달서문에서 동쪽으로 가면 경상감영에 닿는다. 이 길의 이름은 서문로西門路. 경상감영에서 달서문까지 이어지는 길이라는 뜻이다.

달서문 터에는 1920년 한국인들이 설립한 첫 은행인 대구은행(현 남영사우나)이 들어섰다(최초 설립은 1913년). 큰시장 바로 앞이었으니 은행 본점이 좋아할 만한 위치였다. 당시 이곳은 대구 최고의 번화가 북성로와 대구 최대의 시장 서문시장을 잇는 길목이었던 것이다.

이일우 고택

그래서 1909년 대구를 방문한 순종의 하사금으로 세워진 은사관도 서성로에 지어졌다. 은사관은 공공 집회장이었다. 서문로 2가 12-1번지 은사관 자리 주변에는 국채보상운동 서상돈의 차남 서병조가 운영한 조양무진 주식회사도 있었다. 조양무진은 지금 말로 대략 사채놀이를 한 일제 시대의 신용 협동조합이었다. ◓

'1919년 만세운동'의 이듬해인 1920년, 서문시장에서 경상감영을 향해 진입하는 서문로 입구 달서문 터(경상감영길 1)에 대구은행 본점이 들어섰다. 이곳에서 직원으로 근무하던 이종암은 은행돈을 챙겨들고 만주로 망명하여 독립군이 되었다. 그는 의열단 부단장으로 맹활약했지만 끝내 감옥에서 숨졌다. (187쪽 참조)

66~69 ☯ 대구 3·1운동길 : 90계단에서 대구백화점까지
1919년 대구 독립만세운동 시위 군중이 행진한 길

　기미독립선언 민족대표 33인 중 한 사람인 대구 출신 이갑성이 2월 24일 대구를 찾았다. 대구에서도 독립만세운동을 일으켜 달라고 권유하기 위해서였다. 그는 남성정교회(현 제일교회) 이만집 목사, 남산교회 김태련 조사(선교사를 돕는 직책), 계성학교 백남채·김영서 교사, 신명여학교 이재인 교사 등 대구 지역 3처 교회(현 제일·남산·서문교회) 지도자와 만나 서울의 3·1운동 소식을 전하면서 대구에서도 궐기할 것을 촉구했다.
　이만집, 김태련 등 기독교계 지도자와 홍주일 천도교 경북교구장 등은 큰장(서문시장) 장날인 3월 8일 오후 1시에 봉기를 하기로 뜻을 모은 뒤 시위에 참가할 학생과 시민들을 모집하기 시작했다. 그 과정에서 정보를 파악한 일제는 3월 4일과 7일에 걸쳐 홍주일, 백남채 등 주모자 여러 명을 체포했다. 일제 경찰이 특별 경계령을 내린 것은 당연한 조치였다.
　하지만 독립만세 준비는 계속 진행되었다. 특히 계성학교, 신명학교, 대구고보 학생의 적극적인 참여는 만세운동 추진에 활기를 불어넣었다. 계성학교 교사와 학생들은 물론 신명학교에서도 교사 이재인과 졸업생 임봉선·이선애, 재학생 등 50여 명이 참여했다. 계성학교 교사 최상원은 대구고보 4학년 허범과 접촉하여 신현욱, 백기만, 하윤실 등 대구고보 간부 학생들에게 거사 계획을 알렸다. 드디어 대구고보 학생 200여 명이 만세운동에 동참하게 되었다. 동산성경학당(현 영남 신학대) 강습생도 20명도 참여했다.

8일 정오 무렵, 큰장에 사람들이 모여들기 시작했다. 일경의 삼엄한 감시를 피하기 위해 계성학교 학생들은 한복을 입고서 장꾼인 양 행세했다. 신명학교 학생들도 수업을 마친 뒤 시장으로 왔다. 그러나 시위는 아직 시작되지 못했다. 오후 1시에 도착하기로 약속되어 있었던 대구고보 학생들이 미처 당도하지 않았기 때문이다.

2시가 지났을 때 대구고보 학생 200명이 교복을 입은 채 일제 경찰의 저지를 뚫고 뛰어왔다. 동산성경학원 학생들도 모습을 보였다. 수천 군중이 운집한 시장 안은 술렁이기 시작했다.

김태련 조사가 미리 준비해 둔 달구지 위에 올라섰다. 그는 독립선언서를 펼쳐들었다. 잽싸게 일제 경찰이 그를 제지했다.

'3·1운동길 90계단'에 전시되어 있는 서문시장의 1926년 모습

김태련은 기회를 틈타 공약 3장을 낭독했다. 그 순간 이만집 목사가 달구지에 뛰어올라 힘차게 "대한독립만세!"를 외쳤다. 1천여 군중들이 품에 품고 온 태극기를 꺼내어 흔들면서 "대한독립만세!"를 연호했다.

시위 대열은 지도부를 앞세우고 행진을 개시했다. 일제 경찰이 막아섰다. 선교사를 도와 교회 일을 보아온 농민 안경수가 태극기의 깃대로 경찰이 탄 말의 엉덩이를 찔렀다. 놀란 말이 화들짝 달아났다. 그 사이 시위대의 선두가 앞으로 나아갔다. 1㎞가 넘는 만세운동행렬은 큰장 강씨네 소금가게 앞(옛 동산파출소)에서 출발, 동산교를 지나 달서문 터를 향해서 섰다. 행렬은 이윽고 본정(경상감영 일원)으로 나아가기 시작했다. 금세 만세 행렬은 대구경

중부경찰서(당시 대구경찰서)

찰서(중부경찰서)와 경상북도 도청(경상감영공원)으로 가는 서문로 입구에 닿았다. 도로명 주소 '경상감영길 1'인 이곳은 영남제일관(남문, 약전골목 내), 진동문(동아백화점 네거리), 공북문(북성로 중간 지점)과 더불어 대구읍성 4대문의 하나인 달서문 터이다. "대한독립만세!"를 외치며 행진하던 당시 시위대들은 이곳이 박중양이 대구읍성을 파괴하기 전까지 달서문이 서 있던 자리라는 사실을 떠올렸을 법하다.

그런가 하면, 좀 더 정치적 사건에 밝은 사람은 이곳이 의열단 부단장 이종암 지사의 군자금 모금지라는 사실을 돌이켜보며 독립투쟁의 기운을 북돋웠을 것이다. 이곳은 그 무렵 대구은행 자리였다. 만세운동이 일어나기 1년 2개월쯤 전인 1917년 12월 이종암은 자신이 직원으로 근무하던 대구은행에서 거금을 챙겨 만주로 달려갔고, 그 돈은 의열단(187쪽)을 창립하고 운영하는 데 소중한 노둣돌이 되었다.

이종암 독립군 군자금 모금지를 떠난 시위대 일행은 대구경찰서 앞의

시위대는 중부경찰서에서 종로와 대구읍성 남장대 터(중앙 파출소)를 지나 대구백화점 쪽으로 나아갔다. 사진은 영남제일관 터에서 본 종로.

네거리에서 경정(종로)으로 전진했다. 이 무렵부터는 형편상 계성학교를 중퇴하고 양화점에서 일하던 강학봉이 동료 30여 명을 이끌고 동참하는 등 시위 군중이 점점 커졌다. 일제는 헌병대와 (이천동 '캠프 핸리'에 주둔하고 있던) 80연대 병력을 동원해 달성군청(현 대구백화점 일대)에 저지선을 쳤다. 만세행렬은 종로를 거쳐 약전골목~중앙치안센터(대구읍성 남장대 터)~대구백화점 쪽으로 향했다.

일제는 달성군청 앞에서 총칼과 곤봉으로 시위대를 무자비하게 구타하기 시작했다. 평화적인 만세 시위였지만 더 이상 두었다가는 어떻게 될지 알 수 없다고 판단했던 것이다.

하루 전에 내린 비로 질척해져 있던 땅은 피와 흙이 뒤엉키면서 붉은 범벅으로 변했다. 김용해는 아버지 김태련이 일경들에게 구타당하는 광경을 보고 달려가 가로막다가 집단 폭행을 당해 실신했다. 김용해는 끌려가 혹독한 고문을 당한 끝에 3월 29일 순국했다.

만세운동은 10일에도 계속됐다. 일경의 검거를 피했던 계성학교 교사 김영서와 학생 김삼도, 박태현, 박성용, 박재현, 그리고 전당포 업자 김재병과 농민 이덕주 등은 대구 남문 밖의 덕산정시장(염매시장 앞의 현 남산교회 부근)에서 오후 4시에 봉기했다. 3처 교회 신도를 비롯한 200여 명의 기독교인과 학생이 만세를 부르며 "대한독립만세!"를 외치다 무자비하게 진압되었고, 65명은 일경에 끌려갔다.

8일과 10일 만세운동으로 모두 225명이 검거되었다. 그 중 계성학교 학생 36명과 대구고보 학생 7명을 비롯해 76명이 실형을 언도받았다. 만세운동의 주모자인 이만집과 김태련은 각각 징역 3년과 징역 2년 6월형에 처해졌고, 김영서, 백남채, 최상원, 김무생 등은 징역 2년을 선고받았다. 또 권희윤, 박제원, 최경학 등이 1년 6월, 이재인, 임봉선, 신현욱, 허범, 박태현 등이 1년, 심문태, 박성용, 허성도, 김삼도 등이 10월, 백기만 등이 징역 6월을 각각 선고받았다. ☯

1919년 3·1운동길에 있는 종로 초등학교는 교문 안 담에 독립운동가들을 기리는 벽화와 해설문을 대대적으로 게시해두어 교육기관다운 면모를 잘 보여준다.

고 심달연 할머니가 2007년 4월 23일에 그린 '내가 새가 된다면 날아가고 싶다, 천리만리'(중구 경상감영길 50, 서문로1가 79-1 희움 일본군 '위안부' 역사관)

<u>희움 일본군 '위안부' 역사관</u> 1919년 3월 8일, "대한독립만세!"를 외치는 독립만세운동 참가자들은 서문시장을 출발하여 서문로로 진입했다. 시위대는 대구경찰서(현 중부경찰서)와 식산은행 대구지점(현 대구근대역사관) 사이 네거리에서 오른쪽으로 돌아 종로로 나아갔다.

지금 그 길을 걸어보면 중부경찰서 서쪽에 종로 초등학교와 희움 일본군 '위안부' 역사관이 서문로를 사이에 두고 마주보고 있다. 종로초등학교는 교문 안 담벽에 독립운동가들을 기리는 그림, 사진, 안내문 등을 대대적으로 게시해 놓아 교육기관다운 면모를 뽐내고 있다.

제일교회 대문채에서 출발한 대남 소학교가 현재의 종로 초등학교 위치로 온 때는 1954년이다. 그 무렵 이름은 희도 국민학교였다. 종로 국민학교라는 이름은 1955년에, 종로 초등학교라는 이름은 1996년에 얻었다. 1941년부터 시작된 일본 교명 '국민'을 버리고 '초등'으로 바꾸는 데에 무려 55년이나 걸렸던 것이다. 일제 잔재 청산이 왜 이렇게 더딘지 보통 사람으로서는 이해가 되지 않는다.

희움은 2015년에 문을 열었다. 희움의 누리집은 "희움 일본군 '위안부' 역사관은 일본군 '위안부' 피해자들이 겪었던 고통의 역사를 잊지 않고 기억하며, 일본군 '위안부' 문제를 해결하기 위해 활동하는 공간입니다." 라고 말한다. "더 나아가 문제 해결을 통해 평화와 여성인권이 존중되는 사회를 만들기 위해 노력하는 '실천하는 역사관'입니다."라고 부언한다.

1997년 '정신대 할머니와 함께하는 시민모임'은 그 동안의 활동을 밑거름으로 하여 2009년 평화와 인권을 위한 "일본군 '위안부' 역사관 건립 추진위원회"를 결성했다. 2010년, 고故 김순악 할머니께서 "내가 죽어도 나를 잊지 말아 달라."라는 유언과 함께 5천여 만 원을 기탁하셨고, 다른 할머니들께서도 뜻을 함께해 주셔서 역사관 건립을 위한 씨앗기금이 마련되었다.

시민모임은 역사관 건립 기금 마련을 위해 다양한 방식의 범국민 모금 캠페인을 지속적으로 전개하였고, 많은 시민들이 뜻을 모아 주었다. 2012년 발매한 시민모임의 브랜드 '희움'(희망을 모아 꽃 피움)을 통해서도 많은 분들이 역사관 건립에 동참했다. 특히 많은 청소년들이 희움 제품의 공동구매에 참여하여 수익금을 전달해 주었고, 뿐만 아니라 문제 해결을 위한 캠페인에도 적극 참여해 주었다. 이윽고 2015년 12월 5일 "희움 일본군 '위안부' 역사관"이 드디어 개관했다.

일본군 '위안부' 여성가족부 <일본군 '위안부' 피해자 e-누리집>은 "일본군 '위안부'의 총수는 최소 3만에서 최대 40만 명까지 다양한 의견이 제시되며, 연구자마다 많은 차이가 보인다."라고 설명한다. 한국학중앙연구원의 《한국민족문화대백과》는 일본 우익 학자 2만, 중국 연구자 40만으로 소개한다. 차이가 심한 것은 일본이 관련 자료를 공개하지 않고 있기 때문이다. 1944년 8월 23일 일본은 '여자 정신대 근무령'을 공포, 12세~40세 조선 여성들을 강제로 징집했다. 그 이전부터 저질러오던 행위를 마침내 법제화한 것이다. 그때부터 명령에 불복하면 투옥하고 벌금형에 처했다. 강제로 끌려간 여성들은 낮에는 탄약 운반 등 중노동에 시달리고, 밤에는 '위안부military sexual slavery'로 혹사당했다.

희움은 지하, 1층, 2층으로 구성되어 있다. 지하는 벙커로, 1920년대 중반의 일본식 2층 목조 건물을 희움으로 재건축하는 과정에서 발견되었다. 현재는 지역 작가 혹은 젊은 작가가 평화의 메시지를 새기고, 장소의 특성을 살릴 수 있는 전시를 기획하는 공간으로 쓰인다. '평화'는 고 김순악 할머니의 2005년 11월 작품이다.

1층은 맞이방, 상설 전시실, 영상실로 구성되어 있다. '맞이방'은 관람권 구매 및 각종 문의를 할 수 있는 안내 공간이 있고, 희움의 건립 이야기와 만든 사람들을 만날 수 있는 공간이다. '희움 스토어'에서 브랜드 '희움'의 제품도 구매할 수 있다.

전시실 1은 상설 전시 공간이다. 일본군 '위안부' 제도와 생존자들의 기억, 일본군 '위안부' 문제의 해결 운동사를 볼 수 있다. 영상실은 영상을 통해 일본군 '위안부' 문제를 이해할 수 있는 공간이다.

그 외 안뜰도 있다. 안뜰은 1920년대 이전부터 자라고 있었을 것으로 추정되는 라일락 나무가 꽃피는 공간이다. 휴식과 담소를 즐기기에 아주 좋다.

2층은 '갤러리 평화', 전시실 2, 교육관, '공간 희움', 복도, 수장고로 구성되어 있다. '갤러리 평화'는 일본군 '위안부' 피해자 고 김순악·고 심달연의 원예 압화 작품을 전시하고 있다.

전시실 2는 평화와 여성 인권에 대한 기획 전시가 열리는 공간이다. 교육관은 세미나와 모임 등을 열 수 있는 다목적 공간으로, 대구·경북 지역 일본군 '위안부' 할머니들의 사진과 이야기, 유품이 전시되어 있다.

'공간 희움'은 라일락 나무를 보며 쉴 수 있는 공간으로, 다양한 야외 행사와 공연이 열리는 장소이기도 하다. 복도에서는 (사)정신대할머니와 함께하는시민모임이 걸어온 시간과 함께한 사람들을 볼 수 있다.

수장고에는 대구·경북 지역의 일본군 '위안부' 피해자 관련 자료, 일본군 '위안부' 문제 해결을 비롯한 평화와 인권을 위한 운동 자료를 보관하고 있다.

희움은 화요일~토요일에 오전 10시~오후 6시 개관한다. 초등학생

이하의 어린이는 입장료를 받지 않으며, 청소년은 1,000원, 일반은 2,000원의 입장료를 받는다. 관람료는 희움 일본군 '위안부' 역사관 운영과 일본군 '위안부' 문제의 올바른 해결을 위한 운동에 사용된다. 대구시 중구 경상감영길 50(서문로1가 79-1), 전화 053)254-1431, 전자우편 heeum_museum@hanmail.net이다. (340쪽 참조)

김석형 집터 중부경찰서를 뒤로 하고 네거리에서 남쪽으로 나아가면 종로로 들어간다. 1919년 3월 8일 당시의 만세운동 행렬도 이 길을 갔다.

네거리를 돌면 이내 만경관 극장 건물로 들어가는 짧은 진입로가 오른쪽에 나온다. 극장 건물과 도로 사이에 집 한 채가 있다. 역사학자 김석형金錫亨(1915~1996)은 대구고등보통학교(현 경북고)와 경성제국대학(서울대) 법문학부 조선사학과를 졸업했다. 양정 중학교 교사로 있던 중 조선어학회 사건(309쪽 참조)으로 함흥 형무소에 투옥되었다가 해방을 맞아 풀려났다. 서울대 사대 역사교육과 조교수를 지냈으며, 1946년 월북하여 김일성종합대학 역사학부 교수로 취임했다. ☯

[참고] 계성학교총동창회 회보 46호(2007.10.31.)
8회 박태현 동문, 등사한 독립선언문 들고 칠곡·안동까지 달려가 배포
계성의 교사와 학생들, 일심단결로 일제에 투쟁할 때 맨 앞에서 활약

1919년, 경북 지방에도 3·1운동의 불은 뜨겁게 타올랐다. 물론 시위는 대구에서 가장 먼저 일어났다. 3월 8일, 9일, 10일 연이어 1,800명 정도의 시위대가 독립 만세를 외쳤다. 3월 11일에는 영일과 비안에서, 3월 13일에는 칠곡과 경주에서 시위가 벌어졌다. 16일에는 안동, 비안에서, 17일에는 안동, 18일에는 안동, 의성, 영해, 영덕, 병곡(영덕)에서 만세운동이 일어났다. 19일에는 안동, 안평, 도리원, 영해에서 일어났다. 20일에는 창수(영덕)에서, 21일에는 신덕(안동), 편향(안동)에서 일어났다. 그 후에도 독립만세운동은 대구, 달성, 영천, 경부, 영일, 영덕, 영양, 청송, 안동, 의성, 칠곡, 김천, 상주 등지에서 계속 일어났다.

당시 독립만세운동에서 가장 핵심적인 중추 세력은 계성학교였다. (중략) 당시 대구지방법원 조선총독부 판사 오미일평五味逸平의 판결문에 따르면 경북에서 3·1운동으로 실형을 받은 사람은 모두 76명이다. 그 중에서 계성학교 학생이 35명, 계성학교 전·현직 교사가 8명이다. 전체 실형 복역 인사의 60%가 계성인이다.

일제 법원은 계성학교 교사 김영서(38세), 백남채(33세), 최경학(30세), 권희윤(49세), 최상원(30세)을 실형에 처한다고 판결하고 있다. 판결문은 또 학생들의 이름도 사정없이(!) 나열하고 있다. 김삼도(22세, 6년생), 정원조(6년생, 22세), 박태현(21세, 5년생), 이승욱(22세, 5년생), 최영학(4년생), 김재범(20세, 3년생), 박성용(17세, 3년생), 박재곤(20세, 3년생), 박몽포(18세, 3년생), 이어석(20세, 3년생), 손치봉(21세, 3년생), 나상기(20세, 2년생), 정인엽(19세, 2년생), 허방(21세, 1년생), 장해동(19세, 1년생), 이석도(17세, 1년생), 장봉수(17세, 1년생), 이성해(17세, 1년생)······.

판결문은 학년별로 일목요연하게 학생들의 이름을 정리하고 있다.

나이가 기록되어 있지 않은 학생도 보인다. 나이가 어려도 학년이 높은 경우도 보인다. 체포되어 재판을 받고 있는 학생들 중에는 학년이 밝혀지지 않은 경우도 있다. 계성학교 생도 허성도(17세), 계성학교 생도 이만이(20세), 계성학교 생도 이창순(25세)… 식이다.

어쨌든 17세부터 25세의 계성학교 학생들이 일제 경찰에 체포되어 재판을 받았다. 조선총독부 검사 장미계삼長尾戒三은 "피고 이만집 징역 3년, 백남채, 최상원, 김영서를 징역 2년, 최경학, 권희윤을 징역 1년 6개월에 처한다"고 주문하고 있다(계성학교 교사들이 최고의 형을 받고 있다). 전체 피고 중에서 박태현은 징역 1년형을 주문받고 있다. 학생 중에서는 최고형이다. 박태현, 당시 계성학교 5학년이다.

→ 박태현 지사

박태현은 1919년 3월 일경에 체포된다. 물론 모진 고문을 받고 온몸이 피멍으로 얼룩진 상태에서 감옥에 갇힌다. 검사가 1년을 구형하자 판사도 1년 언도로 맞장구를 치고 박태현은 대구형무소에 갇힌다. 박태현은 출옥 후 평양 숭실대학 문과 1년을 수료한 후 연희전문 상과를 졸업한다. 1927년 장로로 장립되고, 해방 후 칠곡 군수와 부산시 인사행정과장을 역임한다. 1899년 7월 14일 출생하여 1974년 4월 1일 타계한 계성의 자랑스러운 동문이다. 일제 검사가 당시 박태현 학생에게 징역 1년을 주문하며 덧붙인 이유를 읽어본다.

"피고 박태현은 3월 10일 오후 4시 30분경 동부 덕산정시장에서 백여 명의 군중과 함께 한국 독립 만세라고 쓴 구舊한국 국기를 휘두르며 한국 독립만세를 고창하여 치안을 방해하였다." 검사의 공소문은 또 박태현이 그날 하루만 독립만세운동을 한 것이 아니라 '연속의 의사'를 가지고 계속 범죄(?)를 저질렀다고 지적하고 있다.

실제로 박태현은 계성학교 교사 백남채 선생이 독립선언서를 인쇄하여 소사에게 맡겨둔 것을 받아 시장으로 가서 사람들에게 배포하였다. 특히 큰장날인 3월 8일을 기해 군중이 운집한 때에 맞춰 독립선언서를 배포하고 군중들과 함께 만세를 불렀다. 그는 한복을 입거나 장꾼차림으로 변복했다. 밤에는 독립선언서를 추가로 인쇄하여 칠곡까지 가서 배포하였고, 심지어 안동까지 달려갔다.

일제의 경계가 점점 심해졌다. 박태현 등 학생들은 독립선언서를 배포하고 군중들과 함께 만세를 부를 적당한 기회를 찾으며 계속 시기를 엿보았다. 서문시장 장날을 기해 독립만세운동이 일어난다는 첩보를 듣고 있던 일제 경찰은 시장파출소와 남성정파출소에 순사를 증원하여 대비하고 있었다.

오후 1시가 되었다. 더 이상 기다리다가는 너무 늦어져 시간이 없다. 김태련 조사, 백남채 선생, 그리고 박태현을 비롯한 학생들은 한국독립만세라고 쓴 구 한국 국기를 휘두르며 목청 높여 "대한독립만세!"를 외쳤다. 계성학교 생도들과 고등보통학교 학생들이 시장을 휩쓸며 "만세"를 부르짖자 군중들도 크게 호응하기 시작했다. 오후 5시경 박태현 등 학생들은 모두 일경에 체포되었다.

다시 판결문을 읽는다. "(만세운동 당시 사용된) 기旗(이하 한자 표기는 필자의 첨가임)는 박태현이 그 전날 (계성학교 생도) 심문태에게 만들라고 말"한 바 있으므로 "박태현이 (직접) 만들어 가지고 온 것이라고 생각되며" "교사 백남채가 선언서를 소사에게 맡겨둔 것을 생도들이 알고 당시 박태현이 소사로부터 받아 분배하였을 것"이라고 공술하고 있다. 그리하여 "대구 시내에서 다수의 군중과 함께 만세를 불렀다."

공소장에는 "계성학교의 생도는 전부 참가하였다고 생각한다"는 표현도 나온다. 다음과 같은 대목도 보인다. "수일 전 백남채가 보자기에 싼 종이 뭉치를 건네주며 이는 비밀품이니 다른 사람에게 보이지 말고 오직 생도가 달라고 할 때에 주라고 말하므로 그것이 독립선언서인지 아닌지도 모르고 맡아 두었다가 (독립운동이 벌어진 날) 생도 심문태, 박태현 두 사람이 달라고 하므로 그 전부를 주었다. 기숙생이 전부 소동에 참가하였는지는 모르나 식사 후 기숙사에 가보니 기숙생은 한 명도 없었다." 당시 박태현 등 계성의 학생들은 하나같이 일심동체로 만세운동에 동참하였음을 알 수 있다.

복심법원(현재의 고등법원)의 판결문을 읽어보자. 학생 중 최고의 형을 선고받은 박태현에 대한 부분이다. "피고 박태현을 징역 8월에 처함." "피고 박태현, 박남준, 김재소는 범의犯意(범죄를 저지를 마음)를 계속하여 동 피고 3명과 피고 김재병, 김윤덕, 이덕주는 앞서와 같은 목적을 가지고 동월 10일 오후 4시 30분경 동부 덕산정 시장에서 다수의 조선인과 함께 구 한국기를 모방한 기에 '한국 독립만세'라고 쓴 것을 붙이고 흔들며 함께 한국독립만세를 고창하고 시위운동을 하였으며 (중략) 오후 3시에 이르러 고등보통학교 생도와 미국인 경영의 (사립) 계성학교 생도 등을 중심으로 기타 학생 약 300명이 서문시장에 집합하고, 일부 군중이 합세하며, 수 명의 주모자가 구 한국기를 휘두르며 선두에 서서 등사인쇄의 독립선언서를 살포하고, 또 각자 일제히 대한독립만세를 크게 부르며, 행진하여 본정 경찰서(당시 대구경찰서, 현 중부경찰서 자리) 앞 사거리에서 경정동(현 종로)을 지나 동성동 삼정목에 이르렀으며, 그때 경무부원 등의 응원대가 도착함으로 행렬을 막고 해산시켰음."

계성총동창회보는 거의 매호마다 독립운동에 힘쓴 선배들의 기록을 살펴서 싣고 있다. 그만큼 우리 계성의 정신은 민족혼을 북돋우고 개화정신을 일깨워온 겨레의 횃불인 것이다. 이번 호에는 8회 박태현 선배의 독립운동 기사를 실었다. 선배의 아들 박준환(37회) 동문은 현재 미국 LA 사우스벨로 한의대학교 재단이사장으로 활동하면서 조국의 명예를 만방에 드날리고 있다. * 이 글을 인용한 것은 동창회보 편집의 바람직한 방향을 계성동창회보가 제시하고 있다고 판단한 까닭입니다.

70~71 ◉ 북성로1가 48-1 이육사 작은 문학관, 태평로 141 북후정 터
"내 고장 7월은 청포도가 익어가는 시절"

> 광야 曠野
>
> 까마득한 날에
> 하늘이 처음 열리고
> 어데 닭 우는 소리 들렸으랴
>
> 모든 산맥山脈들이
> 바다를 연모戀慕해 휘달릴때도
> 차마 이곳을 범犯하던 못하였으리라
>
> 끊임없는 광음光陰을
> 부지런한 계절季節이 피어선 지고
> 큰 강江물이 비로소 길을 열었다
>
> 지금 눈 나리고
> 매화향기梅花香氣 홀로 아득하니
> 내 여기 가난한 노래의 씨를 뿌려라

이육사 작은 문학관 '이육사 작은 문학관'은 북성로1가 48-1에 있다. (〈광야〉와 〈청포도〉의 시인 이육사와 독립운동가로서의 이원록의 생애에 대해서는 194쪽 참조) 위의 사진은 안동의 경북독립운동기념관에 게시되어 있는 이육사의 〈광야〉 중 일부이다.

북후정 터 1907년 2월 21일 금연으로 돈을 모아 일본에 진 빚을 갚음으로써 자주 국가를 이루겠다는 국채보상운동이 시작된다. 이날 대구 민의소(상공회의소)는 북후정에서 창립 총회를 열어 대중을 동원하는 방식으로 국채보상운동의 본격화를 알렸다. 역사적 장소는 태평로 141, 지금의 대구시민회관 자리였다. (국채보상운동은 255쪽 참조)

72 ● 중구 중앙대로 433 장진홍 의사 유적
빈터로 남아 있는 의사의 유적, 기념물 세워졌으면

　장진홍(張鎭弘(1895.6.6.~1930.6.5.) 의사의 독립운동 유적지(포정동 58, 지하철 중앙로역 4번 출구 바로 앞)는 텅 비어 있다. 본래 '조선은행 대구지점' 건물(하나은행 터)이 있었지만 지금은 새 빌딩을 건축하는 공사가 진행되면서 빈터로 변했다. 당연히 지금은 장진홍 의사를 기리는 표식도 없고, 기념물도 없다. 아니, 예전에도 그런 것은 존재한 적이 없었다. 신축 건물이 들어설 때 동상이나 기념비가 덩달아 건립되기를 기원하면서 장진홍 의사의 항일 투쟁을 돌이켜 본다.

　장진홍 의사는 칠곡군 인동면 문림리에서 부친 장성욱(張聖旭과 모친 순천(順天김씨 사이에서 3남 중 장남으로 출생했다. 1907년 인명학교(현 인동초등학교)에 다닐 때부터 장지필 선생에게서 항일의식을 배웠다. 1916년 12월 고향 출신 이내성(李乃成의 권유로 광복회(光復會에 가입했고, 1918년 만주 봉천(현 심양)으로 가서 독립운동을 펼치다가 1919년 독립만세운동 이후 귀국했다.

　1927년 4월, 기회를 엿보며 경북 경산시장에서 매약상을 하고 있던 의사는 이내성의 소개로 일본인 굴절무삼랑(掘切茂三郎을 만났다. 폭탄 전문가인 굴절무삼랑은 일본인이면서도 한국의 독립을 염원하는 사람이었다(국가보훈처 누리집 '독립운동가 공훈록'의 표현). 그로부터 폭탄 제조법을 익힌 의사는 1927년 10월 1일 오후 직접 만든 폭탄의 위력을 칠곡과 선산의 경계 휘안고개에서 시험해보았고, 폭탄으로 양쪽 절벽이 완전히 붕괴되는 것을 확인했다.

지금은 사라지고 없는 장진홍 의사 의거지 '조선은행 대구지점'

10월 16일 칠곡군 인동면 자택에서 폭탄을 제조한 의사는 다음날인 17일 오전 2시경 작은 폭탄 1개를 자살용으로 품속에 지닌 채 큰 폭탄 4개를 자전거에 싣고 대구로 왔다.

  1927년 당시 조선은행 대구지점은 경북도청(경상감영 자리)에서 불과 100m 거리에 있었다. 현 중앙우체국 자리에 대구우편국과 대구전신전화국, 대구근대역사관 자리에 식산은행59) 대구지점, 중부경찰서 자리에 대구경찰서까지 거느리고 있었다. 조선은행 대구지점 주변은 정치, 경제, 정보통신이 밀집된 대구 최대의 중심가였던 것이다.

  1927년 10월 18일, 장진홍 의사는 덕흥여관 사환 박노선에게 "내가 어제 다쳐서 잘 걸을 수가 없으니 이 벌꿀상자들을 조선은행, 도청, 식산은행, 경찰서에 순서대로 급히 배달을 좀 해 달라." 하고 부탁했다. 벌꿀 선물로 위장된 상자들에는 의사가 직접 제조한 시한폭탄들이 들어 있었다.

  박노선은 상자들을 들고 조선은행 대구지점으로 갔다. 그는 국고계 주임 복지흥삼福地興三을 찾아 "선물 배달 왔습니다." 하며 벌꿀 상자 하나를 건넸다. 하지만 일본인 은행원 길촌결吉村潔이 군인 출신답게 화약 냄새를 맡았다. 그가 재빨리 상자를 풀어보니 도화선에 불이 붙은 폭탄이 이글거리고 있었다. 폭발 직전이었다.

  복지흥삼과 길촌결은 자신도 모르게 비명을 질러댔다. 한 은행원이 재빠르게 도화선을 잘랐다. 아직 불이 옮겨 붙지 않은 나머지 세 상자는 황급히 은행 앞뜰 자전거 주차장으로 옮겨졌다. 바로 경찰에 신고되고, 박노선이 붙잡힌 것이야 두말 할 나위도 없었다.

  경찰은 주차장에 있는 폭탄 셋을 다시 한길로 내놓았다. 옮긴 지 1

---

59) **조선은행, 식산은행** : 조선은행은 중앙은행으로, 현재로 말하면 한국은행이다. 식산은행은 신용 기구를 통한 착취 강화를 위해 일본이 설립한 은행이다. 동양척식주식회사가 실질적 관리를 했던 식산은행은 일제의 한국 경제 침략에 큰 역할을 했다. 식산은행의 주요 업무는 농촌 수탈 정책에 자금을 대 주고, 식민지 산업을 지원하는 일이었다.

~2분 만에 폭탄 셋은 요란한 굉음을 내며 잇따라 폭발했다. 은행원, 경찰 등 5명이 파편에 맞아 중상을 입었고, 은행 창문 70여 개가 박살이 나면서 파편이 대구역까지 날아갔다.

폭파 의거는 '절반의 성공'에 멈추었지만, 세상을 뒤흔들었다. 일본 경찰은 범인 검거에 나섰지만 실마리도 잡지 못했다.

결국 일경은 1928년 1월 독립운동 경력이 있는 이정기李定基 등 8명을 검거하여 대구형무소에 투옥했다. 이때 민족저항시인 육사 이원록李源祿도 옥고를 겪었다(1927.10.~1929.5. 안동 육사문학관). 일경은 악독한 고문 끝에 이들을 진범으로 꾸며 재판에 회부했다.

장진홍 의사를 기려 세워진 '순국 의사 장진홍 선생 비'(칠곡 왜관읍)

대구 거사가 완전한 성공을 거두지 못한 것을 한탄한 의사는 1927년 11월과 1928년 1월 안동경찰서, 영천경찰서 등의 폭파를 계획한다. 그러나 끝내 실행에 옮기지 못했고, 검거의 포위망이 좁혀지자 몸을 피해 일본으로 건너갔다.

일본에서도 의사는 2차 거사 준비에 골몰했다. 하지만 동생의 오사카 소재 안경점에서 결국 일제에 붙잡히고 말았다. 의사는 1929년 2월 19일 대구로 압송되었다.

혹독한 고문에도 의사는 모든 일을 혼자서 도모했다고 대응했다. 물론 재판 결과는 볼 것도 없었다. 1930년 2월 17일 대구지방법원 1심 재판에서 의사는 사형을 언도받았다. 그 후 열린 대구복심법원 재판도, 고등법원 상고 결과도 마찬가지로 '사형'이었다. 의사는 사형 선고가 내려질 때마다 재판정에서 "대한독립만세"를 외쳤다.

1930년 6월 5일 밤, 의사는 비장한 결심을 했다.

'일제에 의해 치욕스러운 죽음을 당하느니 차라리 스스로 죽자.'

의사의 나이 아직 새파랗게 젊은 35세였다.60)

---

60) 1928년 11월 '대구 학생 비밀 결사 사건'이 발생했다. 일제 치하 단일 학생결사 사건 중 가장 많은 희생자를 낸 이 사건을 통해 일본 경찰은 11월 6일 이후 대구 시내 남자 중학생 105명을 구속하고, 12월에는 간부 26명을 검찰로 넘겼다.

사건 당시 대구고등보통학교의 모습

오늘을 사는 우리는 장진홍 의사가 감옥에서 조선총독에게 보낸 편지를 볼 수 있다. 의사는 선언했다.

"너희들 일본제국이 한국을 빨리 독립시켜 주지 않으면 너희들이 멸망할 날도 멀지 않을 것이다. 내 육체는 네 놈들의 손에 죽는다 하더라도 나의 영혼은 한국의 독립과 일본 제국주의 타도를 위하여 지하에 가서라도 싸우고야 말겠다."

← 부서져 사라진 '조선은행 대구지점'. 빈 터가 된 장진홍 의거지는 새로운 건물을 짓는 공사 현장으로 변해 있다. 장진홍 의사를 기념하는 조형물이 세워지고 있다는 소식이 들려와 많은 사람들이 공사 종료를 기다리고 있다.

학생들은 신우新友, 혁우革友, 적우赤友, 우리동맹 등 7개 단체를 구성하고 있었는데, 대구고등보통학교의 윤장혁, 상무상, 김일식, 황보선, 김성칠 등과, 대구중학교의 조은석, 대구농중의 권태호, 대구상업의 장원수 등이 주요 활동가였다. 지도 강사로는 박광세朴光世, 장적우張赤宇 등 사회주의 의식을 지닌 청년들이 활동했다.

특히 대구고등보통학교의 학생들은 조선 역사 과목의 신설, 조선어 학습 시간 연장, 언론 집회의 자유, 불량 일인 교원의 경질 등 반체제적 요구 사항을 내세우며 동맹 휴학을 벌이기도 했다. 구속된 학생들과 지도 강사들은 1~3년씩 투옥되었는데, 그들이 대구형무소에 갇혀있던 1930년 6월 장진홍 의사 옥중 자결 사건이 빚어졌다. 비통한 소식을 접한 수감 학생들은 감방 벽을 때려 부수면서 '장진홍 의사를 살려내라' 하고 단식 농성에 들어갔다. 그러나 일제는 도리어 '건조물 파괴'라는 터무니없는 죄명을 씌워 주동자들에게 8개월 가형加刑(형을 보탬) 처벌을 했다.

285

73~75 ◯ 동척 대구지점, 국채보상운동기념관, 일본군 보병 80연대
지금도 뚜렷하게 남아 있는 일제 수탈의 현장

동양척식주식회사 대구지점(경상감영길 221) 1908년 일제는 일본과 한국 모두에 국적을 둔 이중 국적의 '동양척식주식회사'를 설립했다. 동양척식주식회사는 한국 경제를 독점, 착취하려는 목적으로 일본이 한반도 내에 설립한 국책 회사였다. 동척은 무상 또는 헐값에 획득한 한국 내 토지를 일본인들에게 값싸게 넘기는 일, 식산은행을 운영하여 한국 농촌 수탈 사업에 자금을 공급하는 일 등 경제 침략의 선봉이 되었다. 농민들로부터 물세를 거두기 위해 수성못을 확대하는 공사에 자본금을 대는 등 동척 대구지점도 수탈 사업에 맹활약을 했다. 동척 대구지점은 동문동 4-16(경상감영길 221), 지금의 신용보증기금 대구지점 자리에 있었다.

국채보상운동기념관, 국채보상공원(공평로10길 25) 255쪽 참조

일본군 보병 80연대(남구 이천동 361-3) 1919년 3월 8일 대구만세운동을 진압하기 위해 기관총을 들고 출동한 군대는 일본군 보병 80연대였다. 80연대는 현재 미군 '캠프 핸리'가 주둔하고 있는 바로 그곳에 본부를 두고 있었다. 예나 지금이나 외국 군대가 차지하고 있는 땅을 우리는 버스를 타고 지나가며 물끄러미 바라본다. '우리의 소원은 통일'인데, 언제 통일이 되어 저 땅에 우리의 아이들이 맑고 밝은 얼굴로 뛰어놀 수 있으려나!

↓ 일본군 80연대 주둔지의 '캠프 핸리' 담장

76~79 ◐ 앞산 임용상 동상, 이시영 순국탑, 송두환 흉상, 안일사
"통일의 그 날을 하루라도 앞당겨 주십시오."

임용상 동상 앞산 큰골에 구한말 산남의진을 이끌고 일본에 맞서 싸웠던 임용상 지사 동상이 있다. 지사의 유택은 신암선열공원에 있다. 그런데 신암선열공원의 묘소 앞 표지석에는 '임용상林龍相'이라 새겨져 있는 데 반해 비석에는

'義士의사 羅州나주 林公임공 中虎之墓중호지묘'라고 각석되어 있어 의아심을 불러일으킨다. 신암선열공원 입구 안내판에도 '임중호(일명 임용상)'으로 안내되어 있다.

이 글에는 지사의 성함을 '임용상'으로 쓰려 한다. 대구 앞산 큰골에 세워져 있는 지사의 동상 제자題字(비석 등의 제목)가 '中虎林龍相義士之像'인 것을 기준으로 한다. 동상의 제자는 '中虎'가 지사의 호號라는 사실을 말해준다.

임용상 지사는 1877년 5월 22일 경북 청송에서 출생했고, 1958년 1월 5일 타계했다. 1905년 11월 을사늑약이 체결되자 임용상 지사는 경북 영덕에서 김재서金在瑞 등과 함께 창의군倡義軍(의병 부대)을 조직했다. 동해東海창의대장으로 추대된 지사는 포항 청하, 영덕 강구 등

지에서 일본군의 주둔소를 습격하고 적군 다수를 사살하였다.

1907년 4월 정용기鄭鏞基의 산남의진山南義陣이 결성되자 지사는 이에 합세하여 유격장 겸 도총장都總將으로 임명되어 청송, 영천 등지에서 일본군을 격살하였다. 또한 1907년에도 의병 수백 명을 인솔하고 포항 흥해에서 일본군과 격렬한 전투를 전개했다.

1907년 9월 정용기 대장이 전사한 뒤 그의 부친 정환직鄭煥直을 다시 대장으로 추대하고 총장總將이 되어 청송, 청하, 영덕 등지에서 일본군을 공격하여 혁혁한 전공을 세웠다. 그러나 정환직 대장도 그해 12월 순국하였고, 산남의진은 1908년 여름 해산 상태가 되었다. 1910년 봄 임용상은 옛 산남의진을 다시 정비한 후 의병장이 되어 군자금을 조달하고 무기를 획득하여 청송, 의성 등지의 일본 수비대를 공격했다. 그러나 안평 전투에서 마침내 일본군에게 체포되었고, 1910년 7월 25일 징역 10년형을 언도 받아 옥고를 치렀다. 정부는 고인의 공훈을 기려 1977년 건국훈장 독립장을 추서하였다.

건국훈장은 나라를 세우거나 나라의 기반을 세우는 데 뚜렷한 공로가 있는 사람에게 주는 포상으로, 1949년부터 수여되었다. 현재 건국훈장에는 건국훈장 대한민국장, 건국훈장 대통령장, 건국훈장 독립장, 건국훈장 애국장, 건국훈장 애족장의 5등급이 있고, 그 아래로 포장과 대통령 표창이 있다.

임용상 지사가 받은 독립장은 신암선열공원 내 다른 지사들의 다수가 애족장을 받은 데 견줄 때 상당히 높은 훈격이다. 이는 그만큼 임용상 지사의 독립운동이 치열했고, 성과도 뚜렷했다는 사실을 말해준다.

영천 조양공원 '산남의진비'

이시영李始榮 선생 순국 기념탑 임용상 지사의 동상 바로 아래에 있다. 이시영은 1882년 1월 10일 대구 봉산동에서 태어났다. 그는 1915년 2월 28일 윤상태尹相泰, 서상일徐相日, 홍주일洪宙一 등과 함께 대구 앞산 안일사에서 시회詩會를 가장하여 모임을 갖고 비밀결사 조선국권회복단朝鮮國權恢復團을 조직했다.

조선국권회복단은 대구를 중심으로 경상도 지역의 중산층 이상 혁신革新 유림儒林들을 주로 참여시켰다. 이들은 곡물상의 상업 조직과 사립 교육기관을 활용하여 독립군을 지원하는 구국 경제활동 단체를 지향했다.

이시영은 만주와 노령露領 지역 독립운동가들과 연계 투쟁하는 방안을 모색했다. 조선국권회복단은 그해 8월 25일 달성에서 영주 광복단과 발전적으로 통합, 강력한 무장 투쟁 노선을 추구하는 광복회光復會를 출범시켰다. 이시영은 1916년 9월 4일 광복회의 김진우, 김진만, 최병규 등과 함께 대구의 자산가 서우순徐祐淳에게서 군자금을 거두려다 일경에 체포되어 옥고를 치렀다(209쪽 참조).

이시영 선생 순국 기념탑

그는 1919년 3·1독립운동 당시 서울의 만세 시위에 참여했다. 그 후 만주로 건너가 독립운동에 매진했지만 1919년 7월 9일 서른일곱의 젊은 나이에 병사하고 말았다. 정부는 고인의 공훈을 기려 1990년에 건국훈장 애족장을 추서했다.

송두환 지사 흉상(98쪽 참조) 이시영 선생 순국 기념비 바로 앞에 매점이 있다. 여기서 탁주 세 통을 구입한다. 세 분께 절을 올리려면 응당 세 통이 있어야 하는 까닭이다. 다른 한 분은 임용상 지사 동상 위쪽에 흉상으로 계시는 송두환 지사이시다. 세 분께 모두 참배를 마치면 다시 이시영 선생 순국비 아래로 돌아와 음복飮福을 할 것이다.

음복은 제사를 지낸 후 차렸던 음식과 술을 먹고 마시는 일을 말한다. 음복을 하면서 후손들은 조상의 음덕蔭德이 내려지기를 기원한다. 이곳에서는 무엇을 빌어야 할까?

'선열님들 덕분에 우리나라가 독립을 하고, 오늘날의 번영도 이룩했습니다. 이제 민족사적 과제인 통일만 남았습니다. 통일의 그날이 하루 빨리 앞당겨지도록 선열님들께서 도와주십시오.'

안일사 임용상 지사, 이시영 지사, 송두환 지사 세 분께 모두 참배한 후 안지랑골 안일사를 찾는다. 안일사는 절까지 차량이 가지만 일반 승용차의 진입을 금지하므로 20분가량 가파른 오르막길을 걸어야 닿을 수 있다.61) 그래도 현장에 닿으면 기분이 상쾌해진다. 땀 흘려 걸었으니 응당 그럴 만도 하지만, 다른 곳에서는 쉽게 보기 힘든 것을 두 눈으로 생생히 즐길 수 있기 때문이다.

안일사는 대웅전 앞 안내판에 이곳이 조선국권회복단(292쪽 참조) 결성지라는 사실을 밝혀두었다. 너무나 당연한 일인데도, 이 정도의

---

61) 임용상 지사 동상, 이시영 선생 순국 기념탑, 송두환 지사 흉상 모두 도로 옆에 있지만 낙동강승전기념관을 지나 더 위쪽으로 차량을 운행하는 것은 등산객과 가족 단위 산책객들에게 방해가 되므로 삼가야 한다. 자동차를 가지고 앞산에 간 경우에는 낙동강승전기념관에 주차하면 된다.

조선국권회복단 창립지 앞산 안일사

성의를 보인 곳도 드문 탓인지 주지 스님과 이 사찰 관계자들이 그저 고맙다. ☯

80~93 ◐ 달서구의 독립운동 유적들
인물동산 안팎에 뜨거운 독립운동정신 서린 달서구

안일사를 떠나 달서구로 들어간다. 수성구나 남구에서 앞산을 넘으면 달서구다. 927년 고려 태조 왕건도 동화사 아래(현 지묘동) 동수대전 전투에서 대패한 후 앞산의 은적사, 은일사, 왕굴까지 도망쳐 와 숨어 지내다가 앞산을 넘고 달서구를 지나 성주 방향으로 달아났다.

윤상태 집터, 덕산학교 터 월곡역사공원(송현로7길 38) 북쪽 출입구에 닿아 잠시 걸음을 멈춘다. 출입구 바깥 일대에 윤상태尹相泰(1882~1942) 고택과 덕산德山학교가 있었다는 사실을 알기 때문이다. 도시 개발이 진행되면서 윤상태 고택의 상인동 909번지와 덕산학교의 상인동 865번지에는 아파트와 공영 주차장 등이 들어섰고, 그 결과 지번 자체가 아예 멸실되어 버렸다. 가시적인 유적은 없지만 윤상태 지사의 존재는 역사에 남아 있다. 그의 활동과 업적을 돌이켜 본다.

윤상태는 나이 23세인 1905년 1월에 거제 군수가 되었다. 그런데 열 달 뒤인 11월 을사늑약乙巳勒約이 체결되었다. 그는 군수 자리를 던지고 경북 고령군 성산면 우곡동에 들어 은거했다.

그 이후 그는 1911년 우곡동에 일신日新학교를 세워 신교육 운동을 펼쳤고, 1913년에는 대구은행 설립에도 참여했다. 1915년에는 서상일徐相日, 이시영李始榮, 박영모朴永模, 홍주일洪宙一 등과 함께 안일암安逸庵에서 시회詩會를 가장하여 비밀결사 조선국권회복단 중앙총부朝鮮國權恢復團中央總部(지부는 마산에 설치)를 결성했다. 그는 통령統領에 선임되어 단체를 이끌었다.

1917년 비밀 결사 대동청년당大同靑年黨에 가입했다. 그는 3·1독립운동 당시 경남 일원의 시위를 대동청년 단원인 변상태卞相泰, 김관제 金觀濟 등이 주도하도록 이끌었다(347쪽 참조). 조선국권회복단 중앙총부는 3·1운동의 영향으로 탄생한 임시정부에 군자금을 지원했다.

윤 지사는 파리강화회의에 제출할 독립청원서가 상해로 건너갈 수 있도록 자금을 지원하기도 했다. 이 일로 체포되어 옥고를 치렀다. 출옥 후 그는 지금의 월곡역사공원 동북쪽 솔숲 아래에 덕산학교를 세워 항일 민족교육 운동을 계속했다. 정부는 고인의 공훈을 기려 1991년 건국훈장 애국장을 추서하였다.

월곡역사공원 북쪽 출입구에 서서 윤상태 고택과 덕산학교 터를 다시 바라본다. 여전히, 아무 것도 없다. 그저 서양식 건물과 고층 아파트, 공영 주차장만 어지럽게 눈에 들어온다. 그래도 윤상태 지사의 삶은 무형의 정신사가 되어 우리의 가슴속에 뚜렷이 남아 있다.

우병기 추모비 월곡역사공원 경내의 우병기禹丙基(1903~1944) 추모비를 찾는다. 당시 주소로 '경상북도 달성군 월배면 상인동 1093번지'에서 출생한 우병기는 윤상태가 설립한 사립 덕산학교를 졸업한 후 일본으로 건너가 양산 제조업에 종사했다. 그는 1939년 11월 5명의 동지와 함께 조선 문제 시국 연구회朝鮮問題時局硏究會를 결성하면서 독립운동에 투신했다. 회원들은 1941년 8월까지 8회에 걸쳐 모임을 가지면서 시국을 논의하는 한편, 회원을 확충했다.

그러나 일본 경찰에 활동이 포착되어 1942년 2월 소위 '치안유지법' 위반으로 체포되었다. 1942년 3월 5일 징역 7년형을 언도받아 청진 형무소에서 복역하다가 1944년 대전형무소로 이감되었지만 1944년 10월 26일 옥중에서 순국하였다. 정부는 고인의 공훈을 기려 2005년에 건국훈장 애족장을 추서하였다.

우하교 묘비 월곡역사공원에는 비석 앞면에 '애국지사 노암 우공지묘, 배 유인 옥천전씨 부좌'가 한자로 새겨져 있는 우하교禹夏敎(1872~1941) 묘비도 있다. 우하교 지사는 1915년 음력 1월 15일 '경북 달성군 수성면' 안일암에서 결성된 조선국권회복단(292쪽 참조)에 가입하여 활동하던 중 1917년 7월 군자금 모집 활동이 탄로나는 바람에 3개월 동안 일제 경찰에 체포되었다. 1919년에는 세계 만방에 독립을 청원한 '파리 장서운동'의 달성 지역 책임자를 맡아 친족 우성동, 우경동, 우승기, 우찬기, 우하삼 등과 함께 서명하였다. 이 일과 관련하여 6개월 실형을 언도받았다. 1990년 건국훈장 애족장을 추서 받았다.

파리장서비 월곡역사공원에는 파리장서비도 건립되어 있다. 상인동에 함께 거주하고 있던 단양 우씨 일가의 우경동, 우성동, 우승기, 우찬기, 우동진 선비들이 독립청원에 참여한 사실을 기리기 위해 세워졌다. 그 중 우동진 지사는 1915년에 결성된 조선국권회복단에도 참여했다. (파리장서는 149쪽 참조)

태극단 기념탑(학산남로 50) 대구상업학교 학생들의 항일 투쟁을 기리는 태극단 기념탑은 2003년에 세워졌다. 대구상업학교 본관 건물은 현재 시내에 일부 남아 있지만(180쪽 참조) 기념탑은 투쟁의 현장에 자리를 잡지 못하고 뒤늦게 상원고교 야구장 뒤편에 세워졌다. 대구상업학교 학생들의 독립운동을 기념하는 비가 상원고교에 건립된 것은 대구상업학교가 대구상고를 거쳐 상원고교로 바뀐 탓이다.

상원고등학교의 주소는 상인동 1번지, 도로명주소는 월배로 241이다. 하지만 이 주소로 상원고등학교를 찾아가면 건물과 야구장을 지나 한참을 가야 기념탑에 닿는다. 상인동 1-2, 도로명주소 학산로 50이 더 올바른 주소라 할 만하다. 왜냐하면 태극단 기념탑이 달서공업고등학교 정문 바로 옆에 건립되어 있기 때문이다.

태극단의 활동에 대해서는 이 책 180~186쪽에 이미 자세히 다루었다. 오늘은 탑 앞에 고개를 숙인 채 10대의 나이에 조국을 위해 목숨을 걸고 싸운 의사들의 정신에 경의를 표한다.

두류공원 인물동산에는 이상화, 우재룡, 박희광, 현진건, 백기만, 최양해 등의 인물상 또는 작품비가 건립되어 있다. 사진은 '대구사범학생 독립운동 기념탑'으로 2001년에 세워졌다. 대구사범학생들의 독립운동에 대해서는 166쪽 참조.

두류공원 인물동산(두류동 585-12) 두류공원 중 일부는 '인물 동산'이라는 색다른 이름을 가지고 있다. 이곳에 인물동산이라는 별칭이 붙게 된 것은 이상화 시인(225쪽), 우재룡 지사(26쪽, 249쪽), 조기홍 지사(90쪽), 백기만 시인(92쪽), 박희광 지사, 현진건 소설가, 최양해 시인 등의 인물상, 공적비, 시비 등이 세워져 있기 때문이다.

박희광朴喜光(1901~1970) 지사는 독립운동을 하겠다는 결심으로 12세에 중국으로 건너가 의열단 단원이 되었다. 1924년 의열단 단원들과 함께 친일파 단체 보민회 회장 최창규를 암살하기 위해 그의 집을 습격, 최창규는 피신하고 없었지만 장모와 사위 박원식을 처단했다. 지사는 그 후에도 독립군 군자금 모금 등 활발한 활동을 펼치다가 끝내 일경에 체포되어 뤼순 감옥에 18년 동안 투옥되었다. 1943년 출옥한 그의 공훈을 기려 정부는 1968년 건국훈장 독립장을 수여했다.

최양해崔瀁海(1897~1978) 시인은 23세이던 1919년에 만세운동에 참가하였다가 일본 경찰의 수배를 받아 줄곧 피신하던 중 1940년 창씨개명에 반대하는 일로 결국 경주 경찰서에 수감되었다. 많은 한시 작품과 고전 번역서적를 남겼다.

현진건玄鎭建(1900~1943)은 '술 권하는 사회', '빈처', '운수 좋은 날' 등의 주옥같은 단편소설을 남긴 소설가이다. 계산동2가 169의 생가는 멸실되고 없지만, 인물동산에는 그의 단편소설 '고향'의 한 부분을 돌에 새긴 작품비가 세워져 있다.

현진건 문학비

소설가로서의 지명도 외에 현진건을 기억나게 하는 유명한 사건이 한 가지 있다. 흔히 '일장기 말소 사건'이라 부르는 1936년의 일이다.

1936년 8월 손기정 선수가 베를린 올림픽에서 세계 신기록을 세우며 마라톤 종목의 우승을 차지했다. 동아일보는 손기정 선수의 가슴에 붙어 있는 일장기를 없애버린 사진을 8월 25일자 신문에 실었다.

이 일로 동아일보는 8월 29일자부터 무기정간 처분을 당했다가 약 9개월 뒤인 1937년 6월 3일자로 속간되었다. 또 현진건 사회부 부장, 이길용 기자, 장용서 기자, 조사부의 이상범 화백, 사진부의 신낙균, 백운선, 서영호 기자, 자매지인 월간 신동아의 최승만 잡지부장 등 8명이 구속되었다. 구속자들은 일본 경찰에 끌려가 40여 일 동안 고초를 겪었다. 이들은 향후 언론 기관에 종사하지 않을 것, 다른 사건에 연루되면 가중 처벌을 받을 것 등을 서약하고 풀려났다.

인물동산을 떠나 (당산로30길 30, 성당동 670-30) 원화여고의 서상일 (107쪽 참조) 동상을 둘러본 뒤 이곡동의 와룡공원으로 간다. 와룡공원 중에서도 윗와룡공원에 김병욱 송덕비 (선원남로 5, 이곡동 1189)가 있다.

1940년 12월 1일 대구사범학교 학생 김병욱金丙旭, 조소영趙宵影, 현영만玄泳晩 등은 대봉동 우전화정宇田和正(창씨명)의 하숙방에서 항일 결사 '무우원無憂園'을 조직했다. 무우원은 조선문학 연구를 통해 민족의식을 고양하고, 나아가 문화향상 및 경제적 성장을 이루는 데 목표를 두었다. 하지만 겉으로는 종교(불교) 단체 또는 저축 장려 단체로 가장하였다. 조직은 집행장 아래 문예·종교·경제·총무부 등 7부로 구성했다. 이들은 동지 포섭에 노력하여 조직의 확대를 꾀하는 한편〈무우원〉이라는 기관지 및 항일 내용을 담은 인쇄물도 발간하였다.

김병욱 등 회원들은 대구사범학교 졸업 후 국민학교(현재의 초등학교) 교사로 근무하면서도 독립운동을 계속했다. 김병욱(1920~1993)은 1943년 6월 체포되었고, 1944년 6월 대구지방법원에서 징역 3년6월형을 언도받고 투옥되었다. 1990년 건국훈장 애족장을 받았다.

신암선열공원에 안장되어 있는 현영만(1921~1981)도 1941년 사범학교를 졸업한 후 경산군의 진량 국민학교 교사로 근무하면서 무우원

김병욱 송덕비

의 사업을 계속 수행하였다. 그러던 중 무우원 활동이 발각되면서 단원 18명이 1943년 6월 모두 체포되었다. 현 지사는 1944년 6월 징역 3년형을 언도받고 옥고를 치르던 중 8·15광복으로 출옥했다. 그는 1990년에 건국훈장 애족장을 추서 받았다. 하지만 단원 중 최수원은 일본 경찰의 참혹한 고문을 당한 끝에 목숨을 잃었고, 조형길 단원도 해방을 보지 못한 채 1945년 6월 옥중에서 세상을 떠났다.

이상화·이상정 묘소(명천로 43, 대곡동 154-12) 중국군 장군으로 상해임시정부와 광복군을 크게 도왔던 이상정(229쪽 참조)과, 〈빼앗긴 들에도 봄은 오는가〉를 남긴 그의 동생 이상화(225쪽 참조)의 묘소가 달서구 끝에 있다. 묘소를 참배하고 나면 길은 달성군으로 이어진다.

94~100 ◉ 달성군의 독립운동 유적들
명성황후 시해 후 첫 의병장의 집터를 찾아서

정학이 동상(달성군 화원읍 비슬로 2580, 천내리 417 화원초등학교 교내) 정학이鄭鶴伊는 1913년 8월 2일 화원에서 출생했다. 국가보훈처 누리집의 독립운동가 공훈록은 그의 본적을 '경상북도 달성 花園 本 611', 주소를 '日國 大阪市'로 소개하고 있다. '달성군 화원면 본리 611번지'가 본적이라는 것은 이해가 되지만 주소가 일본 대판시라는 기록은 그 뜻이 헤아려지지 않는다.

공훈록에 따르면 정학이 지사는 '1928년 4월부터 동년 9월까지 일본 대판大阪에서 대판 지구 교포의 인권보호와 친목을 위한 단체를 결성하여 지하실에 인쇄시설을 갖추고 항일 조국 독립을 위한 벽보를 작성하고 인쇄물을 대판 일대에 배포하였다. 1933년 9월 2일 대판에서 피검되어 동년 12월 27일 소위 치안유지법 위반으로 대판 형무소에 수감되었다가 1934년 11월 3일 순국하였다. 정부에서는 고인의 공훈을 기리어 1991년 건국훈장 애족장(1986년 대통령 표창)을 추서하였다.' 정학이 지사가 일본 대판에서 순국하였다는 이유로 공훈록이 그의 주소를 '일국 대판시'로 규정한 듯 여겨진다.

2013년 6월 6일 '정학이 열사 탄생 100주년 기념 행사'가 대구 화원초등학교에서 열렸다. 이날 정학이 지사의 동상이 그 학교 교정에 세워졌다. 지사의 동상이 화원초등학교에 세워진 것은 그곳이 그의 모교이기 때문이다.

임진왜란 당시 공산의진군公山義陣軍(대구 의병 총연합 부대)의 초대 의병대장으로 추대되었던 정사철鄭師哲(1530~1593) 선비의 12세손인 정학이는 인흥서원에서 한학 공부를 하다가 화원공립보통학교에 편입하여 그 학교 3회 졸업생이 되었다. 그 후 정학이는 15세인 1927년 혼자 일본으로 건너가 노동을 했다. 그가 교포들의 인권을 지키고 친목을 다지기 위해 단체를 결성한 시기는 도일 이듬해인 1928년으로, 나이 16세 때였다. 그때부터 줄곧 요시찰 인물로 지사를 감시해오던 일본 경찰은 일본만이 아니라 고향 달성에까지 수배령을 내렸고, 결국 지사는 체포되어 일제 감옥에서 21세의 나이로 순국했다.

화원초등학교 교정에 동상으로 돌아온 정학이 지사는 운동장을 지긋이 내려보며 서 있다. 딸이 태어난 지 약 13개월 만에 혹독한 고문을 당한 끝에 옥중 순국한 그는 지금 운동장에서 뛰어놀고 있는 아이들이 모두 자신의 딸처럼 보이리라.

모교 교정에 동상으로 서서 운동장을 바라보고 있는 정학이 지사

2018년 6월 11일 오전, 동상 앞에는 '외손녀' 세 글자가 쓰인 꽃바구니가 놓여 있었다. 1933년 9월 2일에 태어난 딸은 지금 생존해 있다면 85세일 터, 외손녀도 어느덧 60 안팎의 나이일 것이다. 21세까지밖에 살지 않아 그 이후의 사람살이가 어떠한지 직접 겪은 바 없는 정학이 지사, 85세 된 딸과 60세가량 된 외손녀의 모습을 실감으로 떠올리지는 못하실 터, 그저 동상 앞에 놓인 꽃처럼 그리 곱다고만 짐작하시리라. 그렇다! 당신과 같은 선열들이 피땀으로 되찾은 조국에서 사는데, 어찌 꽃처럼 곱지 않으랴!

문영박 유적(달성군 화원읍 인흥3길 18-5, 본리리 397-1) 문씨세거지는 대부분의 대구 시민들이 가보았을 것으로 여겨지는 곳이다. 문익점의 후손들이 대를 이어 살아가고 있는 이곳 문씨세거지의 집들 중 특히 유명한 건물은 수봉정사와 인수문고이다.

'수봉壽峯'은 이곳에 거주했던 문영박文永樸(1880~1930) 지사의 호이다. 즉 수봉정사는 문영박 지사의 후손들이 그를 기려서 1936년에 세운 건물이다. 우리나라 최대의 문중 문고인 인수문고 역시 문영박 지사와 깊은 인연이 있다. 문영박과 그의 아버지 문봉성文鳳成(1854~1923)이 중국에서 양서를 선별하고 수집하여 배편으로 목포까지 싣고 온 후 다시 인편으로 문씨세거지로 가져오기 시작한 것이 인수문고 태동의 기반이기 때문이다.

문영박은 영남 지역의 큰 선비이자 부호였다. 그는 1919년부터 1931년 만주사변 발발 직전인 1930년 12월 세상을 떠날 때까지 계속 재산을 처분하여 임시정부로 보냈다. 낌새를 눈치 챈 일본 경찰은 1927년 12월 가택 수색 끝에 지사를 체포하여 28일 동안 대구경찰서에 구금했다. 하지만 분명한 증거를 확보하지 못한 일경은 그를 풀어줄 수밖에 없었다.

지사가 세상을 떠났을 때 상해임시정부에서는 '추조문追弔文(추모하고 조문하는 글)'과 '특발문特發文(특별히 보내는 글)'을 상가로 부쳤다. 문서들은 독립 자금을 후원해준 데 대한 감사의 인사를 담은 내용이었기에 아무도 몰래 문씨세거지에 전달되어야 했다. 하지만 문서를 품고 국내로 잠입한 이교재李敎載는 일제의 삼엄한 경계 탓에 문씨세거지의 후손들을 만날 수 없었다. 결국 '임시정부가 세워진 것은 동양 평화와 유신을 크게 내세워 세계 평화를 유지하는 데 이바지하기 위해서이다. 임시정부가 세워진 지 13년이나 지났지만 아직도 우리가 독립을 하지 못한 것은 일제의 탄압 때문이다. 고인(문영박)이 이러한 임시정부를 돕기 위해 의연금을 보내주어 무궁한 국가 발전에 밑거름이 된 것을 감사한다.'는 내용의 특발문과 추조문은 이교재의 경남 창녕 집 천정에 1945년까지 숨어서 지냈다.

지사의 장례 기간 중에, 또는 타계 후 일제 강점기 어느 때에 문서들이 잘 전달되었으면 어떤 일이 벌어졌을까? 후손들이 일제에 잡혀가거나, 혹은 문서들이 압수되는 운명을 맞았을지 모른다. 그렇게 보면, 철저하게 감시를 한 일본 경찰의 행위가 오히려 전화위복이 된 셈이다.

이현수 3부자 생가터(화원읍 명곡로22길 18, 명곡리 686) 이현수李賢壽는 1896년 7월 26일 달성군 화원면 명곡리 686번지에서 출생했다. 1915년 3월 계성학교를 졸업한 그는 평양 숭실전문학교에 진학했다.

그가 독립운동에 투신한 것은 1917년 9월 중국에 가서 여러 독립운동가들과 사귀게 된 데서 유래한다. 1919년 3월 국내에서 독립만세운동이 일어났을 때 모친 별세 기별을 받고 잠시 귀국했던 그는 상해에 임시정부가 수립된다는 사실을 알고 다시 중국으로 망명했다. 그는 1920년 4월 임시정부 재무부 서기가 되었고, 그 즉시 임시정부 산하의 무관학교에 입학하여 약 여섯 달 동안 훈련을 받았다.

1920년 8월 이현수는 임시정부의 지시를 받고 국내에 잠입했다. 그의 임무는 독립운동 관련 문서 배포, 독립공채 모집, 방한하는 미국 의원단에 한국인의 독립 의지를 알리는 일 등이었다.

국내에 들어온 그는 달성군 유가면의 이상철, 화원면의 임원조, 가창면의 이경만(147쪽 참조)에게 국내 연락기관 책임을 맡겨 활동하게 하는 한편, 외국인 선교사를 통해 미국으로 독립 청원서獨立請願書를 발송했다. 또 자신이 발행한 영문 잡지《자유》를 비밀리에 전국 각지의 선교사들과 언론사에 배포했다.

그는 또 달성군 달서면 출신의 정덕진丁德鎭과 함께 대구와 경북 각지의 친일파 군수, 면장 등 관리들과 부호들에게 경고문, 물품 불구매 고지서物品不購買告知書(일제와 친일파들이 판매하는 물품을 사지 않겠다는 통지서), 납세 거절 협박문納稅拒絶脅迫文 등을 발송하는 한편 이를 대구 부내府內(요즘의 시내) 길거리에 살포하여 반일 애국정신을 고취하고 독립군 군자금을 모집하는 일에 힘썼다.

1923년 1월 24일 일제 경찰의 포위망에 포착되었다는 사실을 미리 감지한 그는 일단 자수를 하였다. 이때 관련자 42명도 함께 체포되었는데 이현수는 1924년 5월까지 복역한 후 석방되었다.

1925년 4월 이현수는 장남 이정호李貞浩(1913~1990)를 데리고 다시 중국으로 갔다. 이현수는 김구가 1930년에 조직한 한국독립당 광동 지부의 상무위원으로 있으면서 기관지 《한성》을 발행했고, 1938년에는 무정부주의 단체 조선혁명자연맹과 공산주의 계열의 조선민족해방동맹이 남경에서 창립한 조선민족전선 산하의 군사 조직 조선의용대朝鮮義勇隊에 참여하였다. 그는 이 조직에서 기관지 편집위원회의 주임으로 일했다.

1942년 이현수는 조선의용대가 한국광복군에 참여하게 되자 임시정부의 외교연구위원에 선임되었고, 1943년에는 임시정부 법무부 차장을 맡았다. 그 후 1945년 1월에는 내무부 차장, 5월에는 한국광복군 총사령부 정훈처장을 맡았다.

장남 이정호도 1942년 10월 임시정부 의정원 경상도 의원에 선출되고, 1943년 외무부 총무과장, 1944년 외무부 정보과장 등을 맡아 독립운동에 매진했다. 당시 차남 이동호는 화북에 주둔 중인 조선의용대에서 활동하고 있었다.

1945년 해방을 맞으면서 3부자는 이산가족이 되었다. 환국한 이현수는 조선대중당을 조직하여 단독정부 수립 반대와 통일 운동을 하였다. 1950년 전쟁이 일어났을 때 그는 행방불명이 되었는데 납북되었는지 월북했는지 분명하지 않다. 국가보훈처 누리집의 독립유공자 공훈록에는 그의 이름이 없다.

1948년 총무처 정훈국장 등을 역임한 장남 이정호는 그 이후 영남대학교 영문과 교수로 근무했다. 정부는 1990년 그에게 건국훈장 애국장을 수여했다. 차남 이동호는 해방 후 북한으로 귀국하였다.

이현수 부자의 생가터인 달성군 화원읍 명곡리 686번지, 도로명 주소 화원읍 명곡로22길 18은 분단으로 인한 3부자 이산의 슬픈 가족사가 깃들어 있는 한국현대사의 현장이다.

문석봉 생가터(달성군 현풍면 성하길 68-7, 성하리 313) 국가보훈처 공훈록에 '일제의 명성황후 시해 사건 이후 최초로 거의한(의병을 일으킨) 그의 봉기는 의병 활동을 전국적으로 확산시키는 데 기폭제의 역할을 한 것으로서 의병사에 큰 의미를 갖는다.'라는 기술이 있다. 그는 과연 누구인가?

그는 본적이 '현풍 상동(국가보훈처 표현)'인 문석봉이다. 문씨세거지의 문영박 지사처럼 문석봉文錫鳳(1851~1896)도 문익점의 후손이다. 32세 때 조운漕運(세금으로 거둔 곡식 등을 배로 운반하는 일) 담당 관리로 있었는데, 목포와 무안 사이를 통과할 때 백성들이 굶주려 죽어가는 것을 보고 세곡을 풀어 구제했다. 그 일로 체포령이 떨어졌다. 문석봉은 정읍 방장산으로 도망가서 숨어 지냈다. 동생 문익봉文翼鳳이 형을 대신해 관아에 구금되었다.

문석봉은 "아무 죄도 없는 동생이 죽도록 내버려둘 수는 없다."면서 형조(법무부)가 발행한 양 가짜 공문서를 위조하여 동생이 풀려나도록 만들었다. 그 이후 현감 어병선 등이 조정에 상소문을 올려 문석봉이 백성을 구제한 것일 뿐 달리 죄는 없다고 진정하였다. 덕분에 문석봉은 산에서 나올 수 있었다. (이하, 문석봉 부분의 날짜는 음력 기준임)

문석봉은 경기도 과천군 포군장 등을 역임하던 1893년 5월에 정식으로 무과에 급제하였다. 그해 12월 진잠 현감이 되었고, 이듬해 11월 양호 소모사兩湖召募使(전라도와 충청도 지역에서 군사를 모으는 관리)가 되었다. 그 후 1895년 2월 공주부 신영新營(새 군대)의 영장營將(장수)이 되었다.

공주성

그의 임무는 군사들에게 신식 훈련을 시키는 일이었다. 하지만 누군가가 '문석봉이 일본군을 공격하려 한다'고 모함하여 서울까지 끌려가 투옥되었다.

4개월의 감옥살이를 마친 후 6월에 풀려나고 사면도 되었지만 8월 20일(양력 10월 8일) 명성황후가 시해되는 비극을 맞이했다. 문석봉은 국모의 원수를 갚기 위해 9월 18일 공주 유성에서 의병을 일으켰다. 송근수, 신응조 등과 함께 창의한 조선 후기 최초의 의병으로, 이른바 '유성 의병'이었다.

10월 20일 문석봉은 200여 군사를 이끌고 회덕현을 급습, 무기를 다수 탈취하였다. 그 덕분에 300여 명을 무장시킬 수 있었다. 그러나 10월 28일 공주부 관찰사 이종원이 보낸 관군과 격돌했으나 대패하고 의병군은 해체되었다.

문석봉 생가터

문석봉은 경상도로 내려와 재기를 모색하였다. 초계 군수 신태철은 '관에서 현상금으로 만금을 걸었으니 잠시 몸을 피해 뒷날을 도모하라.'고 걱정해주었지만, 고령 현감이 고변을 하는 바람에 11월 20일에 체포되고 말았다.

문석봉은 11월 24일 대구로 끌려와 옥에 갇혔다. 일본 공사 미우라 고로三浦梧樓는 조선인 관찰사에게 문석봉을 빨리 죽이라고 압력을 가했다. 문석봉은 독한 문초를 받으면서도 의병을 일으킨 정당성과 큰 뜻을 당당하게 설파했다.

1896년 봄 문석봉은 처음 의병을 일으킬 때부터 동지였던 오형덕, 최은동과 함께 탈옥에 성공했다. 그들은 문석봉이 한때 포군장으로 재직했던 과천으로 갔다. 문석봉은 제천의 유인석 의병장과 힘을 합쳐 재기를 모색했다. 그러나 병이 깊어 활동이 불가능했다. 8월 12일 현풍에 돌아왔지만 11월 19일 46세의 나이로 운명했다.

최초의 의병장 문석봉, 그의 파란만장한 생애가 눈물겹다. 그래서

인가, 어렵게 찾은 그의 생가 터 앞에서 한없이 애잔해진다. 그의 생가 터에 독립운동의 정신을 현창하는 멋진 기념물이 세워지기를 진심으로 소망한다. 아무런 표시도 없는 독립운동가의 유적지, 오늘도 문석봉 의병장의 생가 터에서 그것을 확인한다.

비슬산(유가면 유가사길 161, 유가면 양리 144 유가사, 유가면 휴양림길 228, 유가면 용리 4 소재사) 그 동안 수십 차례 비슬산을 드나들었지만 조기홍 지사가 무기류를 감춰둔 채 때를 기다렸다는 사실에 대해서는 미처 알지 못했다. 오늘은 지사께 송구한 마음을 품은 채 천천히 산을 오르려 한다. 특히 유가사나 소재사에서 출발하는 알려진 등산로가 아닌, 좁고 소박한 산길을 걸을 것이다. 운수대통하여 지사께서 숨겨둔 무기를 한 점 발견할지도 모르는 일 아닌가. (90~92쪽 참조)

초곡산성에서 본 비슬산의 전경

삼가헌(하빈면 묘동4길 15, 묘리 800) 1456년, 단종의 왕위를 찬탈한 수양대군을 임금으로 인정할 수 없었던 성삼문, 박팽년, 하위지, 이개, 유성원, 유응부 등은 세조를 몰아내려다가 오히려 죽임을 당한다. 이때 사육신의 남자 직계 후손은 모두 처형된다. 단 한 사람, 박팽년의 손자인 박일산만 살아남는다. 당시 어머니의 뱃속에 있었던 그는 딸이 태어난 것으로 속이는 데 성공, 간신히 생명을 유지한다.

그의 후손인 박용규朴龍圭(1906~?)가 서울 중앙고등보통학교 5학년에 다니고 있던 1926년 4월 26일 순종이 세상을 떠난다. 순종의 장례일인 6월 10일을 맞아 독립만세운동을 다시 일으킬 움직임이 곳곳에서 움텄다. 실제로 의거를 일으키는 데 성공한 쪽은 학생들이었다.

학생들 중 박용규, 곽재형, 김재문, 이동환, 황정환 등은 5월 16일과 5월 23일 두 차례 회동 후 6·10만세운동을 일으키기로 결의했다. 그들은 5월 30일 박용규의 하숙집에 모여 격문 5만 장을 인쇄하여 전국 각지의 학교들에 우송하는 한편 6월 10일에는 오전 8시 순종의 상여가 지나가는 단성사 앞에서 군중들에게 뿌렸다. 이때 중앙고등보통학교 학생 300여 명이 "대한독립만세!"를 외치면서 함께 격문을 배포했다. 이 일로 박용규는 1927년 4월 1일 경성지방법원에서 징역 1년을 언도받고 서대문형무소에서 옥고를 치렀다.

그의 생가 터는 달성군 하빈면 묘리 805(묘동4길 6-30)이다. 국가민속자료 104호인 삼가헌이 생가터 바로 옆 묘리 800(묘동4길 15)에 있다. 지사의 생가 터를 답사하면서 1769년(영조 45) 건물인 삼가헌을 아니 둘러볼 수는 없다. 박용규 지사가 어릴 때 뛰어놀았던 삼가헌 안뜰이며 하엽정 앞 연꽃 연못을 바라보면서 목청껏 "대한독립만세!"를 외치는 그를 추모한다. 문득 그가 불쑥 출현, 삼가헌을 찾아온 답사자들에게 따뜻하게 손을 내밀어줄 것만 같다.

이윤재 묘터(다사읍 이천리 산48) 1921년 12월 조선어학회의 전신인 조선어연구회가 창립된다. 구한말에 일어났던 한글운동이 3·1운동을 겪으면서 다시 점화된 것이다. 1929년 10월에는 조선어사전편찬회도 조직된다.

1931년 만주사변을 일으킨 일제는 중국 본토 침략의 야욕에 사로잡힌 채 조선 민족을 더욱 심하게 핍박했다. 조선 민족의 정신을 말살하기 위해 조선어 교육을 단계적으로 폐지해가던 일제는 1941년 '조선 사상범 예방 구금령'을 공포하여 언제든지 독립운동가를 검거할 기반을 만들었다.

이런 정치상황 속에서 조선어학회는 1942년 4월 일부 편찬된 사전 원고를 출판사에 넘겼다. 그 무렵 함흥 영생고등여학교永生高等女學校 학생 박영옥朴英玉이 기차 안에서 친구들과 한국말로 대화하다가 조선인 경찰 안정묵安正默에게 들켜 취조받는 사건이 일어났다. 경찰은 여학생들에게 민족의식을 심어준 사람이 정태진丁泰鎭이고, 그가 서울에서 조선어사전을 만들고 있다는 사실을 알게 됐다.

조선 최고의 지식인들을 한꺼번에 잡아들임으로써 한글 운동의 부활을 원천적으로 차단할 수 있는 기회를 포착한 일제 경찰은 이듬해 4월 1일까지 이중화, 장지영, 최현배 등 33명을 검거하고, 48명이나 되는 증인들을 혹독하게 취조했다.

12월 8일 이윤재가 옥중에서 사망했다. 1944년 2월 22일에는 한징이 또 옥사했다. 함흥지방재판소의 재판은 1944년 12월부터 1945년 1월까지 9회에 걸쳐

한글 비문의 이윤재 묘비

계속되었다. 이극로 징역 6년, 최현배 징역 4년, 이희승 징역 2년 6개월, 정인승·정태진 징역 2년, 김법린·이중화·이우식·김양수·김도연·이인 징역 2년 집행유예 3년, 장현식 무죄가 각각 언도되었다. 투옥되었던 사람들은 1945년 8월 17일 모두 풀려나왔다.

조선어학회 사건으로 감옥에 갇혀 있던 중 옥사한 이윤재 선생의 묘소가 달성군 다사읍 이천리 산48번지에 있었다. '있었다'고 말하는 것은 그 후 없어졌기 때문이다. 하지만 2013년 9월 28일에 서울 국립묘지로 이장되었으니 아쉬워 할 일은 못된다.

그러나 묘소 옆에 있던 묘비가 없어진 것은 못내 아쉬운 일이다. 국립묘지로 간 것이 아니라 다른 곳에서 가져갔기 때문이다. 2016년 10월 8일 선생의 고향 김해로 옮겨진 묘비는 멋진 제막식의 대접까지 받았다.

숭덕학교 교사로 있으면서 1919년 만세운동을 주도한 죄로 1년 6개월 동안 평양 감옥에 투옥되고, 1926년 무장 항일 투쟁을 독려하는 '허무당 선언' 유인물을 배포한 혐의로 수배된 윤우열을 집에 숨겨두었다가 고초를 겪고(222쪽 참조), 민족의식을 고취하는 수양동우회 활동으로 1937~8년에 걸쳐 1년 이상 서대문형무소에 갇혀 지내고, 이윽고 조선어학회 사건으로 고문을 당한 끝에 옥중에서 숨을 거둔 독립투사 이윤재 선생…

이제 대구에는 아무것도 남기지 않으셨다. 묘터 빈 자리 둘레에는 멧돼지가 할퀸 깊은 상처만 여기저기 어지러울 뿐이다.

…안타깝다. ☯

도움 자료

경상북도 《경상북도 700년사》 (2006 재판)
광복회 대구경북연합지부 《대구경북 항일독립운동사》 (1991)
국사편찬위원회 《신편 한국사》, 《한국사》
국사편찬위원회 《조선왕조실록》
국사편찬위원회 《한민족 독립운동사》
국가보훈처 '독립유공자 공훈록'
김희곤 《이육사의 독립운동》 (이육사문학관, 2017)
대구경북역사연구회 《역사 속의 대구, 대구 사람들》 (중심, 2002)
대구문화예술회관 《달성》 (2007)
대구문화재단 《자료로 읽는 대구의 역사》 (2017)
대구사범학생독립운동동지회 《대구사범학생 독립운동》 (1993)
대구시 《대구의 문화인물 1》 (2006)
대한광복단기념사업회 《대한광복단 학술회의》 (1997, 2002)
광복회총사령 고헌박상진의사추모사업회 《광복회 100주년 자료집》 (2014)
독립기념관 《대구경북의 항일독립운동 사적지 1》
독립운동정신계승사업회 《신암선열공원》 (국토, 2018)
민족문제연구소 대구지부 《대구 경북 친일 행적》 (2016)
여성가족부 <일본군 '위안부' 피해자 e-누리집>
한국학중앙연구원 《한국민족문화대백과》
권대웅 《달성의 독립운동가 열전》 (민속원, 2017)
박성수 《알기 쉬운 독립운동사》 (국가보훈처, 1995)
박진관 《대구 지오그라피》 (보물섬, 2018)
박진목 자서전 《민초》 (원음, 1983)
박환 《김좌진》 (선인, 2016 개정판)
손병희 《이육사의 문학》 (이육사문학관, 2017)
송건호 《한국 현대사》 (두레, 1986)
윤장근 《대구 문단 인물사》 (대구서부도서관, 2010)
안동대 안동문화연구소 《경북 독립운동사 7》 (경상북도, 2014)
이기웅 《안중근, 아직 끝나지 않았다》 (열화당, 2000)
추연창 《대구의 길을 걷다》 (국토, 2017)
한국민중사연구회 《한국 민중사 2》 (풀빛, 1986)

조선 후기~1945년 약사(略史)

실학의 등장 ⌛ 성리학이 사회 모순 해결 기능을 잃자 17세기 들어 생활과 직결되는 문제를 탐구하는 학자들이 나타났다. 이수광(명종 18~인조 6)은 《지봉유설》을 통해 영국, 프랑스 등 많은 외국 사례를 소개, 비평, 고증함으로써 문화 인식의 폭을 넓혔고, 한백겸(명종 7~광해 7)은 우리나라의 역사와 영토를 연계하여 연구한 최초의 지리서 《동국지리지》를 저술함으로써 고유문화와 국토에 대한 관심을 불러일으켰다.

또 김육(선조 13~효종 9)은 1638년(인조 15) 세금을 현물現物 대신 소유 토지의 면적에 따라 쌀, 포목, 동전으로 내는 대동법大同法을 주창했다. 대동법은 농민 부담을 줄이고 화폐 경제를 발달시키는 효과가 있었지만 지주들의 반대로 전국 확대 실시에 100년이나 걸렸다. 게다가 지주들이 자신의 세금을 소작인에게 떠넘기고, 나라도 새 세금을 자꾸 신설한 탓에 백성들의 형편은 별로 나아지지 못했다.

한백겸 등의 연구는 17세기 후반 류형원(광해 14~현종 14)으로 이어졌다. 평생 벼슬을 하지 않은 류형원은 《반계수록》을 집필하여 농업 중심 개혁론의 첫 문을 열었다. 그는 모든 토지를 국가 소유로 바꾼 후 사람에 따라 차등 분배하여 농사를 짓는 균전론均田論을 주장했고, 양반 문벌, 과거, 노비 제도 등의 모순을 비판했다. 류형원은 조선 후기 실학 발달의 토대가 되었다.

대구 백불고택(국가민속자료 261호) 보본당, 동화사 대웅전(보물 1563호)

《반계수록》 완성(1670년) 3년 뒤 류형원이 타계하고 책은 잊힌다. 70여 년 지난 1748년, '부인동 향약'의 최흥원이 책의 진가를 알게 된다. 다시 20년 뒤 최흥원의 필사본 소문을 들은 영조가 간행을 명한다. 보본당과 동화사에서 최흥원이 교정한 책은 1770년 대구 감영의 인쇄를 거쳐 세상에 알려진다.

정조와 실학 Ⅹ 중농重農주의 실학자들은 사회 문제의 원인을 '농사짓는 사람 따로, 농토 소유자 따로'인 데 있다고 보았다. 그들은 농민 문제 해결로 사회를 개혁하고자 했다. 류형원의 농업 중심 개혁론을 발전시킨 이익(숙종 7~영조 39)은 실용 학문으로 과거를 실시하자고 주장했다.

그 후 중상重商주의 실학자들이 나타났다. 늘 오랑캐로 여겨왔던 청이 조선보다 더 발전한 데 충격을 받은 이들은 중국의 기술과 문명을 배워 국가 중흥을 이룩하자는 생각을 가지고 있었다. 그래서 북학파北學派라는 이름을 얻었다. 박지원(영조 13~순조 5)은 허생전, 열하일기 등을 통해 신분 제도에 기대어 대의명분만 주장하는 양반문화를 비판했고, 그의 제자 박제가(영조 26~순조 5? 순조 15?)는 한 가지 능력만 있으면 누구에게나 벼슬을 주어야 한다고 주장했다. 지동설의 홍대용(영조 7~정조 7)은 신분 구분 없이 모든 자녀들을 공부시켜 그 중에서 우수한 자를 관리로 임용해야 한다고 주장했다.

정약용(영조 38~헌종 2)은 《목민심서》 등을 통해 실학을 집대성했다. 또 수원 화성을 건축하기 위해 거중기擧重機를 발명하고, 한강을 건너는 배다리를 설계하는 등 과학기술과 상공업 발달에도 큰 관심과 업적을 선보였다.

규장각을 설치해 당파에 물들지 않은 참신한 인재를 영입했던 정조는 정약용, 박제가는 물론 서자 출신들도 차별 없이 중용했다. 진정한 탕평책 실시였다. 또 노론의 군사권을 견제하기 위해 왕 직속 군대인 장용영壯勇營을 조직했고, 향약 관리도 사림 아닌 지방 수령이 직접 맡게 했다.

그러나 정조가 죽자 다시 권력을 잡은 노론은 정약용을 유배 보내는 등 본래대로 돌아갔다. 붕당이 사라져 견제 세력이 없어진 탓에 이제부터는 권력이 극소수 외척外戚의 전유물이 되었다. 드디어 1805년, 안동 김씨 등의 60년 세도정치62)가 시작되었다. 매관매직賣官賣職이 성행했고, 돈으로 벼슬을 산 탐관들은 본전을 뽑으려고 농민 수탈을 일삼았다.

---

62) 본래 世道정치로, 성리학에서 '세世상의 도道리를 아는 선비가 정치를 한다'는 뜻이었다. 그러나 조선 후기의 외척 정치는 세도勢道정치라는 이름을 얻었다. 왕의 외척이라는 이유로 얻은 권세勢를 세상에 해롭게 휘둘렀다는 의미이다.

민란 ⌛ 1808년 함경도 북청에서 민란이 일어났다. 1811년에는 평안도에서 홍경래의 난이 발생했다. 백성들의 저항은 계속되었다. 1813년 제주 민란, 1833년 서울 폭동이 이어졌다. 민심은 흉흉하여 '조선이 망하고 정鄭씨가 임금이 된다'는 《정감록鄭鑑錄》이 인기를 끌었다.

1860년 최제우가 '사람이 곧 하늘'이라고 주창하면서 만민평등 사상을 고취한 동학東學을 창시했다. 1862년에는 유계춘이 앞장선 진주 민란, 김규진이 앞장선 김천 개령 민란 등 무려 70여 곳에서 백성들이 봉기했다. 조정은 부당한 세금을 거두려다 민란을 불러일으킨 경상 우병사 백낙신 등을 파직하고, 박규수를 파견하여 진상을 조사하게 했다. 박규수는 민란의 원인이 삼정三政문란 때문이라고 보고했다. 조정은 1862년 삼정이정청三政釐整廳을 설치하여 삼정 개혁을 약속했다. 민란은 수그러들었다. 하지만 세도정치를 등에 업은 지주들의 반발로 모든 시정 조치는 흐지부지되고 말아 결국 동학농민혁명의 한 원인이 되었다.63)

경주 최제우 묘, 정읍 동학농민혁명기념관의 1862년 전국 70여 농민봉기 지도에는 진주와 김천 개령 두 곳의 지명이 대표로 명시되어 있다.

---

63) 서울 백범기념관의 **김구 선생 묘역** 안내판 해설문에 '선생은 조선 왕조의 부패에 항거하여 동학에 참가하였다'라는 표현이 나온다. 조선 왕조 후기의 부패가 동학의 융성에 크게 기여하였다는 사실을 말해주는 표현이다. 국사편찬위원회의 국정 고등학교 국사 교과서도 '국가 재정이 궁핍해져 농민에 대한 수탈이 심해졌고, 일본의 경제적 침투로 농촌 경제가 파탄에 이르게 되었다. 이에 농민층의 불안과 불만이 팽배해졌고, 정치·사회 의식이 급성장한 농촌 지식인과 농민들 사이에 사회 변혁의 욕구가 높아졌다. 인간 평등과 사회 개혁을 주장한 동학은 당시 농민들의 변혁 요구에 맞는 것이었고, 농민들은 동학의 조직을 통하여 대규모의 세력을 모을 수 있었다'고 기술하고 있다.

조선 후기의 정치	
붕당정치에서 세도정치로	삼정문란과 백성들의 반발
* **붕당 정치** 서인, 남인, 북인이 서로 견제하고 비판하면서 여론 형성, 타협 정치 * **일당 독재** 예송 논쟁과 숙종의 환국정치를 거치면서 가혹한 숙청, 여론 형성 과정 없이 배타적 정치 * **탕평책** 영조와 정조, 왜곡된 붕당정치를 바로잡고 왕권을 강화하기 위한 목적으로 실시 * **세도 정치** 정조 사후 노론 일색 되자 견제세력 없어져 안동 김씨 등 왕의 외가가 60년 동안 권력 독점, 매관매직 부정부패 극심, 농민 수탈	* **전정田政 문란** 생산량의 10%를 세금으로 내던 토지 소유자들이 자신들의 세금을 농민들에게 떠넘김. * **군정軍政 문란** 16~60세 남자가 군대 가는 대신 내던 세금을 사망자, 갓난아기에게도 물리고, 행방불명자가 생기면 친척 등에게 떠넘김. * **환정還政 문란** 봄에 빌려준 곡식을 가을에 이자 붙여 받았는데, 필요 없는 사람에게도 강제로 빌려주고 비싼 이자를 받음. * **농민 반란** 정치 타락 - 농민 봉기 - 외세 침입에 준비 못함.

예천 도시복 생가

'명심보감 속편'에 실릴 정도로 조선시대 효자를 대표했던 도시복 생가 안내판에도 동학 이야기가 나온다. 본래 -자형 집이었는데 1882년 정려 표창 이후 ㅁ자형으로 증축했다가 1894년 관군의 출입이 빈번하자 ㄱ자형으로 개축했으며, 지금 집은 2005년 복원했다는 내용이다. ㅁ자형 집은 경북 북부 특유의 가옥 구조로, 타인이 출입할 수 없도록 제한하고 있다는 점에서 폐쇄적 문화를 상징한다. 따라서 생가의 안내판은 이 집이 동학군이 숨어 있기에 적합했고, 그 탓에 관군이 자주 수색하여 결국 개방형인 ㄱ자형으로 다시 지어졌다는 사실을 말해준다.

대원군의 쇄국 정책 Ⅹ 60년 세도 정치의 극심한 폐단과 밀려오는 외세의 침략 앞에서 양반 지배 체제는 무능하기만 했다. 1862년 전국 70여 곳에서 농민 봉기가 일어난 가운데 철종이 아들 없이 죽자 왕위는 그 이듬해 12세의 고종에게 넘어갔다. 자연스럽게 왕의 외척들이 권력을 휘어잡던 세도정치는 끝이 났고, 그 대신 고종의 아버지 이하응이 대원군이 되어 10년 동안 섭정64)을 했다.

대원군은 왕권 강화와 국가 위기 극복을 위해 여러 노력을 펼쳤다. 백성들의 큰 불만을 사고 있었던 삼정문란 문제를 개혁하고, 모든 권력이 몇 사람에게 독점되는 제도적 밑받침 노릇을 하던 비변사를 폐지하는 대신 의정부의 본래 기능을 회복시켰다. 붕당의 온상이었던 서원을 600여 곳에서 47곳만 남기고 철폐하였으며, 외세의 침탈에 대비하기 위해 국방을 강화했다.65) 당연히 제국주의 국가들의 통상 수교 요구를 거부했고, 전국 곳곳에 척화비를 세웠으며, 서양 종교인 천주교를 탄압했다.

하지만 대원군은 왕실 권위를 높이기 위해 경복궁을 중건하는 등 낡은 정치를 벗어나지 못했다. 실제로는 강제 징수이면서 겉으로는 백성이 원願해서 내는納 돈錢이라며 원납전願納錢을 거두고, 강제 노역을 시키고,

---

64) 군주국가에서 새로 즉위한 왕이 어리거나 국가가 어려울 때, 왕 대신攝국정政을 처리하던 일이나 사람을 섭정攝政이라 한다. 대체로 왕의 어머니인 대비大妃에 의한 섭정이 많았는데, 아버지인 왕이 죽고 난 뒤 어린 아들이 즉위했기 때문이다. 이 경우를 수렴청정垂簾聽政이라 한 것은 대비가 발簾을 드리워놓고垂 그 뒤에 앉아서 신하들이 하는 말을 들으면서聽 정政치를 했기 때문이다. 하지만 고종 때는 왕의 어머니가 전왕前王의 왕후가 아니었기 때문에 고종의 아버지 이하응이 대원군이 되어 10년 동안 섭정을 하게 되었다. 대원군은 왕의 아버지로서 본인 스스로는 왕이 아니었던 사람을 일컫는 말로 조선 시대에 모두 4명이 있었는데, 일반적으로는 흥선대원군인 이하응을 그냥 대원군이라 부른다. 이 책에서도 대원군은 흥선대원군을 가리킨다.

65) 대원군은 프랑스 신부 6명 등을 처형한 데 항의하여 1866년 프랑스가 강화도를 점령한 병인양요와, 1871년 미국이 강화도를 점령한 신미양요 때 승리했다. 신미양요 이후 전국에 척화비가 세워졌다.

실질 가치는 5~6배에 지나지 않지만 명목 가치는 100배인 당백전當百錢 발행으로 물가 폭등을 일으켜 백성들의 불만을 샀다. 또 쇄국鎖國 정책으로 세계로 나아갈 국가의 문호를 늦추는 결과를 초래했다.

대구에서 처음 실시된 사창社倉

조선 시대에 지방 촌락에 설치한 일종의 곡물 대여 기관으로, 대원군은 삼정 중 환곡의 문제점을 시정하기 위해 호포제와 더불어 사창제를 시행했다. 호포제는 농민만 부담하던 군포를 집집戶마다 부담하게 한 것이고, 사창은 환곡 운영 과정에서 발생하는 관리의 중간 수탈을 예방하기 위해 그 운영을 민간에 맡긴 제도이다.

사창제가 공식적으로 논의되기 시작한 것은 15세기 초 세종 때였다. 고구려의 진대법에서 시작하여 왕건의 흑창, 다시 986년 성종이 의창을 운영하였는데, 보유한 곡식은 모자라고 가져가려는 농민은 점점 많아져 감당을 할 수 없게 되었다.

1448년 세종은 사창제 실시를 주장하던 이보흠李甫欽을 직접 대구로 보내어 설치해서 시험하도록 명했다. 이보흠은 13명을 사장으로 삼아 의창의 곡식 200석을 밑천으로 사업을 벌였다. 이자는 1석에 3두였다. 그 결과 1451년(문종 1)까지 2,700여 석의 이자 곡식이 쌓였다. 대구는 본래 대규모 농장이 많아 빈민이 그들의 높은 이자를 꾸어 생활하다가 떠돌이가 되는 자가 많았는데, 사창제가 실시되자 거리의 고리대가 고개를 숙였다.

대구의 성공에 고무된 정부는 사창의 시행 범위를 경산·인동·신령·산음·지례·하양·군위·영천·금산·거창 등 10개 읍으로 넓혔다. 하지만 사창제는 세조 이후 의창과 마찬가지로 회수가 제대로 이루어지지 않고, 또 사창을 운영하는 민간의 농간이 심해져 폐단이 많아지자 결국 1470년(성종 1) 폐지되고 말았다. 대원군은 농민항쟁의 대응책으로 다시 사창제를 시행한 것이다.

성주 사창 서당(경북 문화재자료 200호)

성주 수륜면 오천리 324-1에 있다. 서당 이름에 사창이 붙은 것은 농업 재생산을 도모하기 위한 진휼賑恤 제도인 사창을 처음 실시한 사람이 주자이기 때문이다. 즉, 사창은 성리학에 바탕을 둔 사회 구조 유지 노력의 일환이었다.

영천 송곡서원 우리나라 최초의 사창을 성공시킨 이보흠은 사육신 사건 이듬해인 1457년 금성대군과 함께 단종 복위를 도모하다가 처형된다. 이보흠은 자신의 스승 류방선柳方善과 함께 영천 청통면 애련리 송곡서원에 모셔져 있다.

유학 교육 우리나라 '학교'교육은 372년(소수림왕 2) 태학부터 시작된다. 태학은 유학 경전을 가르쳤다. 사학의 시초는 427년(장수왕 15)의 경당이다. 오경, 사기 등을 학습하는 독서와 활쏘기가 주된 교육과정이었다.

5세기 초 왕인은 왜에 가서 논어를 가르쳤고, 6세기 신라에서는 대학, 중용 등을 열심히 학습하자는 맹세가 임신서기석에 새겨졌다. 본격 유학 교육기관인 국학은 682년(신문왕 2) 세워졌고, 788년(원성왕 4)에는 유학 경전을 관리 선발 시험 과목으로 하는 독서삼품과가 채택된다.

930년(태조 13) 왕건이 서경을 방문하여 학교를 세운다. 광종은 958년 쌍기의 건의를 받아 과거를 실시하고, 성종은 992년 국자감을 설립한다. (충렬왕 이후 이름이 성균관으로 바뀜) 이들은 모두 유학 교육을 진흥했다.

1055년(문종 9) 최충 이후 사학이 활발해져 12도가 이름을 떨친다. 1543년 주세붕의 백운동서원부터 출발하는 서원은 사립대학에 해당된다. 서원은 붕당의 기반도 되었으므로 정조는 향약을 사림 아닌 지방 수령이 관리하게 하고, 대원군은 1871년(고종 8) 대부분 철폐한다. 영주 소수서원, 안동 도산서원과 병산서원은 사적이다.

향교는 고려 때부터 있었는데 대략 지방 국립대에 해당된다. 향교 최고의 건축 문화재는 보물 1575호인 성주향교 대성전과 명륜당, 616호인 영천향교 대성전, 보물 1727호 경주향교 대성전이다. 누구를 모시나 향교의 대성전大成殿은 공자大成를 모시는 집殿이라는 뜻이다. 명륜당明倫堂은 학생들이 공부를 배우는 집이다. 서원의 사당祠堂은 국내의 뛰어난 선비나 붕당의 선현先賢을 제사祀지내는 집堂이다.

울릉도, 독도 청동기 또는 초기 철기 시대 이래 사람이 거주했다. 서면 남서동 고분군(경상북도 기념물 72호)과 북면 현포동 고분군(73호)이 울릉도의 오랜 역사를 증언해준다.

울릉도가 역사에 뚜렷한 이름을 남긴 것은 512년(지증왕 13) 이사부의 우산국 정벌 기사 덕분이다. 그보다 이전에는 삼국지위지 동이전 246년(고구려 동천왕 20)의 '동옥저의 바다에 큰 섬이 있다'라는 기록이 울릉도를 가리킨 것이 아닌가 여겨진다.

1018년(현종 9년) 여진족이 침입하여 약탈을 자행했다. 1379년(우왕 6)에는 왜구의 침입이 거세었다. 우왕은 주민들을 본토로 이주시켰다. 1417년(태종 14) '군역軍役을 기피하려는 조선인들이 숨어산다는 사실을 알면 왜구가 섬을 공격할 것이며, 섬에서 약탈을 한 왜구들은 다시 강원도까지 침입할 것'을 우려하여 섬島을 비우는空 공도空島 정책을 썼다.

1614년(광해군 6), 대마도 도주島主에게 왜인의 울릉도 출입을 금지한다고 통지했다. 1693년(숙종 19), 안용복 일행과 일본인 어부의 충돌로 외교 분쟁이 발생했다. 1696년(숙종 22), 안정복이 일본을 방문하여 일본인의 울릉도 일대 출어出漁와 벌채伐採를 스스로 금지하겠다는 문서를 받아왔다. 1883년(고종 20), 16호 54명을 시작으로 울릉도에 사람이 살도록 조치하는 이주 정책이 본격 추진되었다.

울진 대풍헌 울진 기성면 구산리에 있는 대풍헌待風軒은 울릉도를 오가던 조선 후기 관리들이 배 뜨기에 좋은 바람風이 불기를 기다리며待 머물던 집軒이다. 1851년(철종 2)에 대풍헌 현판을 걸었다는 기록이 남아 있어 조선 후기에 우리나라가 울릉도와 독도를 관리했다는 사실을 알게 해준다.

울릉 성하신당 울릉 서면 태하리의 성하신당에는 울릉도 방문을 마친 조선 후기 관리들이 돌아올 때 풍랑이 가라앉기를 빌면서 두 아이를 제물로 바쳤다는 전설이 남아있다. 19세기 말엽에 건축된 것으로 추정된다.

[사진] 독도 (천연기념물 336호)
울진 대풍헌 (경상북도 기념물 165호)
울릉 성하신당

최익현 대원군이 서원의 대부분을 폐쇄하자 선비들의 반발이 폭등했다. 대원군을 비판하는 최익현의 상소는 아버지를 벗어나 왕의 권위를 되찾으려던 고종의 마음과 일치했고, 결국 대원군이 물러갔다. 최익현은 1876년 불평등조약인 강화도조약이 체결되자 조약을 강요한 일본 사신의 목을 베어야 한다며 도끼와 상소문을 들고 광화문 앞에서 시위를 벌였고, 1905년 단발령 때에는 이제 '임금과 신하 사이의 의리는 끝났다'고 저항하다 흑산도 유배를 갔다. 외교권을 일본에 넘겨준 1905년 을사조약이 체결되자 의병을 일으켜 싸우다가 대마도로 끌려간 후 '왜가 주는 밥은 먹을 수 없다'면서 단식 투쟁을 벌인 끝에 1906년 순국했다.

개항 ⏳ 1876년, 강화도 조약이 체결되었다.66) 하지만 부산, 원산, 인천을 개항한 강화도조약은 최초의 근대적 조약67)이기는 했지만, 일본의 치외 법권 인정, 해안 측량권 부여 등 불평등조약에 머물렀다. 따라서 그 이후 1882년 미국, 1883년 영국과 독일, 1884년 러시아, 1886년 프랑스 등과도 외교 관계를 맺지만 모두 불평등 조약이 되었다.

위정척사 운동 ⏳ '옳은'正 성리학적 전통은 지키고衛 '잘못된'邪 서양 사상과 종교를 배척斥하기 위해 유생儒生들은 위정척사衛正斥邪 운동을 펼쳤다. 위정척사는 신분 제도 유지 등 기존의 사회 체제를 유지하려는 생각을 바탕으로 일어난 운동이었으므로 민주주의를 향해 나아가는 시대 흐름과는 맞지 않는 한계를 보였다. 하지만 이들의 외세 배격 자주 정신은 뒷날 항일 의병운동으로 이어졌다.

서원 철폐 1871년 대원군의 서원 철폐 때 살아남은 47곳 중 8곳이 대구경북에 있다. 영주 소수서원(사적 55호), 안동 도산서원(사적 170호)과 병산서원(사적 260호), 달성 도동서원(사적 488호), 상주 옥산서원(기념물 52호), 경주 옥산서원(사적 154호)과 서악서원(기념물 19호, 위 사진), 구미 금오서원(기념물 60호, 아래 사진)이 그들이다.

---

66) 일본은 대원군이 물러가자 1875년 국교國交를 맺자고 요구하나 거절당한다. 일본은 부산에서 동해안을 따라 올라가며 배에서 포를 쏘는 등 시위를 벌인다. 이윽고 운양호雲揚號를 강화도 앞바다에 출동시켜 조선군의 포격을 유도한 다음, 책임을 묻는다는 핑계로 강화도에 상륙하여 수교를 강요한다. 1876년의 강화도조약은 이후 서양 제국주의 국가들과도 불평등 조약을 맺는 시초가 된다.

67) 양국 신하들이 각각 자기 나라 왕의 명령을 들고 와서 맺는 조약은 전前근대적이다. 근대는 민주주의가 시작되는 시기이므로, 근대적 조약은 양국의 대표권을 가진 외교 대표자들이 모여 국제법을 준수하면서 서로 협상하여 맺는 조약을 뜻한다. 강화도조약도 그런 절차를 거쳤다. 즉, 강화도조약이 비록 불평등 조약이기는 하지만 그렇다고 해서 근대적조약이 아니라고 할 수는 없다.

개항 이후 경제 1876년 개항 이후 일본인들은 치외 법권, 관세 면제, 일본화폐 사용 등 특권을 누리며 독점적 약탈 무역으로 돈을 벌어갔다. 1882년 임오군란 후에는 기타 외국 상인들의 무역 규모도 커져서 국내 상인들은 큰 타격을 입었다. 특히 청나라 상인들과 일일 상인들의 경쟁은 장차 청일전쟁의 한 원인이 되었다. 게다가 열강들은 광산, 해운, 철도, 전기 등 여러 분야의 이권을 가로챘고, 일본은 철도 부지와 군용지 확보를 내세워 토지를 약탈했다. 또 대한제국의 화폐를 일본 은행권으로 교체함으로써 국내 상공인들과 민간은행은 큰 피해를 입었다.

척화비 경북대 박물관 뒤편에 척화비 하나가 서 있다. 그런데 모든 척화비는 사람의 왕래가 많은 큰길가에 세웠으므로 이곳에는 본래 척화비가 없었다. 그렇다고 다른 곳에서 옮겨온 것도 아니다. 전국에서 유일하게 바위에 글을 새겨 만든 구미 척화비(문화재자료 22호)의 모형이다. 그렇게 된 사정이 적힌 현지 안내판을 읽어본다. '척화비는 비석 표면에 "洋夷侵犯非戰則和主和賣國(서양 오랑캐가 침범하는데 싸우지 않으면 화친하는 것이니 화친을 주장함은 나라를 파는 것이다)"라는 주문主文을 큰 글자로 새기고, "戒我萬年子孫丙寅作辛未立(우리 만대 자손에게 이를 가르치노라. 병인년에 짓고 신미년에 세우다)"라고 작은 글자로 새겼다. 1866년의 병인양요와 1871년의 신미양요를 치른 뒤 대원군이 쇄국 정책을 강화하면서 다른 나라와의 통상과 교역을 금지시키고 외세의 침입을 경계하기 위해 1871년 4월 서울을 비롯한 전국 주요 지역에 세운 비이다. 그러나 1882년 임오군란으로 대원군이 청나라로 납치되고 통상과 교역이 재개되면서 대부분 철거되거나 파묻혀 버렸다. 이 비는 1990년 우리 대학 박물관에서 복제하여 세운 것이다. 높이 160cm, 너비 90cm이다.'

2001년 8월 14일, 포항 흥해읍 도로 공사장에서 마을 주민 원광생(67)씨가 땅에 묻혀 있다가 밖으로 드러난 높이 130㎝, 폭 40㎝, 두께 25㎝ 크기 척화비를 발견했다. 대구경북에는 포항 흥해민속박물관에 있는 이 척화비 외에도 대구 관덕정, 영주 순흥읍 사무소, 청송 성당, 성주 여고, 예천 용궁면 읍부리, 포항 장기면 사무소(←사진), 영양군청, 구미 구포동, 경주 박물관, 군위 군청, 봉화 교육청, 청도 화양읍 도주관 앞에 척화비가 남아 있다.

임오군란 ⌛ 1882년, 임오군란이 일어났다. 신식 군대 별기군別技軍에 비해 형편없는 차별 대우를 받던 본래 군대는 1년 이상 봉급을 받지 못하다가 겨우 1개월치를 받게 되었는데, 그나마 반쯤 모래 섞인 쌀을 받자 폭발했다.

임오군란에는 도시 빈민들이 적극 가담했다. 개방 이후 일본의 경제 침탈로 곡물이 유출되면서 쌀값이 폭등하자 도시 빈민들 사이에는 외국 세력과 정부에 대한 불만이 매우 높았다. 도피했던 민비는 청을 동원하여 난을 제압했다. 그 결과 개혁 정책은 중단되었고, 청의 내정 간섭은 더 심해졌다.

갑신정변 ⌛ 1884년, 개혁 중단과 청의 간섭에 반발하여 갑신정변이 일어났다. 하지만 급진 개화파의 정변 성공은 삼일천하三日天下에 그쳤다. 급진 개혁파의 갑신정변은 근대 국가 건설을 목표로 하는 최초의 정치 개혁 운동이었지만, 침략을 노리는 외세 일본에 의존하여 권력을 잡으려 한 점, 지지 기반을 구축하지 않은 채 도모한 점, 청의 무력 동원 등으로 말미암아 실패하고 말았다. 따라서 그들의 이상이었던 입헌군주제, 인민 평등권 보장, 능력에 따른 인재 등용, 자유로운 상업 발전 도모, 수확량에 따라 세금租을 매기던 지조법地租法을 토지地 가격에 따라 세금을 부과하는 방식으로 변경 등의 개혁 정책은 실현되지 못했다.

대원군과 민비 민자영은 16세 때 고종과 결혼한다. 시아버지 대원군과 대립하던 그녀는 1873년, 경복궁 공사를 하면서 백성들에게 강제 노동을 시키고, 실제 가치보다 20배가량 명목 가치가 높은 당백전을 발행하여 물가 폭등을 일으키는 등 거듭된 실정으로 대원군이 민심을 잃자 최익현의 탄핵 상소 등을 활용하여 권력을 잡는다.

1882년, 임오군란으로 민비는 궁궐을 탈출하여 전국 곳곳에서 숨어지내게 되고, 그 사이 다시 대원군이 권력에 복귀한다. 하지만 민비는 청나라 군대를 동원하여 대원군을 몰아낸다. 대원군은 청나라까지 끌려간다.

1884년 갑신정변으로 민비는 다시 쫓겨난다. 그러나 또 다시 청군을 동원하여 사흘 만에 제압하고 권력을 되찾

의성 지장사

는다. 그 이후 민비는 대원군에 대한 복수심에 궁궐 또는 나라 곳곳을 찾아다니며 굿을 하는 등 국고를 낭비한다.

1894년, 일본을 등에 업은 대원군이 복귀하고 갑오개혁이 시작된다. 민비는 러시아의 힘을 빌어 권력에 복귀하려 한다. 1895년, 일본 정부의 사주를 받은 주한 일본공사 미우라 고로三浦梧樓가 관직 없는 일본인 낭인浪人들을 동원, 민비를 살해한다. 대원군도 1896년 아관파천으로 권력에서 물러난다.

(민비는 1897년부터 시호諡號인 명성왕후로 불리게 된다.)

임오군란 직후 경북 의성군 안사면 지장사에 왔던 민비는 말이 하마비下馬碑 앞에서 멈춰선 채 움직이지 않자 칼로 말의 목을 벤다. 지장사의 하마비(사진의 원내)는 1715년(숙종 41)에 세워진 것이다. 지장사의 현판도 숙종의 친필로 알려진다.

동학 농민 혁명 ▨ 정부의 개혁 정책은 성과를 내지 못하고, 어려운 국가 재정을 위해 농민 수탈은 심해진다. 인간 평등과 사회 개혁을 내세운 동학에 쏠렸던 민중들의 반외세 사회개혁 정신은 전봉준, 손화중, 김개남 등을 중심으로 봉기했다. 1894년 전주를 점령한 동학농민군은 보국안민輔國安民(나라를 돕고 백성을 편하게 한다)과 제폭구민除暴救民(폭정을 없애고 백성을 구한다)을 외쳤다. 외세의 침입을 우려한 동학군은 정부와 전주화약全州和約을 맺고, 스스로는 농민 자치기구인 집강소執綱所를 설치하여 개혁의 실천을 도모하였다.

민씨 정권은 동학군 진압을 위해 청에 파병을 요청했다. 하지만 청이 군대를 파견하자 일본도 군대를 출동시켰다. 양국 사이에 전쟁 기운이 높아지자 조선 정부는 두 나라 군대의 철수를 요청했다. 청은 이미 조선에서 정치적 지배력을 구축하고 있었으므로 이를 받아들였지만 일본은 거부하면서 침략의 명분으로 조선의 내정개혁을 요구하였다.

그러나 내정간섭이 거절당하자 일본군은 궁중에 난입하여 민씨 정권을 타도하는 한편, 청일전쟁을 일으켰다. 일본군은 9월 평양성 전투에서 승리하고, 10월 중국 본토로 진격하였으며, 11월 뤼순旅順을 점령, 시민과 포로 등 6만여 명을 학살하고 시내를 불질렀다.

전쟁에서 이긴 일본은 더욱 심하게 내정 간섭을 했다. 이에 동학군은 일본을 몰아내기 위해 다시 봉기했다. 서울 진격을 계획한 후, 그에 앞서 공주 점령을 시도하지만 신무기로 무장한 일본군 및 관군과의 우금치 전투에서 패하면서 동학농민군의 꿈은 좌절되고 만다. 남은 동학군들은 의병에 가담하여 자주 국가 건설을 위한 반일 무장 투쟁에 나선다.

정읍 동학농민혁명기념관 전경

갑오개혁 ▨ 1894년, 동학농민혁명이 진행되는 중에 일본의 간섭을 받는 온건 개혁파 김홍집 내각이 출범했다. 김홍집 내각은 정부의 권한을 집중시킨 군국기무처를 신설, 내각 강화와 왕권 제한을 도모했다. 또, 동학농민군의 '반봉건' 개혁 요구인 노예제 철폐, 과부의 재가 허용, 조혼 금지, 인신매매 금지, 고문과 연좌제 금지 등도 입법화했다. 이같은 1차 갑오개혁으로 정부와 동학농민군 사이의 충돌은 상당히 가라앉았다.

동학농민혁명 이후 2차 갑오개혁이 이루어졌다. 갑신정변 좌절 후 일본에서 망명 생활을 하던 급진 개혁파 박영효가 귀국하여 개혁을 주도했다. 고종은 2차 갑오개혁의 기본 강령인 '홍범 14조'를 발표하면서 개혁 추진을 서약했다. 홍범 14조는 '청에 의존하지 않고 자주 독립의 기초를 세운다, 임금은 각 대신들과 의논하여 정사를 실행하여 외척이나 종실의 정치 간여를 허용하지 않는다. 문벌을 가리지 않고 인재를 등용한다, 조세의 징수와 경비 지출은 모두 탁지아문이 관할한다' 등의 내용이었다.

갑신정변의 주역들 **김옥균** 박영효·서광범·서재필 등과 함께 일본으로 망명, 1885년부터 1894년까지 10년간 살았다. 1894년 3월 상하이에서 민씨 정권의 자객 홍종우에게 암살되었다.

박영효 여러 자객들이 찾았으나 죽지 않았고 1894년 일제의 도움으로 귀국하여 '김홍집과 박영효의 연립내각'이라 부르는 '2차 김홍집 내각'의 내무대신이 된다. 그 후 총리대신서리가 되어 약 200일 동안 을미개혁을 단행한다. 이후 조선정부가 친러 정책을 펴자 박영효는 1895년 일본으로 2차 망명을 떠난다. 1907년 7월 궁내부대신으로 임명되고, 헤이그 특사사건 후 이토와 이완용의 고종 양위 압력을 무마하려다 실패한다. 순종 즉위 후 고종 양위에 찬성한 대신들을 암살하려 했다는 죄목으로 제주도에 1년 유배된다. 1910년 이후 친일 활동을 한다.

서광범 일본으로 망명했다가 1885년 다시 미국으로 망명한다. 1894년 일본의 주선으로 귀국하여 법무대신이 되고, 박영효와 함께 개혁을 추진한다. 1895년 자청하여 주미특명전권공사로 미국에 간다. 1897년 폐병 악화로 미국에서 죽는다.

서재필 일본으로 망명했다가 1885년 다시 미국으로 망명한다. 1890년 미국인으로 귀화하지만, 박영효의 권유로 1895년 귀국한다. 정부의 재정지원을 받아 1896년 4월 7일부터 1899년 12월 4일까지 발간된 최초의 민간신문이자 한글신문 '독립신문'을 발행하고, 1896년 독립협회 창설을 주도하지만 친러정권이 들어서자 1898년 미국으로 돌아간다. 1919년 3·1운동 후 줄곧 미국에서 독립운동을 한다. 1947년 미군정청 최고 정무관으로 귀국했다가 1948년 다시 미국으로 돌아가 그곳에서 사망한다.

홍영식 갑신정변 실패 후 망명하지 않고 끝까지 임금을 호위하다가 청나라 군사에게 살해된다.

[사진] 경주 최제우 생가터
예천 전기항 추모비

동학 성지 대구경북 동학 창시자 최제우는 경주 현곡면 가정리에서 태어나 대구에서 죽었고, 고향 구미산에 득도 장소인 용담정과 묘소가 있다. 역시 경주 출신인 2대 교주 최시형은 김천 구성면 복호동에서 태교 지침서 '내칙'과 가정생활 지침서 '내수도문'을 발표했다. 또 상주 은척면 우기리에는 1924년 건물인 동학교당(민속자료 129호)도 남아 있다.

동학농민혁명은 고부 군수 조병갑의 폭정에 항거한 전라도 농민들만의 봉기가 아니다. 주된 전쟁터에만 한정하여 동학농민혁명을 특정 지역의 운동으로 잘못 인식해서는 안 된다. 동학농민혁명은 온 나라에서 벌어졌다. 뿐만 아니라, 전봉준의 진술자료 '전봉준 공초'에 따르면 동학농민군에는 전국 각 지역에서 모인 사람들이 전라도 출신보다도 더 많았다.

특히 동학농민혁명 2차 봉기 초기인 1894년 8~9월에는 경상도 지역이 가장 큰 피해를 보았다. 성주는 진압군이 가옥 1000채를 한꺼번에 불 질러 연기가 사흘 동안 100리에 자욱했고, 경남 하동도 읍내가 완전 전소됐다.

을미사변, 단발령, 아관파천俄館播遷, 의병 Ⅻ 1895년, 을미사변이 일어났다. 일본인들은 러시아와 손을 잡고 일본을 견제하려 한 민비를 살해하고 시신에 불을 질렀다. 그 후 일제는 김홍집의 친일 정권을 앞세워 을미개혁을 밀어붙였다. 양력 사용, 단발령斷髮令 등이 주요 내용이었다.68)

단발령과 민비 시해에 충격을 받아 을미의병이 일어났다. 위정척사 운동을 하던 유생들과 농민, 동학군 세력 등이 중심이었다. 의병은 전국적으로 금세 확산되었다.69)

1896년, 일본의 움직임에 위협을 느낀 고종은 러시아 공관俄館으로 피신播遷했다. 친일 정권이 붕괴되고 친러시아 정권이 들어섰다. 단발령을 주도했던 김홍집은 길거리에서 민중들에게 맞아죽었다. 단발령이 철회되

---

68) 1895년(고종 32), 김홍집 내각은 양력 사용, 소학교 설치, 군제 변경, 단발령 등의 조치를 취한다. 이는 매우 급진적인 내정 개혁이었다.

하지만 일본인들에게 민비가 살해된 을미사변 이후 국민감정은 일본에 매우 저항적이었다. 격렬한 배일排日 감정을 가지고 있던 국민들은 '친일'내각의 개혁에 강렬히 반대했다.

게다가 고종이 앞장서서 서양식으로 이발을 하고, 내부대신 유길준이 백성들의 상투를 강제로 자른 것은 불타는 섶에 기름을 부은 꼴이었다. 특히 '신체와 머리털과 살갖은 부모에게서 물려받은 것이므로 이를 상하지 않는 것이 효도의 시작'(身體髮膚신체발부 受之父母수지부모 不敢毁傷불감훼상 孝之始也효지시야)이라고 가르치고 배워온 선비들의 반발은 극심하여 마침내 의병을 일으켰다.

69) 1907년 11월 '13도 창의군(총대장 이인영)'이 결성된다. 서울로 진격하려는 전국 의병들의 총집합이다. 지역별 의병대장은 아래와 같다.

전라(전라) 창의대장 문태수 / 호서(충청) 창의대장 이강년`

교남(영남) 창의대장 신돌석 / 진동(경기, 황해) 창의대장 허위

관동(강원) 창의대장 민긍호 / 관서(평안) 창의대장 방인관

관북(함경) 창의대장 정봉준

서울 전쟁기념관에 삼국 시대 이래 해방 이전까지의 '호국 인물 22인'이 선정되어 있다. 을지문덕, 김유신, 계백, 최영, 강감찬, 윤관, 서희, 이순신, 김종서, 권율, 곽재우, 조헌, 이강년, 김좌진, 유인석, 신돌석, 홍범도, 지청천, 강우규, 안중근, 윤봉길, 이봉창.

고 고종의 해산 권고가 뒤따르자 의병들은 자진 해산하였다.

김홍집과 박영효 내각의 개혁은 일본의 침략 의도가 다분히 반영된 것으로, 백성들이 강력히 원하던 토지 제도 개혁과, 시급한 과제였던 군사 개혁은 등한시했다. 하지만 개화 인사들과 농민들의 개혁 요구가 일부 반영되기도 한 당시의 개혁은 우리 민족 내부에 근대화 의지가 분출하고 있었다는 사실을 말해준다.

아관파천의 영향 ⏳ 아관파천으로 친일 내각이 무너지고 친러 내각이 성립된다. 고종은 러시아의 우월적 지위를 막으려는 여러 국가들의 견제와, 자주 국가를 염원하는 백성들의 지지에 힘입어 1년 뒤 경운궁(덕수궁)으로 돌아온다. 하지만 황제의 외국 공관 생활로 나라의 위신은 땅에 떨어졌다. 결국 그 이후 열강들의 이권 침탈이 더 심해진다.

독립협회 ⏳ 진보적 지식인들은 국민의 힘으로 자주 독립 국가를 세우려는 노력을 펼쳤다. 서재필, 윤치호, 이상재 등 개혁파들과 남궁억 등 유학자들은 자유 민주주의적 개혁 사상을 국민들에게 보급하기 위해 1896년 순 한글로 된 독립신문을 창간하고 독립협회를 창립하였다.

하지만 입헌군주 제도를 내세운 개혁파의 활동을 보수 세력이 동의할 리 없었다. 보수 세력은 보부상들로 조직된 황국협회를 내세워 '왕정王政을 없애고 공화정共和政을70) 하려 한다'며 독립협회를 탄압했다. 광범위한 민중의 지지를 받았던 독립협회는 결국 3년 만에 군대의 진압을 받아 해산되고 말았다.

---

70) 대한민국의 영어 표기는 Republic of Korea이다. Republic은 공화정共和政을 뜻한다. 공화정은 왕이 없는 체제를 가리키는 말로, 고대 그리스와 로마의 귀족 정치에서 비롯된 용어이다. 로마의 공화정은 300명의 원로원 의원들이 집단으로 나라를 통치하는 체제였는데, 현재의 국회와 비슷했다. 하지만 귀족만 의원이 될 수 있었고, 국민들이 선출하는 것이 아니라 원로원에서 뽑았다는 점에서 현대의 민주주의 체제와는 본질적으로 다르다.

대한제국 선포, 을사늑약 ⌛ 1897년, 고종은 대한제국을 선포하였다. 대한제국은 개혁을 추진하였지만 집권층 자체의 보수적 성향과 열강의 간섭 때문에 큰 성과를 얻지는 못했다. 끝내 대한제국은 1904년 외교, 재정 등 각 분야에 일본인 고문을 두는 한일협약을 체결하였고, 러일전쟁 승리의 대가로 한반도에서의 독점적 지위를 획득한 일제의 강요로 1905년에는 외교권을 넘겨주고 서울에 통감부를 두는 소위 '을사조약'(을사늑약)까지 체결하고 말았다.

을사의병 ⌛ 을사조약 폐기와 친일 내각 타도를 외치며 다시 의병이 일어났다. 을사의병 때는 최익현, 민종식 등 양반 출신 의병장들을 비롯하여 '평민 출신 신돌석 의병장의 활약이 두드러졌다.'[71] 의병은 간도와 연해주 등 국외로까지 확산되었고, 비록 실패하였지만 1908년 1월에는 연합 전선을 이룬 전국 의병 '13도 창의군'이 서울로 진공하는 작전도 펼쳤다.

고종 강제 퇴위 ⌛ 고종은 대한매일신보에 '나의 서명이 없으므로 을사조약은 원인 무효'라는 친서를 발표, 조약의 무효를 국내외에 선언했다. 1907년에는 헤이그에 밀사를 파견하여 국제적으로 이를 알리려는 노력도 했다. 일제는 고종을 강제로 퇴위시켰다.[72]

---

71) 국사편찬위원회 편찬 국정 고등학교 교과서 340쪽의 표현.
72) 1907년의 군대 해산과 고종 퇴위 이후 다시 의병 투쟁이 활발해졌다. 1895년의 단발령과 을미사변 이후 일어난 의병을 을미의병, 1905년 을사조약 체결 이후 일어난 의병을 을사의병, 1907년 일어난 의병을 정미의병이라 한다. 정미의병에는 해산된 군인들이 많이 가담하였다.

영덕 신돌석 생가 (경상북도 기념물 87호), 구미 허위 기념관 누리집 화면 사진

의병 전쟁의 의의 의병 전쟁은 외세의 침략에 대항하여 일어난 민족 구국 운동이었다. 비록 일본의 정규군을 물리치고 자주 독립을 성취하지는 못했지만 우리 민족의 강인한 저항 정신을 세계에 알리는 데에는 부족함이 없었다. 나아가 국권 회복을 위해 무장 투쟁을 주도한 의병 전쟁은 일제 강점기 항일 무장 독립 투쟁의 기반이 되었다.

구한말 경북 출신 3대 의병장 246쪽에서 살펴본 것처럼, 1895년 을미의병 때의 이강년과 허위, 1905년 을사의병 때의 신돌석은 경북이 낳은 대표적인 의병장이었다. 그 중 신돌석은 의병장의 대부분이 양반인 데 반해 평민 출신이라는 점에서 특이한 존재였다.

구미 왕산허위기념관 1895년 을미의병 때 허위는 김천에서 수백 명의 의병을 편성, 대구로 진격하려다가 1896년 3월 관군에게 패했다. 다시 남은 의병을 수습, 직지사에서 충북 진천까지 진격했지만, 의병 해산을 명하는 고종의 밀지를 받고 부대를 해산한 후 학문에 전념한다.

1904년 일본 규탄 격문을 살포하는 등 활동을 펼치다가 일본에 체포되고, 1905년 최익현 등과 함께 다시 일본군에 체포되어 4개월간 구금되었다.

1907년 고종 강제 퇴위와 군대 해산을 맞아 경기 연천에서 다시 의병을 일으켜 일제와 전투를 벌이고 매국노들을 처단했다. 1908년 1월 13도 창의군의 선발대를 이끌고 동대문 밖 30리까지 진공했으나 지원군이 늦는 바람에 일본군의 공격을 받아 패배했다.

허위는 그 이후에도 임진강·한탄강 유역을 무대로 일본군을 무찌르고 매국노를 처단했다. 대신이나 관찰사 자리를 주겠다는 이완용의 회유를 뿌리치고 줄곧 일본군과 싸우던 중 1908년 연천에서 일본군에 붙잡혀 10월 21일 순국했다.

국권國權을 빼앗기다 ▨ 독립협회 해체 이후 친일 일진회에 대항하여 보안회, 헌정연구회, 대한자강회, 대한협회, 신민회 등이 발족하여 활발한 애국 계몽운동을 펼쳤다. 1907년 2월 21일에는 '국민이 성금을 모아 나라國의 빚債을 갚자報償'는 국채보상國債報償운동이 대구에서 본격화되어 전국으로 번졌다.

하지만 순종 즉위 이후의 대한제국은 이미 각 부의 차관을 일본인이 맡았을 정도로 허약해져 있었다. 1907년 8월 1일, 일본은 한국의 군대도 해산시켰고, 1909년 사법권 강탈, 1910년 경찰권 강탈에 이어, 마침내 1910년 8월 29일 국권을 강탈하였다.

장인환, 전명운 1908년, 미국인 스티븐스가 샌프란시스코에서 총에 맞아 죽었다. 일본의 추천으로 우리나라 외교고문으로 있었던 스티븐스는 자기 나라로 돌아간 뒤에도 계속 "일본의 한국 지배는 매우 이롭다" 등의 망언을 늘어놓아 한국인들의 분노를 샀다. 장인환과 전명운은 미국까지 찾아가 그를 사살했다.

안중근 1909년, 만주 하얼빈에서 이토 히로부미를 사살했다. 이토는 조선 초대 통감이었고, 세 차례에  걸쳐 일본 총리를 역임했으며, 일본 메이지 헌법을 기초한 인물로 조선 강제 점령의 원흉이었다. 일본 경찰은 안중근이 이토를 "한국 또는 동양의 적으로 생각하고 죽이려고 결심하고 저격했다'고 기록하고 있다.73)

이재명 블라디보스토크에서 독립운동을 하던 이재명은 안중근의 이토 사살 소식을 듣고 귀국한다. 1909년 12월 이완용이 벨기에 황제 추도식에 참가하기 위해 명동성당에 온다는 소식을 듣고 군밤장수로 위장한 채 기다리다가 칼로 이완용의 배와 어깨를 칼로 찔렀다. 하지만 이완용74)은 죽지 않았고, 의사는 체포되어 사형당했다.

---

73) 이기웅 엮음, 《안중근 전쟁, 아직 끝나지 않았다》(열화당, 2000)

74) **을사5적 이완용** 1905년 을사조약 때 이토 히로부미의 요구에 찬성한 이지용, 박제순, 이근택, 권중현과 더불어 흔히 '을사5적'이라 불려진다. 본래 아관파천을 주도한 친러파였으나 일본이 주도권을 잡자 친일파로 변신했다. 1907년 고종 퇴위에 앞장섰고, 1910년 총리대신으로서 나라가 문을 닫는 데에도 앞장섰다.

무단 통치 일제는 조선총독부를 설치하고, 입법 사법 행정 군사권을 혼자 다 가지는 총독에 일본군 대장을 임명했다. 당연히 조선총독부 통치는 군대(헌병)가 경찰을 지휘하는 헌병경찰 통치였다.

일제는 2만여 헌병경찰과 헌병보조원을 무단武斷 식민植民 통치의 앞잡이로 내세웠다. 헌병경찰에게는 재판 없이 아무나 3개월까지 투옥할 수 있는 즉결처분권을 주었다. 그들의 임무는 독립운동가를 찾아 처단하는 것이었다. 그들은 우리 민족을 닥치는 대로 가두고 폭행했다.

총독부는 토지 조사 사업을 벌인다면서 일본인의 재산을 키워갔다. 일정 기간 내에 소유자가 신고를 하지 않은 토지는 몰수하여 동양척식주식회사를 거쳐 일본인에게 헐값에 넘겼다. 우리 민족은 저절로 소작인으로 몰락했다. 그러면서도 일제는 친일파들로 이루어진 자문기구 중추원을 두어 마치 백성民들의 뜻意을 정치에 반영하는 양 한국인들을 기만하려 들었다.

영덕 도해단 1896년, 김도현은 영양 청기면 고향에 사재를 들여 검산성(기념물 65호)을 쌓고 의병을 일으킨다.

그 후 고종의 해산 권유에 따라 활동을 중단했다가 (망국 후 자진 순국하는) 스승 이만도와 함께 1907년 다시 의병 투쟁에 나선다. 하지만 1914년 영해 앞바다에 뛰어들어 스스로 목숨을 끊는다.

1915년에 세워진 추모비는 일제가 바다에 던져버렸고, 현재의 비(→사진)는 1954년에 복원한 것이다.

고향마을 상청리에는 생가와 유허비도 남아 있다. 문무왕의 대왕암을 연상하게 하는 그의 절명시絶命詩 '도해蹈海'를 읽어본다.

大海天地路
한바다 하늘땅 사람의 길에
恨無一人從
따르는 자 없으니 한스럽도다
歸報祖宗國
구천에 가서라도 조국에 갚으리
無窮建我東
우리의 영원한 나라를 세우리라

3·1운동 이전의 국내 독립운동 Ⅲ 의병 출신을 중심으로 무장 투쟁에 나섰다. 채기중, 정만교, 김상옥, 황상규, 문봉래, 류명수, 채경문, 강순필, 정진화, 성문영, 이수택, 손기찬 등은 1913년 영주 풍기에서 무장 비밀결사 단체 광복단을 결성한다. 광복단은 그 후 박상진, 서상일, 이시영, 윤상태 등이 1915년 대구 앞산 안일암에서 결성한 조선국권회복단과 합쳐 광복회가 된다.

대구 달성공원에서 출범한 광복회는 1916년 국내 전역으로 조직을 확대하고, 만주에도 지부(책임자 김좌진)를 두었다. 광복회는 전국 요소에 곡물상과 여관을 경영하여 무기 비축 공간을 확보하는 한편 정보망으로 활용했다. 관공서와 일본인의 광산을 습격하고, 친일 부호들의 돈을 빼앗아 만주 독립군에 보냈다. 또 경북관찰사를 지낸 칠곡 장승원 외에도 보성 양재학, 낙안 서도현 등 많은 친일 부호들을 처단했다.

광복회는 1918년 충남 아산군 도고면 면장 박용하를 처단하는 과정에서 이종국의 밀고로 조직이 노출되었다. 박상진, 채기중, 김한종 등 간부들이 사형을 당하면서 우리나라 독립운동기(1910~1945) 초반의 무장 투쟁을 이끌었던 광복회는 해체되고 말았다.

마지막 의병 채응언 평안도에서 활동한 채응언은 1907년 군대해산 후 의병에 투신, 일본 헌병과 친일파 등을 계속 처단하였다. 그는 결국 1915년에 체포되었다.

독립의군부 임병찬 최익현과 함께 의병 활동을 하다가 체포되어 대마도로 끌려갔던 임병찬은 1907년 귀국 후 고종의 밀명을 받고 독립의군부를 조직한다. 전라도에서 시작하여 점차 전국 조직을 만들어가던 중 1914년 체포되었고, 1916년 유배지 거문도[75]에서

---

75) 거문도는 1885년부터 1887년

타계했다.[76]

까지 영국이 러시아의 남하를 저지한다면서 무단 점령했던 곳이다. 이 사건으로 유길준, 독일인 부들러 등의 '조선중립화론'이 대두되었다.

76) 광복회 총사령 박상진은 26세 때 판사 자리를 버리고 나온 지 11년 만인 1921년, 불과 37세의 나이로 세상을 떠났다. 채응언도 사형으로 생애를 마쳤다. 임병찬은 옥중에서 세 차례 자결을 시도하지만 성공하지 못하고 거문도로 유배를 가서 그곳에서 이승을 떠났다.

3·1운동 이전의 국외 독립운동 의병 출신과 애국 계몽 운동가들이 압록강과 두만강을 넘어 망명, 주로 만주와 연해주에서 무장 투쟁을 펼쳤다.

일찍부터 서간도 일대에 독립운동 기지를 건설하기로 의결한 신민회는 지역별로 책임자를 정해 필요 자금을 모으는 한편, 1910년 이후 이회영 형제들과 이상룡, 이동녕 등 많은 가족들이 이주했다. 1911년 일하면서耕 군사훈련學을 한다는 의미의 경학耕學사를 설립하여 3년 동안 유지했다. 이는 1919년 군정부軍政府 기능의 서로군정서西路軍政署로 확대 개편되었다. 또한 만주 독립군 양성기관의 중추 기능을 하게 되는 신흥무관학교도 운영했다.

북간도에는 최초의 조선인 마을이 생겨났다. 이주민들은 동東쪽의 조선을 밝힌다明는 뜻에서 마을 이름을 명동촌明東村이라 붙였다. 이어 만주에 개교한 민족 교육 기관의 원조인 서전서숙과 명동학교를 열었다. 서일, 김좌진 등은 1919년 북로군정서北路軍政署를 조직했다.

연해주로 이주한 이상설, 홍범도 등은 권업회勸業會를 조직하여 활동했다. 권업회는 한인들의 지위 향상과 민족의식 고취, 그리고 반일투쟁을 위한 경제적 실력 배양에 힘썼다. 1914년에 이르러서는 회원이 8,500여 명이나 될 만큼 세력이 강성해졌다. 그 후 군사학교 운영을 통해 훈련받은 3만 무장 병력을 보유하게 된 권업회는 한국인의 시베리아 이민 50주년에 맞춰 1914년 '대한광복군 정부'를 수립하고 대통령에 이상설, 부통령에 이동휘를 선출했다. 하지만 1차 세계대전이 일어나면서 동맹국 일본의 항의를 받은 러시아의 탄압으로 강제 해산되고 말았다.

북로군정서 1919년 10월, 단군을 섬기는 대종교 계열의 북간도 민족주의자들과 김좌진 등 신민회 계열 민족주의자들이 합쳐 대한군정부大韓軍政府를 조직한다. 대한군정부는 12월 임시정부의 지시로 대한군정서大韓軍政署로 명칭을 바꾸어 활약한다. 그런데 신민회의 신흥무관학교 출신 등이 편성한 독립군부대의 이름이 서로군정서였기 때문에 이와 대비하여 대한군정서는 흔히 북로군정서라는 별명으로 널리 불려왔다.

3·1운동 ⧖ 1919년, 독립운동의 차원을 한 단계 끌어올리는 중요한 분기점이 되는 3·1운동이 일어난다. 1919년의 독립선언은 해외에서 먼저 터졌다. 일본 도쿄 유학들의 2·8독립선언과, 윌슨 미국 대통령의 민족자결주의77) 선언에 고무된 지도자들은 국내외에 독립을 선포했다. 비폭력 만세운동은 고종 독살설을 등에 업은 채 전국으로 확산되었고, 만주, 연해주, 미국, 일본 등에서도 일어났다. 3·1운동은 200만 명이 참여한 전국민적 독립운동이었다. 7,500여 명이 일본에 피살당했고, 1만6천여 명이 부상당했으며, 4만7천여 명이 체포되었다.78)

3·1운동은 나라 방방곡곡의 수많은 국민들이 참여함으로써 우리 민족의 주체성을 국내외에 널리 확인시키는 계기가 되었다. 그 결과 대한민국 임시정부가 수립되었다. 또 3·1운동을 겪으면서 '싸워서 독립을 쟁취해야 한다'는 의식이 높아졌다. 그래서 무장 독립 운동이 활성화되었다. 3·1운동은 다른 나라들의 민족 해방 운동에도 많은 영향을 끼쳤으며, 일제도 통치 방법을 무단에서 문화로 바꾸었다.

임시정부 수립 ⧖ 1919년 3·1운동을 계기로 임시정부가 수립되었다. 민주주의를 천명한 임시정부는 근대적 헌법을 바탕으로 대통령, 입법기관인 의정원, 사법기관인 법원, 행정기관인 국무원을 두고 민족 독립운동의 중추 기관 역할을 수행했다. 또 국내외를 연결하는 비밀 조직망인 연통제와 교통국을 가동하여 군자금 모급과 정보 수집 활동을 벌였으며, 외교에도 힘을 기울여 파리강화회의에 김규식을 파견하여 독립을 주장했으며, 구미위원회를 두어 이승만이 미국에서 활동을 했다.

---

77) 1차 세계대전이 끝날 무렵 새로운 세계 질서를 세우기 위해 제시된 14개조의 평화 원칙으로, 윌슨은 식민지 문제를 해결하기 위해서는 민족 자결주의 원칙이 지켜져야 한다고 제창하였다. 그러나 윌슨의 민족자결주의는 1차 세계대전 패전국 식민지에 한정된 것이었다. 당시 일본은 승전국의 하나였다.
78) 일본은 화성 제암리의 주민들에게 교회에 모이라고 한 후, 전 주민이 예배당 안으로 들어가자 문을 잠근 뒤 불을 질러 모두 태워서 죽였다.

1920년대 국외 독립운동 ▨ 1919년, 김대지 황상규를 고문, 김원봉[79])을 단장으로 하는 의열단義烈團이 중국에서 결성되었다. 의열단은 신채호의 '조선혁명선언' 정신에 따라 무장 투쟁에 전념했다. 1920년 9월 박재혁 단원이 부산경찰서장을 죽인 이래, 최수봉 단원의 1920년 12월 밀양경찰서 폭탄 투척, 김익상 단원의 1921년 9월 조선총독부 회계과 폭파 및 1922년 3월 상해 일본 육군대장 저격이 이어졌다. 또 김상옥 단원이 1923년 1월 종로경찰서에, 김지섭 단원이 1924년 1월 일본 천황 궁성에, 나석주 단원이 1926년 12월 동양척식주식회사에 폭탄을 투척했다.

1920년 6월, 홍범도의 대한독립군과 안무의 국민회군은 두만강 하류 봉오동에서 일본 정규군을 대파, 독립군 최초의 승리를 일구었다. 또, 김좌진의 북로군정서 부대와 홍범도의 대한독립군은 그 해 10월, 두만강 상류 청산리에서 사상 최대의 승리를 기록했다.[80]) (347, 348쪽 참조)

---

79) 의열단 조직시 김원봉은 22세였다. 1944년 임시정부 군무부장(국방부장관)을 지낸 김원봉은 해방 후 귀국하여 활동하다가 1948년 북한으로 넘어가 장관급 직책을 연임하던 중 1958년 김일성 비판파로 분류되어 숙청당했다.

80) 독립군에 이어 대패한 일본군은 보복 행위로 만주 거주 일반 한국인을 수 만 명이나 무차별로 죽이는 1920년 만주 참변을 일으켰다. 일반인에 대한 피해를 우려한 독립군은 러시아 영토로 주둔지를 옮겼는데, 처음 우호적이던 러시아 군대가 일본의 압력을 받은 후 독립군의 무장해제를 요구하면서 총격을 가해 많은 독립군들이 죽는 1921년 자유시 참변이 일어났다.

1920년대 국내 독립운동 ⌛ 1926년 6월 10일 순종 장례일에 맞춰 학생들이 외친 독립만세가 대규모 군중 시위로 발전했다. 또 한일 학생 충돌을 일본 경찰이 편파적으로 처리하면서 시작된 1929년의 광주학생 항일운동은 일반 국민들의 큰 참여를 불러일으켜 전국적인 대규모 항일 투쟁으로 번졌다. 약 5개월 동안 전국 5,400여 학생이 참여한 광주학생항일운동은 3·1운동 이후 최대의 민족운동이었다.

6·10만세운동을 계기로 독립군 조직을 하나로 합치는 민족유일당 운동이 전개되었다. 신간회도 1927년 결성되어 강연회 개최, 노동 쟁의와 동맹 휴학 지원 등 활발한 활동을 펼쳤다. 120곳 이상의 지회와 4만 명에 육박하는 회원을 가진 최대의 반일 사회운동 단체로 성장한 신간회는 1929년 12월 13일 광주의 실상을 알리는 민중대회를 열어 대대적 항일 시위를 펼치려 했다. 일제는 민중대회를 무산시켰다. 이후 온건 지도부가 들어서면서 신간회 무용 여론이 형성된 끝에 1931년 5월 자진 해산하고 말았다.

1930년대 국외 독립운동 ⌛ 1931년 12월, 김구의 한인애국단이 창설되었다. 이듬해 1월 이봉창이 천황에게 폭탄을 투척했다. 4월에는 윤봉길이 상해에서 여러 명의 일본군 장군들을 폭살했고, 이덕주와 유진만이 조선총독을 죽이려다 실패했다.

당시 군대로는 지청천의 한국독립군과 양세봉의 조선혁명군이 일본군 제압에 혁혁한 공로를 세우고 있었다. 1931년 9월 일본이 만주사변을 일으켜 만주를 강제로 점령하자 장개석의 중국 정부는 한인애국단의 활동과 임시정부를 공식적으로 지원했다. 이미 여러 차례 일본군을 제압했던 한국독립군은 중국군과 연합 이후에도 대전자령 전투 등에서 대승을 거두었다.

천마산대 대원 출신의 양세봉이 이끄는 조선혁명군 또한 200여 차례 이상 일본군을 격파하는 연전연승으로 이름을 날렸다. 조선혁명군은 중국군과 합세한 이후에도 일본군과의 싸움에서 위용을 떨쳤다.81)

---

81) 한국독립군은 사령관 지청천이 1940년 임시정부의 한국광복군 창설을

일본의 침략 전쟁 ▨ 1929년 미국에서 시작된 대공황이 세계 경제를 압박하자 독일, 이탈리아, 일본은 전쟁으로 문제를 해결하려 들었다. 일본은 1931년 만주 점령에 이어, 1937년 중일전쟁과 1941년 2차 세계대전의 일부인 태평양전쟁을 도발했다. 전쟁을 일으킨 일본은, 자국민들이 먹을 쌀을 안정적으로 확보하기 위해 농업 중심 정책을 폈던 1920년대와 달리, 값싼 노동력으로 전쟁 물자를 확보하기 위해 한국을 병참 기지화하는 정책을 펼쳤다. 그래서 군수 산업과 연관이 있는 금속, 기계 공업 중심의 중화학 투자에 집중했다.

또, 민족의식을 말살해야 한국인을 전쟁에 동원하기 쉬웠으므로 황국신민화皇國臣民化 정책을 시도했다. 한국인도 천황의 충성스러운 신민이 될 수 있다면서 창씨개명創氏改名을 강요하여 성과 이름을 일본식으로 바꾸지 않은 자는 학교 입학을 불허했다.

학교에서 조선의 역사와 말글 가르치는 것도 금지했다. 소학교를 국민國民학교로 바꿨고, 신문은 폐간했으며, 일본 왕실의 조상신이나 국가 공로자에게 제사지내는 신사神社참배도 강요했다. 1944년부터는 한국의 청년들을 강제로 전쟁에 끌고 갔고, 젊은 여성들을 납치하거나 속여 일본군 군대로 끌고 가 '위안부'로 학대했다.[82]

주도하여 총사령관을 맡음으로써 한국광복군 안으로 들어갔다. 하지만 조선혁명군은 한국인 밀정 박창해의 계략으로 사령관 양세봉이 암살된 이후 세력이 약화되고 말았다.

82) **위안부(272쪽 참조)** 일본은 점령지의 여성 3~40만 명을 끌고 가 일본군의 '성 노예'로 삼았다. (80~90%는 우리나라 여인) 만주, 미얀마, 인도네시아, 태평양의 섬에까지 일본군 주둔지마다 트럭에 싣고 다니면서 군수품처럼 다루었다. 전쟁이 끝난 뒤에도 피해자들은 머물던 곳에 버려지거나 자결을 강요당하고, 사살되기도 했다. 고향에 돌아온 일부 생존자들도 평생 고통스럽게 살아야 했다.
* 2014년 1월 미국 의회는 2007년 채택한 위안부 결의안을 일본 정부가 준수할 것을 촉구하는 법안을 제정했고, 오바마 대통령의 서명도 마쳤다. 그러나 일본 정부는 '정부가 발견한 자료 중에는 군이나 관헌의 이른바 (위안부) 강제연행을 직접 보여주는 듯한 기술은 찾아볼 수 없었다'는 입장만 되풀이하고 있다.

1940년대 건국 준비 활동 ⧖ 1940년 김구를 주석으로 하는 단일지도 체제를 확립한83) 임시정부는 일본이 1941년 태평양전쟁을 일으키자 대일본 선전 포고를 하였다. 광복군은 미얀마, 인도 등지에서 영국군과 연합 작전을 펼쳤고, 미국 전략정보처의 지원을 받아 군내 진공 작전을 준비하였다.

1941년에는 건국 강령을 발표하였다. 개인과 개인, 민족과 민족, 국가와 국가 사이의 균등을 주창한 조소앙의 삼균주의에 바탕을 둔 건국 강령 발표는 새로운 나라의 이념과 독립 전쟁의 준비를 세상에 알리는 선포였다. 건국 강령의 주요 내용은 '대기업 국영화, 토지 국유화, 자영농 위주의 토지 개혁' 등이었다.

김두봉 등이 이끄는 사회주의 계열의 조선독립동맹과 군내 좌우익 세력의 연합체인 조선건국동맹도 광복 직전에 건국을 준비했다. 1941년의 임시정부 건국강령발표에 이어 조선독립동맹도 1942년 '국민 보통선거로 민주정권 수립, 친일 대기업 국유화, 토지 분배, 국민 의무교육 실시' 등을 주된 내용으로 하는 강령을 발표했다. 또 여운형 등이 이끄는 조선건국동맹도 1944년 '대동단결 거국일치로 친일 세력 퇴출, 조선 민족의 자유와 독립 쟁취, 모든 분야에 민주주의 원칙 관철, 노농 대중 해방' 등의 강령을 발표하였다. 임시정부, 조선독립동맹, 조선건국동맹의 강령은 모두 보통선거를 통한 민주공화국 수립, 의무교육 실시, 주요 산업 국유화 등에서 공통된 내용이었다.

1945년 독립 ⧖ 1945년 8월 15일, 일본이 연합군에게 항복하면서 우

---

83) 1935년 임시정부 계열의 김구 등은 한국국민당을 결성했다. 같은 해, 지청천의 한국독립당과 김원봉의 의열단 등 민족주의 계열과 사회주의 계열의 단체와 정당들이 합친 민족혁명당도 결성되었다. 그 후 1940년, 김구, 조소앙, 지청천 등이 각자가 이끄는 정당을 해산하고 한국독립당을 결성했다. 다시 1942년, 김원봉 계열이 한국광복군에 합류하면서 좌우 통합 성격의 임시정부가 형성되었다.

리나라는 식민지에서 벗어났다. 하지만 일제의 패망이 바로 우리의 독립으로 이어지지는 않았다. 미국과 소련(러시아)은 일본군 무장 해제를 내세워 한반도를 남북으로 분할 점령했다.

미국과 소련의 남북 분할 통치 ⌛ 광복 직후 국내에는 '조선 건국 준비 위원회'가 만들어져 사회 질서를 유지하며 새 정부를 구성하려 했다. 그러나 남한에 주둔한 미국 군사 정부는 한국인들의 정치 기구와 활동을 인정하지 않았다. 뿐만 아니라, 임시정부의 대표성도 인정하지 않았다. 미군은 그 이후 3년 동안 군정軍政을 실시했다.

북한에 들어온 소련군은 김일성이 실권을 장악할 수 있도록 뒷받침했다. 그 결과 공산주의자 중심의 인민위원회가 각 도에 설치되었고, 1946년에는 '북조선 임시 인민 위원회'가 행정과 치안을 담당하게 되었다.

신탁 통치 ⌛ 1945년 12월, 미국 영국 소련이 모스크바에서 외무 장관 회의를 열었다. 이들은 '미·소 공동 위원회'를 설치, 한국을 최고 5년간 신탁 통치하기로 합의했다. 이 소식을 들은 민족주의 진영은 즉각 반대 운동을 전개했다. 그러나 공산주의 진영은 신탁 통치를 찬성했다.

한국 문제는 유엔으로 넘어갔다. 1947년 11월, 유엔한국임시위원단은 남북한 총선거를 통한 독립 정부 수립을 결의했다. 그러나 북한의 거부에 부딪혀 38선 이북에 들어가지도 못한 유엔한국임시위원단은 남한만의 단독 선거를 추진했다.

남북 분단 ⌛ 분단의 위험을 느낀 김구, 김규식 등은 통일정부 수립을 위해 남북 협상을 추진했다.84) 그러나 이미 북한도 단독정부 수립 작업을 진행 중이었으므로 협상은 성공할 수 없었다. 결국 1948년, 남한에는 '대한민국' 정부가, 북한에는 사회주의 체제 개혁을 거쳐 '조선민주주의인민공화국'이 수립되었다.

---

84) 남북 정치 지도자들은 외국 군대 철수, 조선정치회의 구성 후 총선거를 통한 통일 정부 수립, 남한 단독 선거 반대 등을 공동 성명으로 발표하였다.

조선 후기~1945년 연표年表

- 1810년 순조 즉위, **세도 정치 시작**, 삼정 문란 (314, 316쪽 참조)
- 1811년 홍경래의 난
- 1860년 동학 창교
- 1862년 진주 민란 (315쪽 참조)
- 1863년 고종 즉위, 대원군 10년 섭정 시작
- 1864년 **갑자유신** 대원군 개혁 시도, 4월 15일 최제우 처형
- 1875년 9월 20일 **운양호 사건** 일본군 강화 포격, 침략 시작
- 1876년 2월 27일 **강화도 조약** 병자수호조약 (321쪽 참조)
- 1882년

7월 23일 **임오군란** 일본군 장교의 한국군 교관 취임 반대, 월급 1년 이상 체불 후 사미沙米 지급에 격노, 일본 공사관 습격, 민씨 일족 처단 주장, 청국군과 일본군 서울 점령, 대원군 중국 납치, 민비 국내 망명 (323쪽 참조)

- 1884년

12월 4일 **갑신정변** 우정국 낙성식 때 정부 요인 사살, 국왕 볼모, 개혁 13개항 발표, 김옥균·서광범·박영효·홍영식·서재필 등 개화파를 앞세워 친일 괴뢰 정권을 세우려 한 일본군이 청군에 패배함으로써 '3일 천하'로 종막

- 1885년

1월 24일 **한성 조약** 일본에 손해 배상

4월 18일 **천진 조약** 청과 일본 동시 철병, 청군이 한국에 들어오면 일본군도 출정한다는 단서를 달아 뒷날 일본 침략의 구실 마련

- 1894년

2월 15일 고부 농민 봉기 (325쪽 참조)

5월 31일 **동학 혁명군 전주성 접수**

6월 2일 **청군 파병 요청** 병조판서 민영준 주도

6월 8일 청군 아산 상륙, 6월 9일 일본군 인천 상륙

6월 10일 동학군 전주성 철수, 8월 1일 청일 전쟁 공식 시작

- 1895년

10월 8일 **을미사변** 일본, 1884년부터 반일 정책 편 명성황후 시해

- 1896년

1월 1일 **단발령**, 을미 의병 (328쪽 참조)

2월 11일 **아관파천** 고종 러시아 공사관 피신, 단발령 무효 선언, 총리대신 김홍집, 농상공부대신 정병하, 탁지부대신 어윤중 군중에 피살

독립협회 창립, 독립신문 창간 (329쪽 참조)

9월 24일 고종, 광무개혁 조직 발표

- 1897년 11월 20일 독립문 완공

- 1898년

덕수궁에 전화 가설, 사대문과 홍릉 간 전차 운행

2월 9일 **만민공동회 개최** 최초의 국회 기능

9월 **여우회女友會 창립** 최초의 근대 여성 운동, 여성 관직 진출 허용, 얼굴을 가리는 장의 철폐, 내외법 폐지, 남편이 고질병일 때 부인의 재가 허용 요구

- 1904년

1월 23일 중립국 선언, 2월 8일 일본군, 여순 기습 공격

5월 일본, 한국 정부에 황무지(전 국토의 1/4) 개간권 요구, 평리원 판사 허위, 전국에 통문 발송하여 일제 침략을 규탄

5월 12일 주영 공사 이한응 자결 "나라에 주권이 없으니 그 수치가 망극하다. 어찌 이를 참고 볼 수 있으랴!" 하는 유서 남기고 런던에서 스스로 목숨을 끊음

5월 27일 일본군, 대한해협에서 러시아 발트 함대 격파

7월 13일 보안회 결성, 반일 시위 연일 수 만 명 참가

7월 22일 일제, 무장 군인 동원 보안회 해산 시도

7월 25일 정부가 외국인에게 땅을 양도 않겠다는 공약을 발표하자 보안회 자진 해산, 일본 이 틈에 서울 치안유지권 탈취

8월 친일 단체 일진회 결성

8월 22일 일제, 외국인 고문 협정 강요 1명의 일본인 재정 고문과 1명의 서양인 외교 고문(스티븐스)이 한국정부의 행정을 지시, 감독.

9월 5일 **러일 강화 조약 체결** 일본의 소위 '한국 보호권' 주장이 국제적으로 승인

- 1905년

11월 17일 **을사늑약 체결** 홍만식·민영환·조병세 자결 (330쪽 참조)

11월 20일 장지연 '시일야방성대곡' 발표 황성신문 무기 정간 처분 을사 의병 여주 원용석, 충북 단양 정운경 등 (330쪽 참조)

- 1906년

1월 내부(행정안전부) 전국 13도에 의병 금지령 공포

고종 비밀리에 의병 궐기 호소 도찰사 정환직 아들 정용기에게 산남의진 창의 지시, 안병찬 임존성에서 1906년 창의 최대 의병 궐기, 민종식 5월 19일 홍주성 입성, 최익현 5월 23일 무성서원에서 창의

2월 **통감부 설치** 초대 통감 이토 부임

2월 16일 기산도·나인영 의사 이근택 암살 시도

3월 25일 나인영·오기호·이기 의사 을사5적 암살 시도

- 1907년

1월 1일 최익현 순국

2월 21일 대구 민의소(상공회의소)에서 국채보상운동 결의

6월 **헤이그 특사** 만국평화회의 호소, 이준 분사

7월 18일 **고종 강제 퇴위** 일제 차관 정치 실시

7월 박용만, 미국 네브라스카에 소년병 학교 개설

8월 1일 **한국군 해산** 박승환 대대장 자결, 남대문 전투
8월 5일 **원주 진위대 봉기** 민긍호 지휘
9월 **13도 창의대장 이인영** '해외동포에게 보내는 선언문' 발표
• 1908년
1월 13도 의병 연합 부대 서울 진격 이인영 허위 지휘
3월 21일 샌프란시스코 교민회 정재관 등 스티븐스 구타
3월 22일 전명운·장인환 의사 스티븐스 저격 5일 후 사망
10월 21일 **허위 순국** 안중근의 평가 "만일 2천 만 동포가 모두 허위와 같았다면 오늘의 국욕國辱은 없었을 것"
• 1909년
1월 7일~12일 **순종, 영남 지방 순회** 이토에 이끌려
1월 27일~2월 3일 **순종, 서북 지방 순회** 이토에 이끌려
9월 일제, 남한 대토벌 작전 전개
10월 26일 안중근 의사 **이토 사살**
12월 22일 이재명 의사 **이완용 암살 시도**
• 1910년 3월 26일 안중근 의사 순국 여순 감옥
5월 18일 **이재명 의사 순국**
8월 22일 소위 '합병 조약' 체결 순종 수결(서명) 거부
8월 29일 **합병 발표** 이만도·박세화·이면주·신승지·홍범식·전택수·황현 등 자진 순국, 김옥균·홍영식·김홍집·어윤중·서광범 등 매국 개화파 유족들 일제로부터 은사금 5천 원씩 수령
8월~1918년 일제 '토지 조사 사업' 1백만 정보의 땅 탈취, 전국 임야 1600만 정보의 약 90%인 1300만 정보 국유림으로 편입
12월 27일 안명근, 일본총독 데라우찌 암살 미수
• 1911년
1월 1일 **105인 사건** 신민회 600여 명 피체(89쪽)
3월 고종 황제 부자 덕수궁과 창덕궁에 유폐
4월 신흥 무관학교 개교 교장 이세영

• 1912년

박용만, 하와이에 국민군단國民軍團 조직

• 1913년

풍기 광복단 결성 채기중, 유창순, 한훈, 정만교, 김성옥, 황상규, 문봉래, 류명수, 채경문, 강순필, 김병렬, 김상오, 정운홍, 장두환, 강병수, 이각, 정진화, 성문영, 이수택, 손기찬 등

• 1914년

대한독립의군부 결성 (332쪽 참조) 임병찬, 허위와 이인영의 제자들 주동 (박성수 "상해 임시정부에 앞서는 대한제국 임시정부였다"《알기 쉬운 독립운동사》)

• 1915년

2월 28일 **조선국권회복단**[85] **결성** 대구 안일암 (56쪽 각주11, 292쪽, 334쪽)

8월 25일 광복회 결성 대구 달성공원 (249, 334쪽)

• 1916년 대종교 교주 나철 순국

• 1917년 **대동단결선언 발표** 노령 간도 독립운동가들

---

85) 경상북도의《경상북도 700년사》(2006년 재판)의 1370쪽에 '조선국권회복단의 조직은 중앙총부와 마산지부를 설치하여 (1909년에 조직된 독립운동단체로 1910년대와 1920년대에 걸쳐 국외의 독립운동 세력을 지원한 비밀결사) 대동청년단과 유사한 조직체계를 가지고 있었다. 뿐만 아니라 그 구성원도 양 단체에 모두 소속되어 있으며, 활동도 서로 착종되어 구분하기 어려운 점이 있어 양 단체가 제휴하거나 밀착되어 있음을 알 수 있다.'라는 대목이 나온다. 이 대목은 이 책 293쪽의 '(조선국권회복단 통령) 윤상태는 3·1 독립운동 당시 경남 일원의 시위를 대동청년단 단원인 변상태, 김관제 등이 주도하도록 이끌었다.'라는 표현의 뜻을 알게 해준다.《경상북도 700년사》에는 또 '달성친목회는 1908년 9월 대구에서 국권 회복을 목적으로 친목회를 표방하며 계몽운동을 전개하였으므로 그 질적인 면에서 매우 참신성을 보여준다. 1913년 서상일이 (달성친목회를) 재흥하면서 계몽운동 단체가 독립운동 단체로 이행해가는 모습을 보여주고 있다.'라는 기술도 등장한다. 이 기술은 조선국권회복단의 창립 시기를 1913년과 1915년으로 달리 보는 견해가 양존하는 까닭을 가늠하게 해준다.

- 1918년

10만이던 간도 인구 60만으로 급증

- 1919년 1월 21일 고종 타계

2월 1일 독립선언서 발표 노령 간도 독립운동가들

2월 8일 **독립선언서 발표** 동경 유학생들

3월 1일 민족대표 33인 독립선언서 발표 5월말까지 7천여 명 순국, 1만6천여 명 부상, 4만7천여 명 피체

3월 17일 **대한국민회의 성립** 러시아 블라디보스톡

4월 11일 상해 임시정부 발족 (81쪽, 336쪽)

4월 23일 **한성정부 수립**

5월 12일 파리강화회의에 의견서 제출, 김규식은 일본의 방해로 발언을 하지 못함 (149쪽)

6월 4일 봉오동 전투 시작 두만강 중류 삼둔자 마을의 일본 헌병대를 30여 명의 독립군 소부대가 급습, 일본군 나남 사령부 보복전으로 봉오동 독립군 본부 공격, 적의 계획을 가늠하고 있던 홍범도 장군은 청야淸野 작전을 펼쳐 주민들을 대피시키고 적의 먹을거리가 될 만한 것들을 모두 없앤 후 봉오 골짜기로 들어선 적을 6월 7일 정고 무렵부터 4시간에 걸쳐 공격하여 157명을 사살하고 300여 명에게 중경상을 입히는 대승을 거두었다. (337쪽)

6월 28일 안창호 임정 내무총장(국무총리 겸임) 수락

9월 16일 상해 임시정부, 노령 국민회의, 한성정부를 통합하기 위한 개헌안 통과, 대통령 이승만, 국무총리 이동휘

11월 9일 의열단 창단 (187, 337쪽 참조)

- 1920년

8월 24일 1만여 시민 독립만세운동 미국 의원단 방한 맞아 서울 시내 연도에서 실시

9월 14일 박재혁 의사 부산경찰서 폭탄 투척 (189쪽)

10월 2일 **훈춘 사건** 일제는 300여 명의 마적단을 시켜 훈춘의 일

본 영사관을 공격, 숙직자 1명이 피살당하게 하는 조작극을 벌인 다음 한국 독립군과 중국 및 러시아 군의 항일 작전의 결과라고 강변하면서 중국 영토인 간도에 무단으로 군대를 주둔시켰다.

10월 17일 **일본의 간도 공격** 간도의 실력자 장작림이 일본군의 간도 주둔을 거부하자 일본은 10월 14일 일방적으로 간도 침략을 선언한 후 17일 2만 5천 병력을 동원해 작전을 개시했다. 목표는 한국 독립군 섬멸이었다.

10월 21일~26일 **청산리 대첩** 일본군의 총공세에 맞서기 위해 서일과 김좌진이 이끄는 북로군정서北路軍政署(대종교의 중광단重光團이 1919년 임시정부 산하에 들어가면서 이름을 바꿈)와, 홍범도가 이끄는 동도도독부東道都督府(북간도에 있던 신민단, 군무도독부, 광복단, 국민회, 의군부의 연합체)도 9월 17일부터 10월 20일까지 약 한 달에 걸쳐 백두산을 향해 이동했다. 이같은 작전은 일제의 총공격에 맞서기 위해 당시 북간도에 있던 6개 독립운동 단체들이 5월 3일, 5월 27일, 7월 1일 세 차례에 걸쳐 행동 통일 회의를 가진 결과였다. 무장을 하지 않은 사람까지 다 합해도 불과 2,000명을 헤아리는 독립군은 2만 5천 명이나 되는 정예 일본군을 맞아 6일 동안 싸워 2,000명을 죽이고 1,300명의 부상자를 발생시켰다. (337쪽 참조)

12월 27일 최수봉 의사 밀양경찰서 폭탄 투척 (189쪽 참조)

일본군, 간도 조선인 무차별 학살

대한독립군단 형성 일본군의 조선인 무차별 학살을 막을 만한 힘이 독립군에게는 없었다. 총 병력 3,500명 정도의 독립군들이 북상하여 소련 국경 밀산으로 모여들었다. 대한독립군단은 서일을 총재, 홍범도 김좌진 조성환을 부총재로 하는 3개 대대의 통일군단을 형성.

• 1921년 초

사관학교 개설 통일군단은 시베리아로 넘어가 2개 여단을 창설하고 사관학교(교장 이청천) 설립. 당시 러시아는 백계와 적계가 분열되어 서로 싸우고 있었는데 적계는 만주에서 넘어온 한국독립군을 자기

편으로 끌어들여 이용하려 했다. 독립군은 대포 15문, 기관총 500정, 소총 3,000정 등을 소련군으로부터 공급받고 감격.

 2월 16일 양근한 의사 친일파 민원식 처단
 4월 17일 **군사통일회의 개최** 국민대표회의 개최 의결
 4월 20일 안경신 의사(여) 평남도청에 폭탄 투척
 6월 2일 **소련군, 한국독립군에 무장해제 요구** 한국독립군을 소련 공산군에 편입시키려는 계획
 6월 28일 자유시 참변 청산리 대첩 주력 부대인 소련 주둔 한국독립군이 무장해제를 거부하자 사방 높은 지대에 올라 한국독립군을 포위하고 있던 소련군이 발포하여 전투가 시작되었으나 이미 전세는 회복할 수 있는 지경이 아니었다. 독립군은 272명 전사, 31명 익사, 205명 행방불명, 97명 포로의 희생자를 내고 가까스로 탈출하였다. 이청천도 이때 포로가 되었다가 상해 임시정부의 요구로 겨우 생환하였고, 홍범도는 소련군으로 넘어갔다가 비참한 최후를 마쳤다. 이를 흑하 사변 또는 자유시 사변이라 부른다.
 8월 27일 **서일 자결** "나라 땅은 유리조각으로 부서지고 모래는 바람비에 날렸도다. 날이 저물고 길은 궁한데 인간이 어드메뇨?"라는 글귀를 남기고 스스로 목숨을 버렸다.
 9월 12일 김익상 의사 총독부 건물에 폭탄 투척

- 1922년

대한통군부統軍府 결성 자유시 참변을 겪은 후 독립군 부대의 통합 필요성이 절감되어 서간도에서 3개 단체가 결합한 대한통군부가 출범했다. 또 북간도에서는 4개 단체가 통합되어 대한광정단 결성.
 3월 28일 김익상, 오성륜, 이종암 상해에서 일본 육군대장 저격

- 1923년

 1월 3일 **국민대표회의 개최** 임시정부 존속 여부 논쟁
 1월 12일 김상옥 서울 종로경찰서 폭탄 투척
 3월 김시현, 황옥 의사 제 2차 암살 계획 추진

9월 1일 **동경 대지진** 최소 6,661명의 조선인 학살됨
- 1924년

1월 5일 **김지섭** 동경 일본 왕궁 이중교에 폭탄 투척
- 1925년

이상룡 임시정부 국무령에 추대

3월 **김좌진** 신민부 창설 * 1920년대 중반 독립운동 군사조직이 정의부, 참의부, 신민부 3부로 정립하여 독립전쟁 수행

5월 치안유지법 발포
- 1926년

1월 조선총독부 건물 완공(1918년 착공, 1995년 철거)

4월 26일 순종 타계, 6월 10일 6·10만세운동

12월 28일 나석주 의사 식산은행, 동양척식주식회사 폭탄 투척, 일본 경찰 포함 7명 사살 후 자결
- 1927년

2월 신간회 창립(민족주의 세력과 사회주의 세력 통합)

10월 18일 장진홍 의사 조선은행 대구지점 폭탄 투척
- 1929년

1월 4일 원산 대파업

독립전쟁 수행 단체가 혁신의회와 국민부로 이원화 혁신의회는 한국독립당을 결성하고 한국독립군을 편성하였고, 국민부는 1929년 9월 조선혁명당을 결성하고 조선혁명군을 편성했다.

11월 3일 **광주학생독립운동** 전국 소학교 54개교, 중학교 136개교, 전문학교 4개교 동참, 전국 학생 총원 10만 미만 중 5만4천여 명 동참, 그 후 5년간 일제 식민지 교육 중단 (송건호《한국 현대사》226쪽 : 대구에서는 1925년 이래 1929년에 이르기까지 간단없이 계속된 학생들의 항일 투쟁으로 다른 지방보다도 특히 가혹한 탄압을 받았으며, 많은 유능한 학생들이 혹은 구속되고 혹은 퇴학당해 1929년 광주학생운동 때에는 다른 도시에 비해 적극적인 항일을 못했다.)

김좌진 신민부 후신으로 한족총연합회 결성
- 1930년

1월 24일 **김좌진 타계** 공산주의자 박상실 저격

7월 21일 **함경남도 단천 농민운동** 단천 군청과 경찰서 습격, 16명 사망, 168명 검거
- 1931년

9월 **만주 사변 발발** 일본군 만주 침략

10월 한인애국단 조직 김구, 일본 중요 인물 암살 목표
- 1932년

1월 8일 이봉창 동경 한복판에서 일본왕에게 폭탄 투척

4월 29일 윤봉길 상해 홍구공원에서 일본군 대장 시라카와白川 폭사시킴. 외무대신 시게미쯔重光 한쪽 다리 절상

10월 **한국 대일 전선 통일 연맹 결성** 상해에서 한국독립당(이유필·차이석), 한국동지회(김규식), 한국혁명당(윤기섭·성준영), 조선혁명당(최동오·유동열), 의열당(김원봉)이 연합, 한국 독립이라는 공동목표를 위해 해외와 국내의 모든 혁명 집단이 총집결하기로 결의, 1935년 민족혁명당으로 개편
- 1932년~1936년

한국 연간 평균 쌀 생산 1700만2천 섬 중 51%인 875만7천 섬을 일본이 가져갔다.
- 1932년~1935년

한국독립군 쌍성보, 사도하자, 동경성, 대전자령에서 대승

조선혁명군 영능가, 신빈현, 홍경, 통화 전투에서 대승
- 1933년

3월 백정기 상해 홍구에서 열린 일본 요인들과 친일파들의 연회에 폭탄을 던지려다 체포되어 무기징역을 언도받고 복역 중 별세
- 1935년

일본군, 추계 대토벌 작전 전개 조선혁명군 1936년 이후 사실상

활동 종료
민족혁명당 창당 김원봉 주도, 독립운동단체들 통합
- 1936년

8월 9일 **손기정 선수** 베를린 올림픽 마라톤에서 2시간 29분 19초 2의 세계신기록으로 우승
- 1937년

6월 **동북 항일 연군**(중국인, 한국인 연합) 함경도 갑산 보천보 전투

7월 7일 **중일 전쟁** 일본, 중국 본토 침공

9월 **한국 광복운동단체 연합회 발족** 민족우파격인 임시정부 계열 단체들의 연합체, 한국국민당(김구), 한국독립당(조소앙), 조선혁명당(이청천) 등 중국 소재 3개당 및 재미 6개 단체 가입

11월 **조선 민족전선 연맹 결성** 민족좌파 단체인 민족혁명당(김원봉) 중심 **조선청년 전시 복무단 결성** 조선민족전선연맹 산하

12월 일제, 조선에 특별 지원병 제도 실시 발표
- 1938년

4월 1일 **국가총동원법 일본 공포** 5월 10일 조선에도 확대, 모든 학생들에게 검은 국방생 군복 착복과 다리 각반 착용 강요

4월 3일 **17세 이상 조선 청소년 징집** '특별 지원병'이라는 용어를 써서 자원한 것처럼 호도

6월 **근로보국대 실시** 12세~40세 조선인 남자를 만주, 일본 등지로 강제 동원

9월 **보국청년대 실시** 군대에 가서 남자가 없는 일본의 가정에 끌려가 40일 동안 강제 일손돕기

10월 10일 **조선의용대 발족** 조선청년전시복무단의 확대
- 1939년

5월 김구·김원봉 '**동지 동포 여러분에게 보내는 공개 통신**' 발표 모든 주의와 당파를 초월하여 전민족적 이익과 공동요구에 부응하는 통일적 조직체 건설을 공약

9월 **전국 연합전선 협회 탄생** 공산당계 3당을 제외한 민족주의계 5당의 연합체, 김구·김원봉 두 산맥이 하나로 합류한 명실상부한 전민족적 통일전선 형성의 터전 마련

1939년~1944년 상반기 **독립 운동으로 체포된 인원 5,500명**

- 1940년

2월 **창씨개명 실시**

9월 17일 광복군 창설 임시정부 산하

- 1941년

1월 **화북조선청년연합회 결성** 1934년 10월 중공군의 2만5천 리 대장정 때 작전대장으로 활약한 중국공산당 군사위원 김무정 주도, 김무정은 이를 모태로 조선독립동맹을 결성하고 그 산하에 조선의용군을 두었는데, 주로 김원봉의 조선의용대 군사들을 유인하여 자신의 군대로 삼음.

2월 15일 **다혁당 조직** 대구사범학교 비밀결사

3월 31일 소학교 규정을 국민학교 규정으로 개정

12월 8일 일본군, 하와이 진주만 기습 공격

12월 10일 임시정부, 대일 선전포고

건국강령 발표 한국독립당과 임시정부, 정치·경제·교육의 삼균주의를 바탕으로 한 건국 이념과 방략 천명(18세 이상 남녀의 선거권, 초·중·고등학교의 의무교육, 모든 적산가옥을 몰수하여 재분배하고 집단농장과 국영농장을 조직하여 농공 대중의 생활수준을 향상)

12월 **대구사범학교 비밀결사 탄로** 300여 명 피검

- 1942년

징병제 실시 1월 9일 학도 출동 명령 공포, 1월 14일 조선 군사령 공포, 1월 15일 징병 검사 규칙 및 징병 사무 특례 공포

4월 20일 **조선의용대, 대한광복군에 편입**, 8월 조선의용군 창설

- 1943년

3월 조선어 과목 학교에서 폐지

5월 23일 **대구상업학교 비밀결사 태극단** 단장 이상호 등 대구경찰서 고등계 형사에 피체

7월 **시인 윤동주** 일본 경도에서 사상범으로 피체

8월 1일 징병제령 시행, 10월 25일 제 1회 학병 징병검사 실시

12월 8일 **한글학자 이윤재 옥사** 함흥 형무소

• 1944년

1월 10일 **대구상업학교 비밀조직 태극단원** 이상호·서상교·김상길 등 대구지방법원에서 징역 7~3년 선고

2월 8일 **전면 강제 징용 실시 총동원법**

8월 1일 '**여자 정신대 근무령' 공포** 12~40세 조선 여성 20만 명을 강제로 끌고 가 일본군의 성적 노예로 삼음 (80, 271, 339쪽 참조)

8월 10일 **여운형, 조선건국동맹 창당**

• 1945년

3월 **결전 교육조치령 발표** 모든 학교 휴교, 군수산업과 군사시설 건설에 총동원, 일본 탄광 노동자의 33%인 72만5천 명이 한국인 징용자

7월 24일 **류만수, 강윤국, 조문기, 부민관 폭탄 투척** 조선총독과 조선군사령관이 참석한 소위 '아시아 민족 분격 대회'에 수제 폭탄 투척, 건국동맹 일부 간부 예비 검속, 8월 15일 광복으로 석방

8월 6일 미국, 일본 히로시마에 원자탄 투하

8월 9일 미국, 제2 원자탄 나가사키에 투하, 소련은 흑룡강을 넘어 만주 침공 ("소련의 대일 참전은 다 된 잿밥에 주걱을 든 셈" 박성수)

8월 15일 **독립** 일본, 연합군에게 무조건 항복, 제2차 세계대전 종전, 전국 형무소에서 독립운동자 등 2만여 명 석방 개시

8월 16일 소련군, 함경도 청진과 나진에 진주 ("해방은 곧 분단으로 바뀌었다." 박성수)

8월 20일 광복군-미군 전시 특수 공작대(O.S.S) 사이에 체결된 '한미 군사 합작 합의 사항'에 입각하여 독립군이 한국 내 요지에 진입하기로 계획한 날 *

전국 임진왜란 유적 답사여행 총서(전 10권)

제 1권 부산 김해 임진왜란 유적 / 제 2권 남해안 임진왜란 유적
제 3권 동해안 임진왜란 유적 / 제 4권 대구 임진왜란 유적
제 5권 경북 서부・북부 임진왜란 유적 / 제 6권 경남 서부 임진왜란 유적
제 7권 충청북도 임진왜란 유적 / 제 8권 충청남도 임진왜란 유적
제 9권 전라도 내륙 임진왜란 유적 / 제 10권 수도권・강원 임진왜란 유적
각권 부록 임진왜란 연표・약사

저자 정만진
출판사 국토
총면수 3,112쪽
정가 175,000원
낱권 17,500원
공급처 알라딘 교보문고 예스24
출판사 전송 053.526.3144

책 내용(제 10권 예시)

　서울, 인천, 경기, 강원에 있는 임진왜란 유적들을 답사하는 순서를 소개합니다. 아래에 제시한 순서에 따라 답사를 다니면 시간 소모를 최대한 줄일 수 있습니다. 권두에 답사 순서부터 실은 이후 본문을 시작하는 것은 그만큼 이 책이

전국 임진왜란유적 답사여행 총서(전 10권) 소개

친절한 안내서라는 사실을 강조하기 위해서입니다. * 유적 이름 뒤 [괄호] 안에
그 유적과 관련되는 인물을 밝혀 두었습니다.

　서울 01. 선릉[성종] 강남구 삼성동 135-4
　02. 동대문 종로구 종로6가 69, 보물 1호
　03. 돈화문 종로구 원서동 181-5, 보물 383호
　04. 남대문 중구 남대문로4가 29, 국보 1호
　경기 고양 05. 이신의 기념관 덕양구 도내동 1002
　06. 숫돌고개[이여송] 덕양구 삼송동 57-65 오른쪽 고개
　07. 「벽제관 고지」비 덕양구 대자동 316-14
　08. 벽제관 터[이여송] 덕양구 고양동 55-1, 사적 144호
　경기 파주 09. 화석정[이이] 파평면 율곡리 산100-1, 유형문화재 61호
　10. 이율곡 묘소, 기념관 법원읍 동문리 산5-1, 사적 525호
　경기 양주 11. 「해유령 전첩비」[신각] 백석읍 연곡리 산28-9, 기념물 39호
　경기 의정부 12. 충덕사, 「북관 대첩비」[정문부] 용현동 379-28
　경기 구리 13. 선조 능 인창동 66 '(세계문화유산) 구리 동구릉' 내
　경기 남양주 14. 광해군 묘 진건읍 송능리 산60-1, 사적 363호
　강원 춘천 15. 「진병산 전적비」 신동면 증리 263 왼쪽 산비탈
　16. 한백록 묘역, 관남재 서면 금산리 1112, 문화재자료 131호
　17. 한백록 정려 서면 방동리 406-2, 문화재자료 131호
　18. 봉의산성 소양로 1가 산1-1, 기념물 26호
　강원 고성 19. 건봉사[사명 대사] 거진읍 냉천리 36
　강원 강릉 20. 오죽헌[이율곡] 죽헌동 201, 보물 165호
　강원 평창 21. 월정사[사명 대사] 진부면 동산리 63-1
　22. 영감사[사명 대사] 동산리 산1
　23. 오대산 사고 터 영감사 앞, 사적 37호
　강원 정선 24. 장찬성 임계면 송계리 산80, 기념물 70호
　강원 영월 25. 고씨 동굴[고종원] 김삿갓면 진별리 산262, 천연기념물 219호
　강원 원주 26. 영원산성[김제갑] 판부면 금대리 1343
　27. 충렬사, 「원주 목사 김제갑 충렬비」 행구동 402-3
　28. 조엄 기념관, 사당, 신도비, 묘 지정면 간현리 137-2, 기념물 76호
　29. 「문숙공 김제갑 충렬탑」 원주역 앞
　경기 안성 30. 「이덕남 장군」 묘 미양면 구수리 산85-1, 기념물 26호

31. 「홍계남 장군 고루비」 미양면 구수리 산87-1, 유형문화재 112호
32. 청룡사 서운면 청용리 28
33. 바우덕이 사당 서운면 청용리 55-2
34. 바우덕이 묘 서운면 청용리 산1-1
경기 평택 35. 원균 묘소, 사당 도일동 산82
경기 오산 36. 독산성[권율] 지곶동 155, 사적 140호
경기 용인 37. 임진산성 유적 전시관 수지구 풍덕천동 1170
38. 광교산, 「서봉사지 현오국사탑비」 수지구 신봉동 산110, 보물 9호
경기 성남 39. 모현재[한효순] 서현3동 76-1
40. 이윤덕 묘소 중원구 하대원동 243-11
경기 안산 41. 사세 충렬문[김여물] 와동 141, 문화재자료 8호
인천 42. 문학산성[김민선, 김찬선] 문학동 145-4, 기념물 1호
경기 고양 43. 행주산성 덕양구 행주내동 산26-1, 사적 56호

추천사 이이화(역사학자)
의병 유적 답사의 길잡이

필자는 한국 역사를 공부하고 책을 쓰면서 관련 유적지를 분주하게 찾아 다녔다. 현장 감각을 살리려는 의도였다. 이들 유적들은 오랜 세월의 때가 묻어 있으면서 그 안에 역사의 진실을 안고 있다. 그래서 독자들과 함께 일정한 주제를 잡아 역사기행을 자주 다녔다. 이번에 출간된 이 총서는 바로 '임진왜란 유적'이란 주제를 가지고 전국에 걸쳐 유적을 샅샅이 찾아 현장감을 살리고 관련 사진을 곁들여 독자들에게 이해와 감동을 주고 있다. 이 대목에서 잠깐 임진왜란의 역사적 의미를 알아보자. 이 전란을 필자는 조선과 일본이 벌인 전쟁이라는 의미를 담아 '조일 전쟁'이라고 불러야 한다는 주장을 폈다. 하지만 명나라에서 개입해 3국전쟁의 양상을 띠었다.

조선 시대에 벌어진 전쟁 중에서 가장 참혹하여 국토의 황폐, 국가 재정의 파탄, 주민의 대량학살, 무수한 문화재가 잿더미로 쓸려가는 유례를 찾을 수 없는 피해를 입었다. 더욱이 이로 인해 한민족이 일본(왜놈)에 대한 원한과 적대감이 돌이킬 수 없을 지경으로 높았다. 그 뒤에 일어난 병자호란에 비할 바가 아니었다. 그 뒤 조선의 대외 정책은 명나라에 대한 지나친

은혜 의식이 팽배하는 속에서 그 반대로 일본에 대한 민족의식은 불구대천의 원수로 여겼다. 또 백의종사白衣從事했던 유성룡은 무비유환無備有患이란 명언을 남겨 안보 의식을 고취시켰다.

근대 역사학계에서는 이를 규명하는 많은 저술을 내면서 의병 활동에도 주목해 왔다. 그런데 의병장을 기리면서도 수많은 의병의 희생에 대해서는 소홀하게 다룬 느낌이 없지 않았다. 또 조선 시대부터 근래에 이르기까지 충렬사를 지어 기리기도 하였고 유적을 보존하기도 하였다. 이 총서에서는 이를 빠짐없이 고스란히 담았다. 또 어느 한쪽에 치우치지 않고 공평하게 다루기도 하였다. 보기를 들면 낙동강 일대에서 의병활동을 벌인 정인홍은 그 동안 역적이라 하여 소홀하게 다룬 적이 있으나 이 책에서는 새롭게 그 의미를 담았다.

그 기술 방법에 있어서도 역사 대중화에 부합되었다. 무엇보다도 문장이 유려하면서 쉽고 용어도 알아듣기 어려운 용어를 알아먹기 쉽게 풀기도 하고 설명을 덧붙이기도 했으며 한 대목의 이해를 도우려 사건 전개에 따른 시일 순서로 배열했다. 역사를 공부하는 청소년들과 역사기행 회원에게 길잡이가 될 수 있겠다.

이 책의 이런 짜임새는 아마도 저자 정만진 선생의 다양한 이력에서 찾을 수 있겠다. 저자는 교육자로서 교육현장의 감각을 살리고 소설가 또는 문필가로서 대중의 수준에 맞는 문장 솜씨를 보여주고 있으며 사진을 사료의 도구로 활용하는 방법이 곁들여 있다.

다만 아쉬운 점을 두어 가지 지적할 수 있겠다. 북한 지역 곧 함경도 평안도 황해도 일대에서도 의병장 정문부 등이 주도한 의병 활동이 세차게 전개되었다. 오늘날 이 곳은 분단이 되어 이 총서에 담을 수 없었을 것이다. 통일의 그날에야 이루어질 수 있을 것이다.

다음 앞으로 한말 곧 19세기 끝 무렵부터 일제 침략에 저항한 항일 의병을 다루어 주었으면 좋겠다. 이 시기는 남북 분단의 단초와 원인이 되었음을 독자들에게 환기시키면 민족의식 또는 통일의지를 고양시키는 의미가 있을 것이다. 이를 이루게 되면 완결편이 될 것이다.

아무튼 필자는 역사 대중화를 추구해오면서 민족운동의 의미를 알리려 힘써 왔는데 이 총서를 읽으면서 내가 못다 한 작업을 해냈다는 찬사를 보낸다. 많은 사람들이 읽고 역사의 경험을 잊지 않는 계기가 되기를 기대해 본다.

소설 대한광복회

정만진 장편소설
신국판 320쪽 15,000원

"대한광복회는 1910년대 국내 독립운동의 공백을 메우고, 민족 역량이 3·1운동으로 계승될 수 있는 기반을 제공했다. (중략) 광복회가 전개한 의협 투쟁은 1920년대 의열 투쟁의 선구적 역할을 담당하기도 했다." (한국학중앙연구원 《한국민족문화대백과》)

"독립이 되었다고?
독립 지사는 산에 숨어 살고
친일파는 떵떵거리며
활개를 치는데
그래도 독립이 되었어?
허튼 소리 그만하게!
진정한 독립은
통일이 되어야 올 걸세."

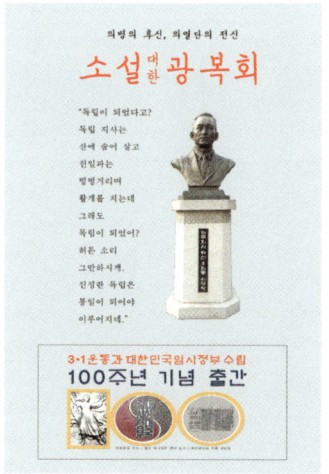

삼국사기로 떠나는 경주 여행

정만진 답사여행 안내서
신국판 300쪽 전면 컬러 20,000원

보통의 여행 안내서들은 단순한 정보 제공서이거나 기행문인 경우가 일반적이다. 그런 책은 역사 공부에 별로 도움이 되지 않는다. 반면, 아주 역사서인 경우에는 답사에 도움이 안 된다. 정만진의 책은 삼국사기의 신라 편 중에서 중요 부분을 시대 순으로 실은 후, 그에 대한 역사적·인문학적 해설을 붙인 다음, 드디어 현장 답사에 나선다. 역사 공부와 답사 여행 안내서라는 '두 마리 토끼'를 잡을 수 있도록 책을 기획한 것이다. 독자는 경주 역사유적 63곳에 대한 지식과 감수성은 물론 생생한 사진에서 받는 실감까지 골고루 얻을 수 있다. 자세한 내용은 **알라딘·교보문고·예스24 참조**

1) 2018년 대구출판산업지원센터
   지역 우수 출판콘텐츠 제작 지원 사업 선정작
2) 2019년 대구시 선정 '올해의 책'

대구 독립운동 유적 100곳 답사여행

2019년 5월 15일 수정본 발간
글과·사진 정만진
출 판 사 국토
전   송 053)526-3144
전자우편 clean053@naver.com
전화번호 01051519696
ISBN 979-11-88701-07-0 03980
정 가 24,000원

국립중앙도서관 출판예정도서목록(CIP)

대구 독립운동유적 100곳 답사여행 / 저자: 정만진. ─ [대구] : 국토, 2018
    p. ;   cm

"독립운동사 연표" 수록
대구출판산업지원센터 2018년 지역 우수출판콘텐츠제작 지원사업 선정작임
ISBN 979-11-88701-07-0 03980 : ₩24000

역사 문화 유적[歷史文化遺跡]
독립 운동[獨立運動]
대구(광역시)[大邱]

981.18402-KDC6
915.1904-DDC23   CIP2018024278